Floyd McClung
Von Knochen, Kamelen und einer großen Leidenschaft

W0041253

Floyd McClung

Von Knochen, Kamelen und einer großen Leidenschaft

Neue Wege, Gemeinde zu leben

WAS ANDERE ZU DIESEM BUCH SAGEN

Der Ruf nach radikaler Jüngerschaft und Mission unter den Nationen in Floyds früheren Büchern ist nun fest geerdet in einem radikalen Verständnis der Gemeinde als Hauptagentur des Reiches Gottes. Floyd macht Mut, auf der ganzen Welt radikale, einfache, auf Jesus ausgerichtete Glaubensgemeinschaften zu gründen, und bietet praktische Hilfestellung dafür. – *Pete Greig*

Ein starkes Buch, zur rechten Zeit erschienen, ein notwendiges Buch, ein Buch für diese Generation! In einer Welt, in der allzu viele Gemeinden eher einem Gefängnis gleichen als einer Gemeinschaft, in der man heil werden kann, sieht McClung die Gemeinde, wie sie sein kann, sein sollte, sein muss. *Von Knochen, Kamelen und einer großen Leidenschaft* ist ein Aufruf zu Zerbruch und Neugeburt für die Gemeinde und alle, die sich danach sehnen, dass sie alles sei, was Jesus für sie im Sinn hat. – *Dr. David Garrison, Autor von* Church Planting Movements

Sehen wir uns in der kirchlichen Landschaft um, dann schließen wir uns sofort der Schlussfolgerung des Propheten an: „Unsere Knochen sind vertrocknet, für uns gibt es keine Hoffnung mehr" (Hesekiel 37,11). Floyd ermutigt uns, wie einst D. L. Moody im Glauben zu sagen, dass in einem Vers eine große Wahrheit steckt und auch eine große Lüge. In der Tat, unsere Knochen sind vertrocknet! Doch nein, mit unserer Hoffnung ist es nicht zu Ende! Können diese Gebeine wieder lebendig werden? Danach sehne ich mich: nach der wahren Gemeinde. Nicht Mauern, Tore, Bänke, Gesangbücher und Bibeln, Pfefferminzbonbons. Lebendige Steine! Zur Not nicht mehr als zwei oder drei Menschen, wenn nur Jesus mitten unter ihnen ist. Die Gemeinde der Apostelgeschichte, die

Gemeinde von Paulus, Petrus und Johannes – oder besser: schlicht die Gemeinde Gottes. Eine Gemeinde, die nicht nur Versammlungen abhält, sondern die lebendiger Körper ist, der Leib Jesu. Eine Gemeinde, die dem Herrn ohne großes Aufsehen, den Menschen aber spürbar nahe ist. – *Henk P. Medema, Autor und Verleger*

Woody Allen hat einmal gesagt, im Leben käme es zu neunzig Prozent darauf an, sich sehen zu lassen. Beim Gemeindeaufbau kommt es zu neunzig Prozent darauf an, sich sehen zu lassen – sich in die verlorene Welt, eine Welt voller Schmerzen zu begeben, wo Jesus schon zu Hause ist. In diesem Buch fordert Floyd uns heraus, all unsere hoch entwickelten Strategien zu überdenken und das „apostolische Herz" Gottes neu zu erlangen. Ohne das ist alles andere eine klingende Schelle. – *Jim Yost*

INHALT

VORWORT

Floyd McClungs Bücher haben mein Leben verändert.

Zum ersten Mal geschah das, als ich siebzehn war und Mühe hatte, meinem Glauben einen Sinn abzugewinnen. Ich war wohl auf der Suche nach einem gewagter ausgedrückten Christsein, als es die anständig Sonntag für Sonntag aufkreuzenden Volvofahrer verkörperten, die die uralten Bankreihen der Pfarrkirche an unserem Ort füllten. Ich war auf der Suche nach Sinn, und ich nahm stark an, dass Jesus „derjenige welcher" sei. Ich wollte den Jesus finden, der religiöse Heuchler mit respektlosen, witzigen Geschichten ärgerte, der sich in schlechter Gesellschaft aufhielt, als wäre sein eigener Ruf völlig unwichtig, dem drei Jahre gegeben waren, um die Welt zu retten, und der trotzdem irgendwie Zeit fand, auf Partys zu gehen. Ich war fasziniert von dem umwerfenden Bild des Schöpfergottes, dessen erstes Wunder als geschaffenes Wesen mit einer Menge Wein zu tun hatte. Mich beeindruckte der Pazifist, der in den Tempel ging und Hausfriedensbruch beging. Ich suchte nach dem revolutionären Rabbi von Nazareth, der (nach der einhelligen Meinung von führenden Bibelgelehrten) nie, wirklich nie einen Volvo fuhr. Ich beschloss, dass ich diesem Jesus nachfolgen würde, wenn er zu finden wäre. Sollte das aber nicht möglich sein, sollte sich das Christsein als bloßer „moralischer, therapeutischer Deismus" herausstellen (wie ein Autor es nannte), dann nahm ich mir in aller Stille vor, die Sache mit der Kirche an den Nagel zu hängen und lieber ein bisschen Spaß zu haben.

Gott vernahm mein Rufen und ließ mir in seiner Gnade zwei Bücher zukommen. Das erste war Tony Campolos *You Can Make a Difference*, das die Aussage macht, jemand wie ich, ein Jugendlicher aus der Vorstadt, könne wirklich die Welt verändern, wenn er einfach nur leben, Jesus lieben und sein Leben den Armen widmen würde. Das zweite Buch – nicht weniger revolutionär – war Floyd McClungs internationaler Bestseller *Das Vaterherz Gottes*. Von den beiden Büchern inspiriert, wanderte ich schließlich auf die North Downs und kniete mich bei einer alten Holzbank nieder, um eine ernsthafte Abmachung mit Gott zu treffen. Ich bat ihn feierlich, alles – und damit meinte ich wirklich *alles* – zu tun, um an meinem Charakter zu arbeiten, damit ich ihm ganz und gar dienen könnte. Die Holzbank, bei der ich damals im Schlamm gekniet hatte, fiel dem Vandalismus zum Opfer und ist nicht mehr da. Aber dieser Moment meiner Auslieferung bestimmt mein Leben bis zum heutigen Tag.

Des Meisters Plan

Einige Jahre später, als ich an der Universität Greenwich Theologie und Soziologie studierte, wurde ich zum zweiten Mal von Texten aus Floyd McClungs Feder stark beeinflusst. Seine Autobiografie *An vorderster Front* entzündete in mir eine Vision, an Jesu Auftrag für die Nationen teilzunehmen, und es konfrontierte mich auch mit der unbequemen Wahrheit über mich selbst. Ich begann zu erkennen, dass ich, wenn ich je irgendwo irgendwen zum Jünger machen sollte, zunächst selber durch jemanden zum Jünger gemacht (nicht nur belehrt) werden müsste.

„Zu Jüngern zu machen", sagt Floyd in diesem Buch, „macht nicht nur einen Unterschied. Es *ist* der Unterschied. Das ist des Meisters Plan." Wenn das die Worte eines jungen Heißsporns wären, der ganz frisch ist auf dem Glaubenspfad, dann könnte man uns einen gewissen bitteren Zynismus vielleicht nachsehen. Aber das wirklich Beunruhigende an diesem Buch war, dass jede Seite, jede Einsicht seit über vierzig Jahren vor Ort in der Pioniermissionsarbeit gelebt worden war.

Frisch verheiratet und in ihren Zwanzigern, gründeten die Eheleute McClung entlang des Hippie-Trails Glaubensgemeinschaften und tauften die Neubekehrten öffentlich in Kabul in Afghanistan. Floyd und Sally reagierten auf die weit verbreitete Desillusionierung über die konventionelle Gemeinde mit ganz anders ausgerichteten, jesuszentrierten Gemeinschaften. Vielleicht müssen wir in der heutigen Zeit, in der eine ähnliche Desillusionierung herrscht, von der stillen Autorität solcher Missionspraktiker etwas lernen, die sich einbringen und experimentieren, während andere nur dozieren.

Unverminderte Leidenschaft

Heute, vierzig Jahre nach Kabul (über das Rotlichtviertel von Amsterdam, die Berge in Colorado und die Ebene von Kansas City), in einem Alter, in dem die meisten Menschen daran denken, es ein bisschen ruhiger angehen zu lassen, ist Floyds und Sallys apostolische Leidenschaft stark wie eh und je – vielleicht stärker. Vor einiger Zeit sind sie nach Kapstadt in Südafrika in eine Gemeinschaft einfacher Gemeinden gezogen, wo sie eine Bewegung von ähnlichen Gruppen in über dreißig Nationen leiten. Floyd schreibt:

Ich bin fest entschlossen, mein Leben leidenschaftlicher zu beenden, als ich es begann. Ich möchte voller Feuer aufhören, stärker auf die Nachfolge Jesu und das Ausleben seiner Ziele für die Erde ausgerichtet, als ich es mit zwanzig Jahren war, wo ich versuchte herauszufinden, was mein Dienst wohl sein würde. ... Ich bin voller Leidenschaft; ich träume davon, dass die Völker für Jesus gewonnen werden, aber jetzt habe ich den Vorteil der Perspektive, die mir der Rückblick auf ein Leben im Dienst für Gott gibt.

Einfache Gemeinde

Von Knochen, Kamelen und einer großen Leidenschaft stellt uns vor die Herausforderung der Gemeindegründung, ohne sich zu verstecken oder dafür zu entschuldigen. Der Ruf nach radikaler Jüngerschaft und Mission unter den Nationen in Floyds früheren Büchern ist nun fest geerdet in einem radikalen Verständnis der Gemeinde als Hauptagentur des Reiches Gottes. Dieser Aspekt des Buches ist für mich seine spannendste Dimension. Ich glaube, dass unsere Generation befreit werden muss von kirchenpolitischen Zwängen, um eine wahrhaft missionarische, flexible, dynamische Ekklesiologie zu entdecken. *Von Knochen, Kamelen und einer großen Leidenschaft* scheut diese Auseinandersetzung nicht.

Gott haucht die trockenen Knochen unser Generation an; er erhebt Menschen, bei denen man das zuletzt vermuten würde, an Orten, von denen man das am wenigsten erwarten würde, und macht aus uns – ja, sogar aus uns – eine gefährliche, seines Namens würdige Truppe. Floyd macht Mut, auf der ganzen Welt radikale, einfache, auf Jesus ausgerichtete Glaubensgemeinschaften zu gründen, und bietet praktische Hilfestellung dafür.

Pete Greig
Guildford, 2007

FÜNF ÜBERZEUGUNGEN, WELCHE DIE ART UND WEISE, WIE ICH GEMEINDE LEBE, VERÄNDERTEN

Ich glaube an die Gemeinde, doch bin ich mir auch sicher, dass sie sich in einer Krise befindet. Am Anfang der Bewältigung einer Krise steht die Einsicht, dass sich etwas ändern muss. Es bedarf keiner hochspezialisierten Wissenschaftler um herauszufinden, dass die Kirche in unserer westlichen Hemisphäre zahlenmäßig nicht mehr wächst und dass sie ihre Fähigkeit, unsere Kultur geistlich zu verändern, eingebüßt hat. Und das ist eine Krise.

Menschen außerhalb der Gemeinde interessieren sich durchaus für Jesus – nicht jedoch für seine Braut. Und traurigerweise ist das Evangelium in den Köpfen der Menschen untrennbar mit den kirchlichen Institutionen vermengt. Viele Länder sehen ein Wachstum der Megakirchen, und die erweisen dem Volk Gottes dadurch einen großartigen Dienst. Gemeinden wie *Moreleta Park* und die *Harvest Church* in Südafrika, *Saddleback* und *Willow Creek* in den USA oder auch *St. Thomas Crookes* in England sind wunderbare Gemeinden. Ich bin überzeugt, dass Gemeinden mit vielen Ressourcen eine strategische Platzanweisung haben.

Aber wenn wir nicht aufpassen, können uns Anzahl und Größe der Megagemeinden einen falschen Eindruck vermitteln. Insgesamt gesehen hat sich die Zahl der Menschen, die zur Kirche gehen, in den westlichen Ländern rapide verringert, während die Megagemeinden an Größe und im Blick auf ihre Vorrangstellung zugenommen haben. Oder, anders ausgedrückt: Es gehen weniger Menschen zur Gemeinde, und die, welche noch gehen, besuchen in der Mehrzahl große Gemeinden.

Mit dieser Abwanderung in große Gemeinden geht ein Schwund an Einfluss auf unsere Gesellschaften Hand in Hand. In den meisten westlichen Ländern wird die Gemeinde nicht mehr als ein umgestaltender Faktor angesehen.

Ich bin überzeugt: Die Art, wie wir Gemeinde üblicherweise leben, hat für den überwiegenden Teil der nichtkirchlichen Bevölkerung des Westens keinerlei Bedeutung mehr – und da, wo das gewohnte westliche Gemeindemodell die Regel ist, gilt dasselbe. Einer der Gründe, warum wir so unerheblich geworden sind, mag darin zu finden sein, dass wir unsere Zeit und Energie darauf verwenden, Wege zu finden, wie wir die heilige Stunde am Sonntagvormittag für die schon Erretteten noch etwas attraktiver machen können, anstatt diese Menschen auszurüsten, die Gemeinde in die Welt hinauszutragen.

Starb Jesus, damit wir größere Gebäude bauen und noch schönere Gemeindebriefe herausgeben können? Oder starb er, um ein Volk zu haben, das derart in ihn verliebt ist, dass es seine Leidenschaft teilt und in die Welt hinausgehen will, um mehr Nachfolger für ihn zu gewinnen, zu sammeln und sie zur Vervielfältigung anzuleiten?

Niemand wird für eine Sache sterben, die nicht größer und wichtiger ist als ein nur auf den Sonntagvormittag konzentriertes, auf schöne Gebäude fixiertes Christentum. Aber für eine Sache, die größer ist als sie selbst, ja, größer als das heimische Kirchengebäude, dafür werden die Menschen ihr Leben hingeben. Gott schuf uns für eine Herausforderung, die derart groß ist, dass sie alles, was wir glauben und was uns lieb und wert ist, verändern kann. Er stellte uns auf diesen Planeten, damit wir die Herrschaft über die ganze Erde ergreifen. Ein Traum, der die Vorstellungskraft der Menschen in Beschlag nimmt und der sie motiviert, ein leidenschaftliches Leben zu führen, um die Welt für Jesus zu gewinnen, muss im Blick auf die Reichweite kühn und verwegen und im Blick auf die Berufung anspruchsvoll sein.

Während wir uns im Westen mit der Krise der schwindenden Relevanz unserer Gemeinden konfrontiert sehen, ereignet sich im Rest der Welt eine geistliche Revolution. Millionen von Menschen in China, Indien, Mittelasien und Südamerika treffen sich in kleinen Hausgemeinden. Ohne, dass es ihnen bewusst ist, brechen sie aus den engen Definitionen aus, die wir im Westen so hochhalten.

Dieser „Rest der Welt" hat eine Botschaft an den Westen: Die Gemeinde ist keine Institution, sondern eine Armee. Die Gläubigen in diesem Rest der Welt fühlen sich nicht irgendeiner Form von Christlichkeit verpflichtet, die sich in entsprechend dafür vorgesehenen Gebäuden abspielt. Sie treffen sich vielmehr, wann und wo immer sie können, um die Worte Jesu zu studieren, um zu beten und Gott zu preisen. Die

Akteure bei dieser Revolution sind überzeugt, dass sie es am besten machen, wenn sie sich zu zweit oder dritt treffen, anstatt zu zwei- oder dreitausend. Und dabei erachten sie ihre kleinen Versammlungen nicht als Selbstzweck der Gemeinde, sondern als Mittel zur Ermutigung in ihrer Sehnsucht, Jesus mehr Menschen nahezubringen.

Die Nachfolger Jesu überall auf der Welt, die Gemeinde in kleinen, einfachen, organischen Gemeinschaften leben, glauben, dass Jesus in ihnen das weiterführt, was er vor zweitausend Jahren begonnen hat. Sie sind überzeugt, dass es für Leiterschaft keiner Ordination bedarf, dass sie berufen wurden, als sie in die Nachfolge Jesu einwilligten, und dass alles, was sie brauchen, eine Bibel ist – und keine Bibelschule. Sie glauben, dass es keiner theologischen Ausbildung bedarf um zu verstehen, was Jesus im Sinn hatte, als er sagte: „Geht hin in alle Welt und predigt das Evangelium" (Mk. 16,15). Ja, sie sind überzeugt, dass das, was Jesus über Gemeinde lehrte und illustrierte, einfach genug ist, dass jedermann es tun kann.

Was Jesus über die Gemeinde lehrte, ist derart einfach, *dass jedermann es befolgen kann*. Sein Bild von Gemeinde war das einer Gemeinschaft von Männern und Frauen, die gemeinsam etwas anpacken. Das, was Jesus uns als Gemeinde vorstellte, nenne ich „einfache Gemeinde". Ich glaube nicht, dass die eine Vorstellung von Gemeinde besser ist als eine andere, bin aber überzeugt, dass Vermehrung in dem Maße schwieriger wird, wie wir Gemeinde verkomplizieren. Komplizierte Gemeindestrukturen und -abläufe wirken erdrückend und erschweren ein Zugehörigkeitsgefühl. Wer hält sich schon für fähig, eine Megagemeinde anzufangen oder zu leiten?

Erfolgreiche Gemeindearbeit – so, wie sie unsere westlichen Methoden definieren – steht der Geburt einer sich spontan vermehrenden Gemeindebewegung häufig entgegen. Mit anderen Worten: Zwar können wir große Gemeinden bauen, aber ist das der beste Weg, möglichst viele Menschen zu erreichen? Oder wie es Neil Cole ausdrückte: „Heutzutage versuchen die meisten Christen herauszufinden, wie man Verlorene zu Jesus bringt. Der Schlüssel, um Gemeinden zu beginnen, die sich aus sich selbst heraus vermehren, ist, den verlorenen Menschen *Jesus zu sein*."[1]

Noch ein Wort zu Gemeindemodellen: Viel mehr als an dem Gemeindemodell an sich bin ich daran interessiert, woraus es sich zusammensetzt. Meiner Meinung nach ist jedes dieser Modelle, das Menschen gewinnt, sammelt und Nachfolger Jesu hervorbringt, ein gutes Modell. Aber es ist eine Tatsache, dass es desto mehr Menschen und Mittel bedarf, um eine einzige Person zu Jesus zu führen, je komplizierter und größer eine Ortsgemeinde ist.

Die meiste Zeit meines Erwachsenenlebens habe ich außerhalb der Vereinigten Staaten verbracht. Vier Jahre bereiste ich ausgiebig die Westindischen Inseln, achtzehn Jahre lebte ich in Europa, drei in Afghanistan, und jetzt wohne ich in Afrika. Mein Dienst spielte sich sowohl innerhalb als auch außerhalb konventioneller Gemeindestrukturen ab. So war ich Pastor einer Megagemeinde, und viele Jahre lang arbeitete ich in einer der schnellstwachsenden und kraftvollsten Missionsgesellschaften der Welt. Jetzt bin ich Teil einer Bewegung von einfachen Hausgemeinden, die um die ganze Welt verteilt ist. Ich betreue eine Gemeindegründungsbewegung einfacher Gemeinden in den Townships Südafrikas und leite andere an, dasselbe zu tun. Liebe und Loyalität zur ganzen Gemeinde Jesu sind mir wichtig, doch fühle ich mich keiner speziellen Methode, Gemeinde zu leben, verpflichtet.

Wenngleich ich in Afrika lebe, so trage ich doch die Welt im Herzen. Über drei Milliarden Menschen auf der Welt haben noch nie erlebt, dass ihnen der Name Jesus genannt wurde. Ich frage mich, warum einige Menschen diesen Namen wieder und wieder hören sollen, wenn es andere gibt, die ihn noch nicht ein einziges Mal gehört haben? Immer noch gibt es Tausende Volksgruppen, die noch nicht von der guten Botschaft der Gnade Gottes erreicht wurden. Armut, Korruption, vermeidbare Krankheiten und Hunger haben ganze Länder und Kontinente innerhalb unserer globalen Gemeinschaft zugrunde gerichtet. Ich fühle mich bewegt, diesen Herausforderungen im Glauben an die Güte Gottes und im Gehorsam gegenüber seinen Geboten – besonders dem letzten, dem, alle Nationen zu Jüngern zu machen – zu begegnen.

Und wo stehe ich theologisch? Ich glaube an die Orthodoxie einer radikalen Gemeinschaft von Jesusnachfolgern, die bestrebt sind, Ungerechtigkeit zu lindern und die Liebe des Vaters mit denen zu teilen, die bislang nicht einmal davon gehört haben, dass sich jemand um sie kümmert. Ich glaube, dass die Gemeinde Jesu die Hoffnung für die Welt ist. Jesus selbst erwählte die Gemeinde, seine fortwährende, Fleisch gewordene Gegenwart in der Welt zu sein. Ich glaube, dass alles Gute, was durch die Gemeinde bewirkt wird, von Jesus kommt und für Jesus ist.

Ich glaube, dass Gott einen großen Traum hat, doch bin ich auch überzeugt, dass er die Welt umgestaltet – Leben für Leben, Familie für

Familie, Gemeinwesen für Gemeinwesen. Ich glaube daran, groß zu träumen und klein zu bauen, eine neue *Ekklesia* der Gläubigen nach der anderen. Ich bin überzeugt, dass die Effektivität einer jeden Bewegung mit beständigem Einfluss danach bemessen wird, wie es ihr gelingt, eine Jüngerschaftskultur zu fördern, die ihre Mitglieder zu den Verlorenen hinausbringt.

Um meine Überzeugungen auszuleben und sie anderen weiterzureichen, versuche ich, durch Gottes Gnade, einer Bewegung von einfachen Gemeinden innerhalb zweier armer Stadtteile von Kapstadt den Weg zu bereiten. Ich träume von einer Bewegung von Gemeinden, die in ihren jeweiligen Umfeldern etwas bewegt, indem sie jeden Aspekt im Leben der Menschen berücksichtigt. Ich stelle mir eine „Jüngerschaftskultur" vor, welche Leben verändert und welche die Kulturen da, wo wir dienen, umgestaltet.

Die Arbeit an diesem Buch begann ich, indem ich mir die Frage stellte: Welches waren die bedeutendsten Lektionen, die ich in Bezug auf Gemeinde, Leiterschaft und Mission in meinem Leben gelernt habe? Wenn ich einer Handvoll Jüngern oder Leitern die wichtigsten Kernaussagen dessen, was ich über die drei Bereiche gelernt habe, weitergeben sollte – welche wären das? Nachdem ich darüber nachgedacht hatte, konnte ich das alles auf fünf Kernbegriffe eindampfen. Ich fokussiere auf diese fünf nicht verhandelbaren Begriffe, weil sie die wichtigsten Überzeugungen darstellen, die als Bezugsrahmen dafür dienen, wie ich die Lehren Jesu verstehe; sie legen fest, welche Risiken auf mich zu nehmen ich bereit bin, und sie leiten mich bei den Entscheidungen, die ich zu treffen habe.

Vor vielen Jahren kam ich zu der Erkenntnis, dass alle Nachfolger Jesu seine Lehren und die Eingebungen des Heiligen Geistes mittels einer inneren Grundausstattung von Überzeugungen bewerten und deuten, die dann, mal besser, mal schlechter, ihr Leben leiten. Ich sehe mich von diesen fünf geleitet:

- einfache Gemeinden
- mutige Leiterschaft
- zielgerichteter Gehorsam
- apostolische Leidenschaft
- Menschen zu Jüngern machen

Auf den folgenden Seiten werde ich die fünf Kernüberzeugungen ausführlich behandeln, und ich bete, dass das, was mir gegeben wurde, auch Sie inspiriert und ermutigt, anders von der Gemeinde zu denken, und es Ihnen in dem Prozess zu der Erfahrung verhilft, dass der Geist Gottes die trockenen Knochen Ihrer Träume anhaucht.

Die Gemeinde ist eine Armee. Manchmal sehen wir nur Knochen, doch wenn der Geist diese Knochen anhaucht, sehen wir eine Armee. Ich lade Sie ein, mich auf meiner Reise zu begleiten.

Floyd McClung
Kapstadt, 2007

Anmerkungen

1 Neil Cole, *Organic Church*, Jossey-Bass (Wiley) 2005, S. 24.

ICH SEHE

Ich sehe einen Berg, du siehst ein Wunder.
Ich sehe Brachland, du siehst einen Garten.
Ich sehe trockene Knochen, du siehst eine Armee.
Ich sehe „unmöglich", du siehst alles.

Du bist, ich bin,
doch ich war die ganze Zeit so blind.
Mein Gott, rühr mich an,
ich möchte sehen, wie du siehst.

Ich sehe einen Samen, du siehst die Ernte.
Ich sehe Wasser, du siehst den Wein.
Ich sehe das Zerbrochene, du siehst den Leib.
Ich sehe den Feind, du siehst den Schemel deiner Füße.

Ich sehe meine Sünden, du siehst das Blut.
Ich sehe ein Baby, du siehst einen Retter.
Ich sehe mein Versagen, du siehst Erlösung.
Ich sehe einen Bettler, du siehst einen Sohn.

Ich sehe meinen Vater, du siehst deinen Sohn.
Ich sehe meinen Hirten, du siehst dein Lamm.
Ich sehe meinen Retter, du siehst deine Freude.
Ich sehe deine Augen, wie sie mich anschauen.

GOTT PACKTE MICH

Der Geist des Herrn packte mich und stellte mich in eine weite Ebene, die mit Totengebeinen überdeckt war. Er führte mich herum und an ihnen vorbei – eine Menge Knochen! Die Knochen bedeckten die Ebene – trockene Knochen, von der Sonne gebleicht. Er fragte mich: „Menschensohn, können diese Gebeine wieder leben?" – „Herr, mein Gott", antwortete ich, „das weißt nur du." Da sagte er zu mir: „Weissage über diese Gebeine: ‚Ihr trocknen Knochen, hört die Botschaft Gottes!

Gott, der Herr, sagt diesen Knochen: Seht! Ich bringe euch Atem des Lebens und ihr werdet wieder lebendig werden! Ich gebe euch Sehnen, Fleisch an eure Knochen, bedecke euch mit Haut und atme euch Leben ein. Dann werdet ihr erkennen, dass ich der Herr bin.'"

Ich weissagte, wie man es mir befohlen hatte. Und noch während ich redete, war da ein Geräusch, ein Rascheln. Die Knochen bewegten sich und rückten aneinander, Knochen für Knochen. Ich sah weiter zu. Sehnen bildeten sich, Muskeln auf den Knochen, dann wurden sie mit Haut überzogen. Aber sie hatten noch keinen Atem in sich.

Da sagte er zu mir: „Weissage über den Atem, weissage, Menschensohn. Sage dem Atem: ‚Gott, der Herr, sagt: Komm aus den vier Winden, komm, Atem! Hauche diese Erschlagenen an, damit sie leben.'"

Ich weissagte, wie er es mir befohlen hatte, und der Atem kam in sie und sie wurden lebendig. Sie standen auf, und es war eine riesige Armee.

(Hesekiel 37,1–10; übertragen nach *The Message*, © Eugene Peterson 1993–1995 by NavPress, USA)

TEIL 1
EINFACHE GEMEINDE

1

HEILIGE FRUSTRATION

Gemeinde ist eine Idee Gottes

Schon früh in meinem Leben entdeckte ich, dass ich Jesus lieb hatte, ich ehrte meine Eltern, doch Gemeinde missfiel mir. Kirche war für mich so vorhersehbar, so gefühlslastig, ohne Bezug zur wahren Welt. Meine Erfahrungen mit Gemeinde lassen sich wohl am besten beschreiben, indem ich von einem Film erzähle, den ich vor einigen Jahren gesehen habe, Titel: *Instinkt*. Doch vorher möchte ich noch ein wenig persönliche Hintergrundinformation geben.

Ich wuchs in der Gemeinde auf, mein Vater war Pastor. Tatsächlich stamme ich von einer langen Reihe von Predigern ab. Als Mitglied der Jugendgruppe wurde ich aufgefordert, „meine Freunde mit zur Gemeinde zu bringen". Das hab ich auch mal ausprobiert. Es war eine Katastrophe. Ich nahm einen meiner besten Freunde, einen Kumpel namens Gary Miskcy, mit in eine „Erweckungsversammlung". Gary war, wie ich, ein hoch aufgeschossener Basketballspieler. Wir waren viel zusammen, trainierten gemeinsam – und waren alle beide zu schüchtern, uns mit einem Mädchen zu verabreden. Basketball war somit unser ganzer Lebensinhalt. Als Gary schließlich meinem Drängen nachgab, mal mit in eine unserer Gemeindeversammlungen zu kommen, war das echt hart für unsere Freundschaft. Der Gottesdienst lief so ab, wie pfingstliche Gottesdienste nun mal ablaufen: Die Leute tanzten, schrieen, klatschten in die Hände und priesen Gott voller Freude. Aber für Gary war es der Horror. Ein Lutheraner wie er war damit einfach überfordert. Unsere Freundschaft überlebte diese unter Schuldgefühlen zustande gekommene Einladung, „mal mit zur Gemeinde zu kommen", doch seitdem hielt er mich schon für etwas verrückt.

Unsere Freundschaft überlebte diese unter Schuldgefühlen zustande gekommene Einladung, "mal mit zur Gemeinde zu kommen", doch seitdem hielt er mich schon für etwas verrückt.

Als ich dann zur Universität ging, hatte ich mit Gemeinde nichts mehr zu tun. Ich war die Versammlungen, besonders die ganz großen, die Wahnsinns-Lobpreiszeiten und die Verkündiger, welche die Leute nur anpredigten, anstatt ihnen aus dem Herzen zu reden, einfach über. Fromme konnte ich mittlerweile schon auf eine Entfernung von einem Kilometer ausmachen, so mit dieser ganz besonderen Stimmlage. Wenn sie beten, haben sie dieses unverkennbare Tremolo in der Stimme, und dann werden sie so laut, als ob Gott schwerhörig wäre.

Zum Glück gab es im Wohntrakt der Uni ein paar Leute mit einer echten Liebe zu Jesus. Gemeinde bedeutete für mich von nun an nächtliche Gebetsgemeinschaften mit meinen Freunden, morgendliche Andachten mit einem der Jungs aus dem Wohnheim und die wöchentliche Lobpreiszeit mit den Leuten, mit denen ich auch sonst meine Zeit verbrachte.

Eine gute Erfahrung mit Gemeinde machte ich in Afghanistan. Ich ging nicht dorthin, um Gemeinde zu finden, doch könnte man sagen, dass sie mich gefunden hat.

Eine gute Erfahrung mit Gemeinde machte ich in Afghanistan. Ich ging nicht dorthin, um Gemeinde zu finden, doch könnte man sagen, dass sie *mich* gefunden hat. Wir mieteten in Kabul ein großes Haus und öffneten unser Heim für jeden, der sich in Not befand oder der auch nur neugierig war, was diese Horde von „Jesus-Freaks" dort in Afghanistan zu suchen hatte. Wir waren dort, um gestrandeten Rucksackreisenden zu helfen, Leuten, die dort krank wurden, die ihren Pass verloren hatten oder die sich, schlimmer noch, in der Drogensucht verheddert hatten. Downtown Kabul betrieben wir eine Klinik mit kostenfreier Behandlung und ein Teehaus und nahmen die heimatlosen, drogenabhängigen Weltenbummler auf.

Kabul war nicht gerade in guter Ort zum Krankwerden. In den dortigen Krankenhäusern konnte man sich mehr einfangen, als man hoffte loszuwerden. Ganz schnell waren es zwanzig bis dreißig Leute, mit denen wir gleichzeitig zusammen lebten. So mieteten wir weitere Häuser an und nahmen jeden, der kam. Während der paar Jahre, die wir in Afghanistan waren, lernten Hunderte aus aller Welt Jesus kennen.

Wir teilten unsere Mahlzeiten, spielten Fußball und entwickelten die Gewohnheit, zu beten und die Bibel zu studieren, bevor wir uns der Arbeit widmeten oder Leute in den Gefängnissen und Krankenhäusern besuchten. Wenn Menschen zu uns kamen, dann bestanden wir nicht darauf, dass sie glaubten, was wir glaubten, wir baten sie lediglich, sich unserem Ablauf von Gebet, Arbeit und gemeinsamen Mahlzeiten anzuschließen. Besonderes Augenmerk legten wir auf sehr persönlich gehaltene, fürsorgliche gemeinsame Essenszeiten. Um die Sache nicht zu chaotisch werden zu lassen, wechselten wir uns beim Servieren ab. Nicht selten fanden sich zu diesen Mahlzeiten zwanzig oder dreißig Gäste ein. Zu Ende der Mahlzeit lasen wir ein paar Worte von Jesus vor und sprachen darüber, was sie wohl aussagten. Jedermann war eingeladen, einen Beitrag dazu zu geben. Danach saßen wir noch um den Tisch, tranken *Chai* und redeten. Unser gemeinsames Leben begeisterte die Leute. Viele von ihnen traten in die Nachfolge Jesu, angeregt lediglich dadurch, dass sie das Leben in unserer Gemeinschaft und wie wir uns umeinander kümmerten, beobachteten.

Eines Tages wurde mir klar, dass das, was wir dort machten, *Gemeinde* war. Wir nannten es nicht so, draußen hing auch kein Schild „Freie Hippie-Gemeinde Kabul", doch machten wir das, was sie auch in der Apostelgeschichte taten. Ich hatte gegen das Konzept „Gemeinde" aufbegehrt, und fand mich jetzt in der Situation wieder, dass ich eine Gemeinschaft leitete, die tatsächlich eine einfache Gemeinde darstellte, untergebracht in unserem Wohnhaus.

Einen großen Schritt in Richtung „Gemeinde lieb haben" machte ich während einer Vortragsreise nach Europa. Man hatte mich eingeladen, eine Woche lang in einem Seminarzentrum in Lausanne, Schweiz, zu unterrichten. Ich hatte mich bereit erklärt, den Studenten etwas darüber zu erzählen, wie sie anderen ihren Glauben an Jesus nahebringen können. Während der Zeit verbrachte ich die Nachmittage alleine in einem der Gästezimmer. Ich beschloss, in der Zeit den Epheserbrief zu lesen. Während ich die Worte von Paulus las, wurde mir zutiefst bewusst, dass meine Sicht von Gemeinde sich von der des Paulus unterschied. Ich musste über den Zynismus nachdenken, mit dem ich alles in der Gemeinde betrachtet hatte. Die Worte des großen Apostels in Epheser 3,10 schienen mir so sehr weit hergeholt:

… damit … durch die Gemeinde die mannigfaltige Weisheit Gottes zu erkennen gegeben werde …

Ich versuchte den Sinn der Worte zu erfassen, schlug den Begriff „mannigfaltig" in einem Wörterbuch nach. Es bedeutet „unterschiedlich, verschiedenartig, aus vielen Teilen bestehend". Ich fragte mich: „Wie kann ein vollkommener Gott die vielfältigen und unterschiedlichen Aspekte seiner herrlichen Größe mittels unvollkommener Menschen bekannt machen?" Während ich noch mit dem kämpfte, was Paulus den Ephesern dargelegt hatte, kam mir der bestimmte Eindruck, dass Gott zu meinem Geist redete, etwa so, wie die stillen Gespräche, die wir mit uns selbst führen. Ich weiß, es hört sich etwas seltsam an, doch mir war, als redete Gott so zu mir: *„Eben dies ist meine Größe, dass ich mich selbst durch die Menschen, die meine Gemeinde sind, bekannt mache."* Zwar ergab das für mich keinen Sinn, doch hatte ich den klaren Eindruck, dass ich hier eines der größten Dinge gehört hatte, die ich je über Gott würde lernen können. Ich dachte über das nach, was ich gerade in meinem Herzen vernommen hatte; es schien, als würde er nochmals ansetzen: *„Dadurch, dass ich mich durch gebrochene, gefallene Menschen offenbare, zeige ich mich als der Gott, der ich bin."*

Wie kann ein vollkommener Gott die vielfältigen und unterschiedlichen Aspekte seiner herrlichen Größe mittels unvollkommener Menschen bekannt machen?

Langsam entwickelte sich die Offenbarung in meinem Geist. Ich habe eine Vielzahl der Probleme der Gemeinde gesehen, doch schien Gott mir zu sagen, dass es wohl tatsächlich Teil seines Plans ist, zerbrochene, schwache Menschen in seiner Familie, der Gemeinde, willkommen zu heißen. Ich fing zum ersten Mal an zu begreifen, dass Gott uns, als seine Gemeinde, einlädt, gemeinsam mit ihm anderen seine Liebe zu offenbaren. Die Tatsache, dass er uns in diese Partnerschaft ruft, obwohl wir sündig sind, ist ein Ausweis seiner Größe. Immer noch erstaunt mich Gottes Demut und Freundlichkeit. Dass er mich als seinen Gehilfen einlädt, seine Liebe mit anderen zu teilen, dieser Gedanke hat nie nachgelassen mich zu faszinieren. Offensichtlich wirft das ein neues Licht auf das, worum es bei Gemeinde geht.

Es ist wichtig, dass uns das klar ist: Früher oder später wird uns jemand verletzen oder enttäuschen, und wir werden wieder einmal Grund haben, „die Gemeinde" zu meiden. In seinem Buch *Gemeinsames Leben* streicht Dietrich Bonhoeffer heraus, dass die Gemeinde für Idealisten und Humanisten kein angenehmer Ort ist. Die Gemeinde ist eine Gemeinschaft von Sündern, denen vergeben wurde, eine Familie, deren Glieder Barmherzigkeit vonseiten derer bedürfen, die gelernt haben, wie Jesus zu vergeben.

Ich verteidige die einfache Gemeinde, doch stellt „die einfache Gemeinde" kein Allheilmittel für alle Leiden der Kirche dar. Jede Gemeinde setzt sich aus Menschen zusammen, *gefallenen* Menschen. Und gefallene Menschen verletzen und enttäuschen einander. Wir machen Fehler. Wir sündigen. Je enger wir zusammenrücken, desto besser können wir die Fehler des anderen erkennen – und desto eher können wir einander wehtun. Wenn wir Gemeinschaft mit anderen Nachfolgern Jesu suchen ohne die Orientierung an Vergebung und Gnade, werden wir unausgesetzt Konflikt und Entzweiung erfahren. Wir werden damit zu kämpfen haben, anderen zu vertrauen, so, als sei deren Sündhaftigkeit das Problem. Doch nicht Sünde stellt die höchste Barriere zur Gemeinschaft dar, sondern der Mangel an Demut. Nicht die Sünde der anderen ist das Hindernis auf dem Weg zur Einheit, sondern vielmehr unsere idealistische Sicht der eigenen Sünde. Idealistische Humanisten haben es in Gemeinschaft nicht leicht, und zwar nicht etwa deshalb, weil sie nicht perfekt sind, sondern weil sie ihre eigene Unvollkommenheit nicht anerkannt und Gottes Vergebung dafür nicht in Anspruch genommen haben. Wenn sie selbst keine Vergebung erlangt haben, werden sie immer damit kämpfen, sie anderen zu gewähren.

> Nicht Sünde stellt die höchste Barriere zur Gemeinschaft dar, sondern der Mangel an Demut.

Gemeinde, so, wie sie in der Apostelgeschichte gelebt wurde

In den Monaten, die meiner Schweiz-Erfahrung folgten, las ich die Berichte über die Gemeinde in der Apostelgeschichte mit neuen Augen. Ich bekam eine Vorstellung davon, was Gemeinde heute sein könnte. Ich las von einer Gemeinde, die ihre Besitztümer mit anderen teilte. Vor meinem inneren Auge erstand eine lebenssprühende, wachsende, mutige Gemeinde. Das war eine Gemeinschaft von Leuten, die wahnsinnig in Jesus verliebt waren, und keine Institution, die sich Gebäuden und Programmen verpflichtet sah. Ich hatte Freunde vor Augen, die sich zum Essen trafen und sich den Tod des Herrn in Erinnerung riefen, während sie das Abendmahl teilten. Ich sah sie im Lobpreis, in den Händen jedwedes Instrument, das sie gerade finden konnten, fröhlich lärmen und Gott dafür preisen, dass er seinen Messias gesandt hatte. Vor meinem geistigen Auge sah ich kleine Gemeinschaften von Gläubigen, die sich spontan vermehrten und über ganz Jerusalem ausbreiteten, dazu Lehrer, Propheten und Evangelisten, die zwischen den einzelnen Versammlungsstätten pendelten, um sicherzustellen, dass sie alle miteinander in Verbindung blieben. Die Apostel und Propheten legten den richtigen Grund, auf dem man bauen konnte, indem sie die Gläubigen anleiteten und ermutigten.

Die Gemeinde der Apostelgeschichte war eine pulsierende Gemeinschaft, keine allwöchentliche Versammlung. Es war eine Gemeinde aus kleinen Gemeinden, oder besser: eine Bewegung von Gemeinden. Ganz bestimmt waren sie keine Megagemeinde nach unserem heutigem Verständnis. Sie stellten eine dynamische Bewegung kleiner Gemeinschaften dar, die sich in der ganzen Stadt spontan bildeten. Von Fall zu Fall trafen sie sich zu größeren Zusammenkünften in der Salomohalle des Tempels. Sie versammelten sich in den verschiedenen Wohnungen und Häusern, drängten sich in Wohnzimmern, Innenhöfen und Werkstätten – wo immer sich Platz fand, um zusammenzukommen, anzubeten und für Freunde und Familie zu beten. Sie infiltrierten jeden Teil der Stadt.

> Ganz bestimmt waren sie keine Megagemeinde nach unserem heutigem Verständnis. Sie stellten eine dynamische Bewegung kleiner Gemeinschaften dar, die sich in der ganzen Stadt spontan bildeten.

Machen Sie sich einmal die Kraft dessen bewusst, was da ablief: Die Christen hatten oft gemeinsame Zeiten des Fastens, der Anbetung und gegenseitigen Ermutigung (Apg. 13,1–3). Frei heraus verkündeten sie Jesus. Ganz gewöhnliche Leute entdeckten ungeahnte Begabungen: zu lehren, für Kranke zu beten, zu dienen und zu organisieren, jeder war mit einbezogen. Die ganze Gemeinde war aktiv dabei, nicht nur ein paar Leute. Dieses einfache Modell des Zusammenkommens in kleinen Gemeinschaften war dazu geeignet, jedermann einzubinden. Ihr Lebensstil zog diejenigen an, die mit ihnen in Berührung kamen. Wie hätte es auch anders sein sollen, denn was die Menschen in der Vergangenheit kennengelernt hatten, war die unpersönliche und bedrückende Autorität der Pharisäer. Gott hatte seinen Odem über die vertrockneten Knochen des Judaismus wehen lassen und eine Armee einfacher Leute ins Leben gerufen. Ja, es war eine „Armee der Einfachen", die herausgerufen wurde, als Gott ihre Herzen aufwühlte.

Heilige Frustration über eine unheilige Gemeinde

Eingangs erwähnte ich, dass es einen Film gibt, der ein Bild der Gemeinde zeigt, mit der ich mich identifizieren kann. Eine Dame, die ich sehr schätze, gab mir die DVD *Instinkt*. Sie lud Sally und mich in ein Restaurant in der Gegend ein, in der wir zu der Zeit wohnten. Die DVD in der Hand, erzählte sie uns den Inhalt des Films, und in welcher Beziehung er zu unserem Leben stand. Die Geschichte machte uns neugierig, wenngleich auch ein wenig vorsichtig. *Worauf will sie bloß hinaus?*, fragte ich mich.

Einige Monate zuvor waren sie und ihr Mann ins Kino gegangen, um sich besagten Film anzuschauen. Als sie in der Sitzreihe Platz nahmen, traten ihr Tränen in die Augen. „Es gab eigentlich keinen Grund für mich zu weinen, ich fing einfach an", erzählte sie. „Ich hatte den Eindruck, dass Gott, während wir auf den Filmbeginn warteten, zu mir redete. Nachdem ich den Film gesehen und einige Zeit darüber nachgedacht hatte, meinte ich, ihn auf DVD kaufen und dir, Floyd, geben zu sollen. Also, hier ist er."

Ich war überrascht (etwas besorgt trifft es wohl besser). Sollte *Instinkt* eine Botschaft Gottes an mich, so gab sie zumindest vor, beinhalten? Ich ließ noch ein paar Tage verstreichen, bevor ich mir den Film ansah, ich wollte ungestört sein, wenn ich ihn auf mich wirken ließ. Eines Abends stellte ich dann das Handy ab, setzte mich gemütlich hin und war bereit, den Film zu genießen.

Die Geschichte, die in *Instinkt* erzählt wird, spielt in *Harmony Bay*, einem Gefängniskrankenhaus für psychisch Kranke. Dr. Calder (gespielt von Cuba Gooding), aufgehender Stern am Psychiatrie-Himmel, bekommt die Chance seines Lebens. Er soll versuchen, ein Gespräch mit einem vormaligen Professor und Mentor zu führen, der nach Amerika verbracht wurde, weil ihm vorgeworfen wird, während eines Forschungsprojekts in Afrika zwei Morde begangen zu haben. Dr. Ethan Powell (Anthony Hopkins) soll vor seinem Prozess während der Untersuchungshaft in *Harmony Bay* begutachtet werden.

Während ich mir *Instinkt* anschaute, erkannte ich ein modernes Gleichnis auf die Gemeinde. In der Geschichte geht es um Gemeinschaft, Autorität und den Wert eines geistigen Mentors. Es mag ungewöhnlich erscheinen, von einem Hollywood-Film etwas über die Gemeinde lernen zu wollen, doch geben uns die Geschichtenerzähler unserer Tage nicht selten Einblick in die menschliche Verfassung und die Notwendigkeit von Erlösung. Im menschlichen Herzen findet sich ein tiefes Sehnen nach Schönheit, Geheimnis und Gemeinschaft. Und, wie die Gemeinde, rührt auch *Instinkt* an dieser Sehnsucht.

> Im menschlichen Herzen findet sich ein tiefes Verlangen nach Schönheit, Geheimnis und Gemeinschaft.

Was hat das mit der Gemeinde zu tun? Traurigerweise erforschen die institutionalisierten Gemeinden diese Sehnsüchte nicht. Das Christentum, wie in den üblichen Gemeinden verkörpert, wird von der postmodernen Welt zunehmend als die am wenigsten denkbare Option für Menschen angesehen, die eine beziehungsorientierte, kreative, politisch subversive und aktivistische Form von Glauben suchen. Relativ früh im Film konfrontiert Dr. Powell den jungen Dr. Calder in einer sehr unter die Haut gehenden, dramatischen Szene, als er ihn zwingt, den verborgenen Ängsten, die ihn antreiben, ins Auge zu sehen.

Als Folge wird der junge Arzt zu einer der treibenden Kräfte für Veränderungen in *Harmony Bay*. Um ihn formiert sich eine recht subversive Gemeinschaft. Er ist nur ein einzelner Mann, und da es ihm in dem Gefängnishospital an jeglicher Stellung oder Hausmacht mangelt, hat sein Streben nach Aufrichtigkeit und sein Wille, gegen institutionelle Autoritäten aufzustehen, einen großen Einfluss auf die Insassen. Ungerechtigkeit wird bloßgestellt, bei den Gefangenen regt sich Hoffnung. Diese Gemeinschaft von Halbverrückten und Psychopathen, welche *Harmony Bay* ausmachen, zeigt uns etwas über Zugehörigkeit, Umgestaltung und den Widerstand gegen Autoritäten, die es versäumen zu dienen.

Gegen Ende des Films öffnet der junge Calder dem Insassen Dr. Powell sein Herz: „Sie haben mich mal was gefragt: *Was schnürt Sie ein wie
ein Knoten, wenn Sie mitten in der Nacht schweißgebadet aufwachen?*
Wollen Sie's noch wissen?"

Der junge Arzt fährt fort: „Ich hab viel drüber nachgedacht. Es ist
nicht die Arbeit. Die mag ich. Die hab ich immer gern gehabt. Ich sag's
Ihnen: *das Spiel*, Ethan. Ich war so gut darin. Immer schön aufpassen,
dass alle mich mögen. Im Geist bin ich nachts die Checkliste durchgegan-
gen: Läuft es gut mit Bill Hillert? Läuft es gut mit Dr. Josephson? Steh
ich auf gutem Fuß mit allen, die mir nützen können? Und wie siehts mit
den Leuten aus, die mir im Wege stehen? Niemand hat mich für einen
Schwächling gehalten oder einen Versager. Es gab niemanden, den ich
angriff. Niemanden, den ich liebte." Dann hält Dr. Calder kurz inne, bevor
er sein Herz offenbart: „Ich liebte dieses Spiel, Ethan … Aber wissen
Sie was? Sie haben mich gelehrt, wie unwichtig das ist. Sie haben mich
gelehrt *zu leben*."

In einem Mann, der vermeintlich seiner Hilfe bedurfte, hatte der
ambitionierte Dr. Calder einen Freund und Lehrer gefunden. Durch den
Kontakt zu Powell sieht er sich gezwungen, sich seinen Ängsten zu stellen
und den Lügen, die er glaubte, welche diesen Ängsten Kraft verliehen.
Als Ergebnis erfährt er Freiheit. Wohl arbeitet er in einem Gefängnis,
aber sein eigenes Herz ist frei. Er heilt gebrochene Menschen, doch
viel wichtiger: Er hat gelernt, Heilung für sein eigenes Herz von denen
zu empfangen, denen er dient. Jetzt ist er Teil einer Gemeinschaft und
nicht mehr nur jemand, der über Menschen bestimmt. Er ist ein Leiter,
weil seine Leitung darin besteht, Menschen zu dienen und nicht dem,
was er sich für diese Menschen vorgenommen hat. Er hilft den Insassen,
an sich selbst zu glauben, den Mund aufzumachen, sich um andere zu
kümmern und wahre Freiheit für sich selbst und die anderen in *Harmony
Bay* zu erfahren.

Die Botschaft von *Instinkt* sprach mich an. Ich sah die Gemeinde mit
all ihren Schwächen und Verdrehtheiten – eine Gemeinde, die ich einst
verachtet, zu der ich aber nun eine neue Liebe entwickelt hatte. Die Gemeinde, zu der ich gehöre. Ich fand mich in Dr. Calder wieder: ambitioniert,
engagiert, selbstgewiss und – ja – mit einer Vision und dem Verlangen, es
anders zu machen. Und ich sah in Dr. Calder, was ich gerne sein wollte:
einen Mann, der willens ist, den Status quo herauszufordern.

Traurigerweise gleicht die Gemeinde, mit ihren hierarchischen Strukturen und politischen Spielchen, häufig mehr einem Gefängnis als einer heilsamen Gemeinschaft. In der Geschichte von *Harmony Bay* zeigte sich mir die so unheile und dennoch wunderschöne Gemeinde Jesu Christi. Ortsgemeinden können sehr schnell zu geistlichen *Harmony Bays* werden, wo Leute eher eingeschlossen denn freigesetzt werden. Ansonsten wohlmeinende Gemeindeleiter können, wenn sie nicht vom Heiligen Geist geführt werden, eine Gemeinde in eine ganz eigene Welt verwandeln, abgeschnitten von der Realität.

Außerhalb der Kirchenmauern leiden Hunderte Millionen Menschen unter Armut, sterben an Aids, werden wegen Geschlecht oder Rasse diskriminiert und durch Kriege und Korruption ausgebeutet und ausgezehrt. Eine Gemeinde, welche nicht die Leidenschaft in sich trägt, die Welt zu erreichen, isoliert ihre Glieder hinter Mauern aus gesellschaftlicher und kultureller Belanglosigkeit. Und wenn das geschehen ist, dann gleichen die Pastoren und die Leiterschaft eher Wachen auf den Gefängnismauern als Befreiern, die gesandt wurden, diese Mauern einzureißen. Sie fungieren als Verwalter eines Friedhofs voller vertrockneter Knochen, anstatt dass sie Leben in diese Knochen hineinrufen.

> **Eine Gemeinde, welche nicht die Leidenschaft in sich trägt, die Welt zu erreichen, isoliert ihre Glieder hinter Mauern aus gesellschaftlicher und kultureller Belanglosigkeit.**

Das Wort, das das Neue Testament für „Gemeinde" benutzt, beschreibt eine bevollmächtigte Bürgerschaft, deren Auftrag es ist zu führen, nicht zu kontrollieren. Vor 2000 Jahren bedeutete das Wort *Ekklesia* für die Menschen wesentlich mehr als für uns heute. *Ekklesia* – Gemeinde – beschreibt keine sonntägliche Versammlung, die man aufsuchen kann, auch keinen langweiligen, auf irgendein Gebäude fixierten Ort, an dem einige Leute ihren Dienst verrichten, während all die anderen nur Zuschauer sind. William Barclay erklärt, was das Wort *Ekklesia* für die ersten Jünger bedeutete:

> Diese Versammlung bestand aus allen Bürgern der Stadt ...
> Sie bestimmte die Politik der Stadt. Sie bestimmte über Krieg

und Frieden, schloss Verträge und organisierte Bündnisse, sie wählte Generäle und andere militärische Beamte; sie beorderte Truppen zu den verschiedenen Feldzügen. Schließlich war die Bürgerversammlung verantwortlich für die Führung militärischer Operationen. Ihre Losung war Gleichheit *(isonomia)* und Freiheit *(eleutheria)*. Es war eine Versammlung, in der jeder gleiche Rechte und gleiche Pflichten hatte.[1]

Die Ekklesia war die Kraftzentrale für Leben und Kultur. Die Ekklesia regelte die Angelegenheiten der Stadt. Die Ekklesia und ihre Glieder waren das Zentrum von allem – und nicht Gefangene in einer ummauerten Anstalt. Es verwundert nicht, dass Jesus kam, um sein Volk von den religiösen Führern seiner Zeit zu befreien. Sie hatten das Judentum in einen religiösen Club verwandelt, kontrolliert von einer Handvoll alter Männer anstatt von der Befreiungsarmee Gottes, die Kriege zu erklären und die Truppen in ihre Stellungen zu beordern hat.

Die Botschaft von *Instinkt* sprach mich auch deshalb so an, weil ich in einer Gemeindetradition aufgewachsen bin, die der von *Harmony Bay* nicht unähnlich war. Zwar gab es Ausnahmen, doch im Großen und Ganzen hatte meine Gemeinde keine Berührungspunkte mit der Welt. Mir, dem jungen Visionär, wurden institutionelle Strukturen und fromme Leiter, die zwar wunderbar predigen konnten, aber nicht gegen Ungerechtigkeit auf die Straße gingen, zunehmend verdächtig. Ich wollte der Zukunft mit Fantasie und mutig entgegentreten, während die Tradition, in der ich aufwuchs, die Menschen eher ermutigte, gegen jedermann aufzustehen, der den Status quo herausforderte.

Auf meiner Reise wurde ich dahin geführt, eine Straßenarbeit unter jugendlichen Aussteigern zu beginnen. Meine Frau Sally und ich sahen uns als Teil der Revolution, die Jesus und seine frühe Gemeinde angezettelt hatten. Wir hatten keine Angst, eingefahrene kirchliche Strukturen zu kritisieren, obwohl wir nicht ganz sicher waren, wohin uns diese Revolution führen würde. Ich verließ meine Gemeinde, weil sie den Bezug zur Realität verloren hatte. Während meine Freunde an Menschenrechtsdemonstrationen teilnahmen, stellte meine Gemeinde eifrig immer mehr Regeln auf.

So verließ ich als junger Mann meine Gemeinde und schloss mich *Jugend mit einer Mission* an, einer radikalen christlichen Organisation, die junge Menschen in Bewegung setzte, um zu den Nationen zu gehen. Ich suchte eine Herausforderung – und sie gaben sie mir. Doch, so radikal wir auch waren, wir waren immer noch an die bedeutungslosen Praktiken der eingefahrenen Gemeinden gebunden. In den Tagen leiteten Sally und ich eine Straßenarbeit, und das bedeutete dann, unsere Bekehrten am Sonntagmorgen aus dem Bett zu schmeißen, damit sie „in die Kirche gehen" konnten. Die Woche über gingen wir so zu Werke wie die Gemeinde in der Apostelgeschichte, aber sonntagmorgens mussten wir so tun, als wären wir keine Gemeinde, um zur Gemeinde gehen zu können! Leider wussten die Gemeinden nichts mit unseren tätowierten und gepiercten Bekehrten anzufangen. Sonntagmorgens war es immer ein Kampf. Diese Vorgehensweise desillusionierte mich zunehmend. Gemeinde, so wie wir sie einmal die Woche morgens erlebten, bedeutete den Menschen, die wir erreichten, und der Stadt, in der wir lebten, nichts. Ich war zutiefst frustriert.

> Gemeinde, so wie wir sie einmal die Woche morgens erlebten, bedeutete den Menschen, die wir erreichten, und der Stadt, in der wir lebten, nichts.

Zu der Zeit träumte ich davon, Gemeinde auf die Weise zu leben, wie ich es in der Apostelgeschichte las. Glücklicherweise kam dann ein geistlicher Mentor zu uns zu Besuch, den ich um Rat fragte. Ich erzählte ihm von meiner Frustration, davon, dass ich Gemeinde ganz anders leben und erleben wollte, und dass ich mir nicht sicher war, wie ich das anstellen sollte. Er lächelte, so, als ob er etwas wüsste, was ich noch nicht wusste. Dann sagte er mir, Gott habe mir eine „heilige Frustration" angedeihen lassen, um mich auf eine Veränderung vorzubereiten. Er erklärte mir, dass diese Frustration in mir eine Energie erzeugen würde, und wenn ich diese Energie in die richtige Richtung lenken würde, sie mich zu neuen Ideen und auf neue Wege im Blick auf Gemeinde führen könnte. Er machte mir Mut, mich nicht auf die Dinge zu konzentrieren, die mich frustrierten oder mit denen ich nicht übereinstimmte. Vielmehr sollte ich sehen, wie Gott in unseren Umständen an der Arbeit ist, um uns auf etwas Neues vorzubereiten. „Gott gibt dir eine neue Vision", sagte er. „Er hat dir die Gnade entzogen, die Dinge hinzunehmen, wie sie sind, um dich auf das Neue einzustellen, das Gott dich tun lassen will. So bereitet dich Gott darauf vor, Gemeinde anders zu leben als bisher."

Voller Hoffnung ging ich aus diesem Gespräch. Ich fing an, meine Frustration aus einem positiven Blickwinkel zu betrachten, und träumte von einer neuen Weise, Gemeinde zu bauen und zu leben. Das, was ich mir da erträumte, wich derart von dem ab, was ich als Gemeinde erlebt hatte, dass ich es kaum mehr als Gemeinde zu bezeichnen wagte. Wie viele andere Leiter hatte auch ich den Fehler gemacht, das Konzept Gemeinde in dem kleinen Kästchen meines Denkens einzuschließen. Das war nicht die schöpferische, umstürzlerische Bewegung, die Jesus ins Leben gerufen hatte, sondern nur eine sonntägliche Versammlung, an der man teilnehmen konnte.

Einige Monate später, wir arbeiteten gerade in Amsterdam, kam ein Bibellehrer zu uns, um ein Seminar zu halten. Nachdem er sich angeschaut hatte, was wir in der Stadt so machten, lobte er uns für die vielen jungen Menschen, die wir zu Jesus geführt hatten, doch dann fragte er, warum wir sie nicht sammelten und mit ihnen eine alternative Gemeinde gründeten. An mich gewandt, sagte er: „Floyd, du bist ein Segen für viele junge Menschen, aber was *baust* du?" Auf meine Nachfrage, was er damit meine, sprach er von der Verantwortung, den jungen Menschen, die durch uns zum Glauben gekommen waren, ein geistlicher Vater zu sein. Ich war gerade mal alt genug, um wählen zu dürfen, wie sollte ich ihnen Vater sein? Er meinte, Sally und ich sollten nicht erwarten, dass sich andere um die Menschen kümmern würden, die wir zu Christus führten. Er stellte uns vor die Herausforderung, sie in kleinen Gruppen zu sammeln und, soweit möglich, auch zu Gottesdiensten. Diese Vorgehensweise nannte er „bauen" im Gegensatz zu „segnen". Er sagte mir, dass solch ein Dienst ohne das klare Ziel, eine gesunde Gemeinschaft, eine Ekklesia, aufzubauen, unverantwortlich sei – Gott habe etwas Besseres im Sinn. Dieser Bruder forderte uns heraus, eine jüngerschaftsorientierte Gemeinschaft aufzubauen, die wir leiten und für die wir Sorge tragen sollten; im Gegenzug würden wir Teil von Gottes Mission werden.

Seine Worte brachten tief in mir etwas zum Klingen. Bis zu einem gewissen Grad konnten wir für die Gemeinden vor Ort ein Segen sein, doch in der Folge verloren wir viele der jungen Leute wieder, weil sie für die Gemeinden, die wir besuchten, nicht kompatibel waren. Die ganze Woche über verhielten wir uns, als wären wir Ekklesia, aber sonntags taten wir so, als seien wir nicht wirklich Gottes Ekklesia. Darüber waren alle verwirrt: die, welche unsere Unterstützung suchten, eben die Gemeinden vor Ort, aber noch mehr wir selbst. Und die jungen Leute, die wir zu erreichen suchten, waren verwirrt, weil wir es waren. Uns fehlte eine klare Schau davon, wer wir waren. Waren wir Gemeinde oder waren wir's nicht? Und war die radikale Gemeinschaft junger Jesus-Nachfolger, der wir vorstanden, eine Armee oder doch nur eine Ansammlung zusammenhangloser vertrockneter Knochen?

Die Herausforderung dieses geistlichen Vaters brachte mich dazu, eine neue Denkweise über die Gemeinde in Betracht zu ziehen und die Rolle, die ich darin spielte, zu überdenken. Das „Bauen-contra-segnen"-Modell stellte meinen Denkansatz über Gottes Ekklesia auf den Kopf. Andere Menschen zu segnen kommt uns allen zugute, doch sind Leiter in der Gemeinde Gottes dazu berufen, Jesu Partner beim Bau seiner Gemeinde zu sein. Paulus stellt sich uns in 1. Korinther 3 als „weiser Baumeister" vor. In diesem Abschnitt beschreibt er uns die Grundsätze seiner Bauweise folgendermaßen:

- Er baute auf dem richtigen Fundament
  – auf Jesus Christus
- Er baute mit Gold, Silber und kostbaren Steinen
  – mit Menschen
- Er baute mit den richtigen Plänen
  – gründete eine Ekklesia, wo immer er hinkam
- Er baute mit Ewigkeitsperspektive
  – eine unvergängliche Belohnung
- Er baute auf dem „Feld"
  – außerhalb der Mauern religiöser Systeme

Die Frage „bauen" contra „segnen" drängte sich mir in jenen frühen Tagen meiner eigenen Nachfolge auf, weil die jungen Menschen, die ich erreichte, nicht in die üblichen örtlichen Gemeinden passten. Sie entstammten einer anderen Kultur, kleideten sich anders und hatten eine andere Art zu denken. Es war, als versuchten wir, zwei ganz unterschiedliche Kulturen zu einer einzigen zusammenzuzwingen. Mir schien, als würden wir die jungen Männer und Frauen, die Gott uns anvertraut hatte, im Stich lassen, wenn wir durch sie versuchen würden, die Gemeinden vor Ort zu segnen. Gott hatte etwas in uns hineingelegt und erwartete, dass wir es denen weitergaben, die wir zu erreichen suchten. Sie waren unsere geistlichen Söhne und Töchter, und wir sollten unsere geistliche DNA in sie hineinpflanzen.

Immer wieder hatten wir um Frucht gebetet, doch wenn sie kam, gaben wir sie wieder weg. Unter der Woche lehrten wir die jungen Leute unsere

Werte, doch legte unser Verhalten ihnen nahe, dass sie doch nicht die radikale Ekklesia seien, von der wir in der Apostelgeschichte lasen. Das Beispiel, das wir ihnen allsonntäglich gaben, musste ihnen vermitteln, dass die „wirkliche" Gemeinde in einem Kirchengebäude stattfand. Zwischen den Werten und Visionen, die wir weitergaben, und dem, was die Ortsgemeinden lehrten, bestand zwangsläufig ein Widerspruch. Wir wollten den jungen Menschen, die wir zu Jesus führten, wirklich sehr gerne Vater und Mutter sein, doch waren wir uns unsicher, wo unsere Verantwortung endete und die der örtlichen Gemeinde einsetzte. Wer trug die Verantwortung dafür, unsere Bekehrten zu Jüngern zu machen? Wir? Wenn dem so war, warum schickten wir sie dann in Gemeinden, die diese Verantwortung *nicht* hatten? Ich kam zu dem Schluss, dass wir unsere geistlichen Kinder zur Adoption freigaben, jedoch ohne deren Einwilligung.

Ich kam zu dem Schluss, dass wir unsere geistlichen Kinder zur Adoption freigaben, jedoch ohne deren Einwilligung.

Deshalb schloss ich mich dem Konzept des Bauens an, weil ich die Schwächen einer nur auf das Segnen fixierten Vorgehensweise erkannte, die nicht darauf abzielt, diese radikale neutestamentliche Ekklesia zu bauen. Die folgende Gegenüberstellung kann die Unterschiede zwischen den beiden Konzepten veranschaulichen:

Bau-Konzept	*Segen*-Konzept
konzentriert/fokussiert	folgt geistlichen Modeerscheinungen
strategisch	verloren in der gemeindlichen Tradition
zielgeführt	ohne greifbare Resultate
schafft eine Bewegung	lebt für den Augenblick
Pioniergeist, wegbereitend	will anderen gefallen
denkt langfristig	Kurzzeitmentalität
bleibende Frucht	sofortige Resultate
Väter und Mütter	„Mietlinge"
baut geistliches Fundament	erweitert nur das, was andere tun
werteorientiert	versammlungsorientiert
geistliche Söhne und Töchter	große Masse und Versammlungen
Vervielfältigung	Produktion

Während ich zu dem „Bau"-Konzept überwechselte, machte mein Denken eine Veränderung durch, weg von einer Mentalität, die sich an den Versammlungen orientierte, hin zu einem neuen Denkansatz, der eher eine Bewegung im Sinn hatte. Es war ein Wechsel weg von einer Jugendarbeit, welche die Leute nur glücklich sehen wollte, hin zum Bau einer radikalen Ekklesia. Aus vertrockneten Knochen stellten wir eine Armee zusammen. Heute, in der Rückschau, kann ich sagen, dass Gott uns berufen hatte, seine Gemeinde zu bauen. Da wir uns jedoch als der verlängerte Arm der bestehenden Gemeinden sahen und weniger als Pioniere von neu zu schaffenden Gemeinschaften, agierten wir im Blick auf das, was Gott von uns erwartete, in einem falschen Bezugssystem. Dieser Herausforderung muss sich jeder apostolische Leiter stellen: Will ich das bauen, was Gott mir aufgetragen hat – oder will ich nur das erweitern, was andere schon tun? Möchten Sie wissen, warum potenzielle apostolische Leiter diesen Übergang nicht erfolgreich hinbekommen? Ihnen fehlt der Mut. Gott zieht seine Gnade von den gemeindlichen Leitern zurück, bis sie über die althergebrachte Weise, die Dinge zu tun, frustriert genug sind, um nach neuen Wegen zu suchen, Gemeinde zu bauen und zu leben.

Gott will unsere Sichtweise über Gemeinde komplett verändern. Er kümmert sich um das Alte, doch flößt er seiner Gemeinde durch die Menschen, die genügend Mut zur Veränderung haben, neues Leben ein. Als junger Mann las und träumte ich viel von einer radikalen christlichen Gemeinschaft, doch solange ich nicht Mut fasste und meinen Traum lebte, konnte ich die neuen Dinge, die Gott mich lehren wollte, nicht entdecken. Trockene Knochen kommen nicht ins Leben zurück, wenn sie in der Erde liegen bleiben. Sie müssen sich erheben und losmarschieren.

Ich wünschte, ich könnte Ihnen erzählen, dass es in der Folge einen schnellen und radikalen Durchbruch gegeben hätte, dass als Resultat unsere Arbeit ganz schnell auf 5000 Leute anwuchs. Ich beneide diejenigen, die im ersten Jahr nach der Gemeindegründung Sonntag für Sonntag über das 3. Buch Mose predigen und zwölf Monate später eine Versammlung von 10 000 Gliedern begrüßen dürfen. Das passiert, doch nicht bei mir. Meine Reise verlief langsamer, war gekennzeichnet von vielen Stopps und Neustarts. Ich machte eine Menge Fehler, aber glücklicherweise half mir Gott, aus den Fehlern zu lernen. Ich legte mich unter anderem darauf fest, nichts zu unternehmen, was nicht dazu diente, dass neue Gemeinden ins Leben gerufen wurden. Und die Ergebnisse waren beeindruckend. Wir fingen Gemeinden unter Prostituierten und in der bislang unerreichten Nachbarschaft an. Als Folge unseres Einsatzes entstanden neue Gemeinden in Mittelasien, in Russland, Indien, der Mongolei und in Griechenland.

> **Wir fingen Gemeinden unter Prostituierten und in der bislang unerreichten Nachbarschaft an. Als Folge unseres Einsatzes entstanden neue Gemeinden in Mittelasien, in Russland, Indien, der Mongolei und in Griechenland.**

Gott segnete unsere Bemühungen. Ein Leiter, den wir in einem kleinen Bibelkreis zur Jüngerschaft anleiten konnten, rief eine Bewegung von Gemeinden ins Leben, die mittlerweile aus über vierzig Gemeinschaften in etlichen Ländern besteht. Ein anderer junger Mann, in den wir uns investierten, nahm über Musik- und Kulturfestivals Einfluss auf die Jugend seines Landes, heute erreichen sie Zehntausende junger Leute, die bislang keinen Kontakt zu Gemeinden hatten. Eine Menge neuer Gemeinden lassen sich auf diesen Dienst zurückführen.

Eine Geschichte nicht
enden wollender, herrlicher Siege

Habe ich schon erwähnt, dass mein Leben bislang ein einziger, nicht enden wollender, herrlicher Sieg war? Würden Sie mir das abnehmen? Natürlich nicht, und Sie sollten auch niemandem, der diesen Eindruck erwecken will, Glauben schenken. Als ich den Pastoren der Gemeinden, zu denen wir uns zählen, davon berichtete, dass wir neue Gemeinden gründen wollten, reagierten sie. Tatsächlich begegnete ich in der Stadt nicht einem einzigen Leiter, der mich, den jungen Visionär, dazu ermutigt hätte, diesen Traum weiterzuverfolgen. Sie hatten die Sorge, Gemeindeglieder zu verlieren. Sie meinten, dass die Stadt keine weiteren Gemeinden bräuchte. Sie hielten unsere Vision für zu groß, meinten, unsere Ideen kämen wohl eher aus Amerika als von Gott. Einige dieser Leiter waren innerhalb der Mauern von *Harmony Bay*, und sie setzten alles daran, das Gefängnis vor Angriffen zu schützen. Herzensgute Männer, doch waren sie in ihren zu engen Vorstellungen von Gemeinde gefangen und neigten dazu, Herrschaft ausüben zu wollen. Ich fasste den Entschluss, nicht zu der Art von Leitern gehören zu wollen, die sich jungen Visionären in den Weg stellen.

Sally und ich bauten etwas auf, was zwar unkonventionell, nicht jedoch unbiblisch war. Indem wir uns von den üblichen Gemeinden wegbewegten, wechselten wir gleichzeitig unsere Strategie: Wir versuchten nicht länger, bestehende Gemeinden wiederzubeleben, sondern suchten nach einer echten Reformation für die Art und Weise, wie wir Gemeinde lebten. Wir bekamen ein Gespür für den Willen Gottes für uns: Wir waren dazu da, die Kultur um uns herum zu beeinflussen. Ich glaube, wir waren zu dem ursprünglichen missionarischen Anliegen des Heiligen Geistes vorgedrungen, dass die gute Nachricht der Welt gegeben werden sollte. Ich bin überzeugt, Gott will, dass wir die, die draußen sind, erreichen, und nicht die hätscheln, die schon drinnen sind. Wir stießen auf die apostolische Natur und Berufung der Gemeinde.

Was mein Herz bewegt, ist dasselbe, was die Herzen vieler aufstrebender Leiter heutzutage höher schlagen lässt. Es ist dieser verborgen vorhandene Wunsch, entfacht vom Heiligen Geist, dass die Ekklesia freigesetzt wird, die schöpferische Gegenwart des Geistes, den nach einer Gemeinschaft von Menschen verlangt, die sich ihrer Kultur verpflichtet wissen und ihre Welt erreichen wollen. Dieser Ruf des Geistes bedeutet uns, dass wir das Evangelium *inmitten* unserer eigenen Kultur und Gesellschaft leben sollen, statt kirchliche Institutionen zu fördern, die *außerhalb* unserer Kultur ihr Eigenleben entwickeln.

Auf meinem Weg gelangte ich zu der Überzeugung, dass es Zeit ist für eine neue Art von Christentum. Nicht als Gegenreaktion auf die bestehenden Gemeinden und ihre Leiter, sondern deshalb, weil die Ekklesia berufen ist aufzustehen und zu leben. Und weil es so viele Menschen gibt, die niemals „zur Kirche gehen" würden. Es ist an der Zeit, überholte Institutionen zu umgehen, die die Menschen mit belanglosen Dingen in Beschlag nehmen. Ich sage dies nicht, weil es gerade in Mode ist, gegen die Kirche zu sein oder weil ich sie nicht lieben würde, sondern vielmehr darum, weil die Rettung der Gemeinde in ihrer apostolischen Bevollmächtigung zu finden ist. Der Heilige Geist sehnt sich danach, unserer Welt Jesus bekannt zu machen und lebendig werden zu lassen. Der beste Weg – tatsächlich wohl der einzige –, die Gemeinde zu erneuern, ist es, in ihr eine frische apostolische Fantasie und Vorstellungskraft freizusetzen.

> Der beste Weg – tatsächlich wohl der einzige –, die Gemeinde zu erneuern, ist es, in ihr eine frische apostolische Fantasie und Vorstellungskraft freizusetzen.

Während meiner Reisen um die Welt habe ich festgestellt, dass die Dienste, denen es am meisten an Mitteln und Anerkennung fehlt, häufig genau die sind, die im Blick auf Kreativität und Inspiration am meisten zu bieten haben. Was ihnen an Geld und Ansehen mangelt, machen sie durch Mut und Weitsicht wett. Seinerzeit war es mir nicht bewusst, doch war es eine Form von Protest, wenn wir neue Gemeinden gründeten und anderen halfen, es uns gleich zu tun – kein Protest gegen toten Liberalismus, sondern gegen toten Evangelikalismus. Derartige Gemeinden waren tot, und zwar nicht aufgrund falscher Glaubensgrundsätze, sondern wegen ihrer falschen Praktiken und falschen Wertvorstellungen. Die Gemeinde hat sich von der Welt, die sie erreichen soll, zurückgezogen. Indem wir uns Gottes Herzensanliegen zu eigen machen, die Welt zu erreichen, wurden wir in der Stadt zu einer umgestaltenden Kraft. Als wir loslegten, gab es fünf bis zehn Gemeinden, welche das Evangelium verkündeten und ihre Gesellschaft beeinflussten. Heute haben wir, die ganz einfachen Hausversammlungen eingeschlossen, 400 Gemeinden in dieser Stadt, die sie auf beeindruckende Weise beeinflussen.

Die richtigen Fragen über Gemeinde stellen

Die meisten Menschen stellen im Blick auf die Gemeinde die falschen Fragen. „Wie schaff ich es, dass meine Gemeinde größer wird?" „Wie kann unsere Gemeinde in der Welt an Bedeutung gewinnen?" Oder – noch schlimmer – „Wie viele Leute kommen zu deiner Gemeinde?" Diese Fragen führen alle in die falsche Richtung.

Wir müssen an den Kern der Sache ran. Wenn wir die Gemeinde nicht so definieren, wie es Jesus tat, dann bauen wir nicht nur auf dem falschen Grund, sondern das Gebäude als solches wird vollkommen verkehrt sein!

Am Anfang muss die Kernfrage stehen: Was ist Gemeinde? Oder so formuliert, wie es mich ein Freund vor vielen Jahren fragte: „Was sind die Mindestvoraussetzungen, um Gemeinde *zu sein*?" Dem schließen sich zwei andere, ganz wesentliche Fragen an: „Welchem Zweck dient die Gemeinde?" und „Wie können wir Gemeinde in einer Weise bauen, dass Menschen wachsen, Verlorene gewonnen werden und der Herr verherrlicht wird?"

Zusammengefasst:

- Was ist Gemeinde?
- Welche Bestimmung hat die Gemeinde?
- Wie leben wir Gemeinde praktisch?

Indem wir diese Fragen stellen, erlauben wir uns eine Sichtweise von Gemeinde, die wir vorher nicht hatten. Das erfordert Mut. Wenn wir so fragen, suchen wir nach einer frischen Definition der Bedeutung des Evangeliums. Und wenn Sie diese Fragen mit einer erneuerten Vorstellungskraft beantworten, dann rühren Sie am Kern dessen, was Ekklesia wirklich sein soll. Wenn Sie sich diese Fragen nicht beantworten, dann können Sie Jahre mit derselben „heiligen Frustration" durchleben wie ich. Sie können Ihr ganzes Leben damit verbringen, zu „segnen", ohne etwas Bleibendes zu bauen. Wenn Sie nicht aufpassen, dann werden Sie schließlich ein geistliches Hospital betreiben, das von der Wirklichkeit abgeschnitten ist, anstatt eine Ekklesia zu leiten, die aus für Gott brennenden Menschen besteht.

Jede Generation wird auf diese drei Fragen andere Antworten finden. Ich schreibe dieses Buch nicht, weil ich *die* Formel gefunden habe, wie man Gemeinde auf die richtige Weise baut. Es gibt Gemeindemodelle, die mich begeistern, doch muss das Modell, das bei mir funktioniert, nicht die Antwort für jedermann darstellen. Tatsächlich wird nicht *ein*

Modell die ganze Welt erreichen können. Wir brauchen mehr als neue Modelle. Wir benötigen eine neue Vorstellung von Gemeinde und die richtigen zentralen Werte, die uns ermöglichen, das zu leben, was wir glauben. Sie können Kerzen und Künstler in Ihre Gottesdienstgestaltung hineinnehmen – und immer noch der alten Vorstellung von Gemeinde dienen. Oder Sie können die große Sonntagsversammlung auf ein kleines Treffen am Mittwoch herunterschrauben – und doch nur die Größe dessen, was Sie tun, ändern. Die vor uns liegende Herausforderung bedeutet eine umfassende Reformation – kein Herumdoktern an der Größe unserer Versammlungen. Der Geist Gottes beruft jede Generation, im eigenen Kontext und der eigenen Gesellschaft neu über Gemeinde nachzudenken, und zu einer neuen Begegnung mit Gott, um das Evangelium auszuleben. Jede Generation muss darum ringen, für sich selbst neue Antworten und Zugänge zum Thema Gemeinde zu entdecken, Antworten, die sie ganz neu in eine direkte Partnerschaft mit Gott bringt und in einen frischen, unverbrauchten Kontakt zur sie umgebenden Kultur und Welt.

> Die vor uns liegende Herausforderung bedeutet eine umfassende Reformation – kein Herumdoktern an der Größe unserer Versammlungen.

Die Beantwortung der genannten drei Fragen ist Bestandteil einer Begegnung mit Gott und einer Wiederentdeckung der Berufung, seine Ekklesia zu sein. Gott lädt uns ein, seine Partner zu sein und seinen Auftrag zu erfüllen, indem wir neue Weinschläuche erschaffen. Wenn Sie über die Gemeinde frustriert sind, könnte das ein Weg Gottes sein, Ihre Aufmerksamkeit zu erlangen. Heilige Frustration ist Gottes Weg, auf dem er uns zu einem erfrischten Leben führt. Ich werde Ihnen einige Antworten nennen, die mir kamen, als ich auf meiner Lebensreise mit diesen Fragen rang, doch möchte ich Sie ermutigen, Ihre eigenen Antworten zu finden. Versuchen Sie, sich vorzustellen, wie die Gemeinde aussähe, wenn sie eine mächtige Kraft wäre, die das Leben der Menschen, mit denen Sie zu tun haben, verändern könnte.

Es ist sehr gefährlich, Gemeinde aufgrund unserer Erfahrungen oder mittels trockener theologischer Ausführungen zu definieren. Gemeinde zu *beschreiben* ist etwas anderes, als sie zu *definieren*. Und wenn wir einmal die richtigen Fragen gestellt haben, müssen wir für das Unerwartete offen sein. Gott hat die Gemeinde als dynamische, wachsende, kraftvolle Bewegung erschaffen, nicht als starres Lehrgebäude. Lassen Sie sich nicht in Traditionen aus der Vergangenheit einsperren. Der Heilige Geist lädt jede Generation und jede menschliche Rasse ein, neue Ausdrucksweisen von Gemeinde zu schaffen. Jesus bezeichnete diese Ausdrucksweisen als „Weinschläuche". Und dies ist Teil des Abenteuers, Gemeinde zu sein. Mit großer Freude erlaubt uns der Vater, zusammen mit ihm kreativ zu sein. Ich fand heraus, dass es Gott war, der hinter meiner Frustration stand, während ich diesen kreativen Prozess durchmachte. Er erwartete von mir, dass ich aus den alten Wegen ausbrach und neue Wege fand, Gemeinde zu leben. Und in diesem Prozess sollte ich die Kraft entdecken, die schon latent in seiner Gemeinde vorhanden war. Er forderte mich heraus, weil er den vertrockneten Knochen von Gemeinde, wie ich sie erfuhr und definierte, neues Leben einhauchen wollte. Und wenn Sie ihn lassen, wird er dasselbe auch für Sie tun.

Versuchen Sie nicht, die Gemeinde zu reparieren. Gott hat uns nicht berufen, etwas zu reparieren, was er erschaffen hat. Konzentrieren Sie sich nicht darauf, die Menschen und die Gemeinden, zu denen sie gehören, zu verändern. Alle, die solch eine „reparierte" Gemeinde wollen, haben sie schon gefunden. Es ist Zeit, dass eine neue Welle von Gemeindeleitern freigesetzt wird, die Gemeinde auf ganz neue Weise bauen und leben. Alte Traditionen passen nicht zu neuen Erfordernissen. Ich hoffe, dass Sie beim Lesen dieses Buches den Geist Gottes reden hören. Möglich, dass Gott Sie ruft, ihm für Ihre Generation und Ihr Umfeld zu vertrauen. Wagen Sie es, ihm im Blick auf eine neue Art des Denkens und Handels zu vertrauen, gegründet auf Gottes Wort und durchströmt von seinem Geist.

Neue Wege, Gemeinde zu leben, werden auf den Knien geboren, aus der Verzweiflung vor Gott. Was auf der Erde geboren werden soll, muss vorher im Himmel im Gebet gezeugt werden. Wenn Gott Sie mittels dieser heiligen Frustration in seine Arme treibt, dann werden Sie dort, in seiner Gegenwart, eine neue Offenbarung von Gemeinde finden – als der Armee, die er sich vorstellt. Begeben Sie sich in die Einsamkeit mit Gott, rufen Sie zu ihm, weinen Sie vor Verzweiflung. Dann wird der Himmel auf die Erde kommen. Jesus lehrte uns zu beten: „Dein Wille geschehe, wie im *Himmel*, so auch auf Erden." Wir haben es verzweifelt nötig, dass der Himmel auf die Erde niederkommt.

Das ist sein Wille, sein Verlangen. Mit dieser Zuversicht können wir dringliche, ernstliche Gebete äußern, damit er Leben und Kraft in die vertrockneten Gebeine bläst.

Anmerkungen

1 William Barclay, *Begriffe des Neuen Testaments*, Wuppertal 1979, S. 73.

2

DIE RICHTIGEN FRAGEN STELLEN

Die erste Frage: Was ist Gemeinde?

Macht man es sich zu einfach, wenn man meint, Gemeinde ließe sich mit ein paar Worten definieren? Ist ein ungeschulter Laie überhaupt in der Lage zu erfassen, was es mit Gemeinde auf sich hat? Manche Theologen wollen uns glauben machen, man könne unmöglich in wenigen Worten beschreiben und definieren, wofür sie etliche dickleibige Bände brauchen. Doch aus meiner Sicht ist das tatsächlich möglich, denn so hat es Jesus getan. Die Theologen haben Gemeinde verkompliziert. Die Bibel schildert die Gemeinde so einfach, weil Gott möchte, dass jeder daran teilhaben kann. Jesus kam nicht nur, um für unsere Sünden am Kreuz zu sterben, sondern auch, um gewöhnlichen Menschen die Gemeinde zurückzugeben. Auch aus dem Grund macht er uns alle zu „Leitern" der Gemeinde. Sie brauchen keine vier Jahre Bibelschule absolviert zu haben, um ein Leiter in der Gemeinde zu sein. Tatsächlich spezifizierte Jesus Leitung neu, nämlich als dienendes Handeln. Wenn nun Leiter Diener sind, dann leitet jeder, der dem Volk Gottes durch seine Gaben dient.

Im religiösen System zu Jesu Zeiten benutzten die frommen Leiter die Religion, um Menschen zu lenken und zu kontrollieren. Als Jesus kam, stellte er alles auf den Kopf: *Jeden*, der an ihn glaubte, machte er zum Leiter – Zolleintreiber, Fischer, Terroristen, römische Offiziere, Männer wie Frauen. Jeder war eingeladen, Teil der Gemeinde zu sein. Es war die Ekklesia, die „einberufene Versammlung aller Bürger einer Stadt ...."

> Es ist möglich, Gemeinde in wenigen Worten zu beschreiben, denn so hat es Jesus getan.

Ein Beispiel dieser radikalen Veränderung, die Gott vornahm, sehen wir in der Weise, wie das Evangelium erstmals nach Europa kam. Die Gemeinde begann im Haus einer Frau, genauer: einer Geschäftsfrau namens Lydia. Paulus hatte von einer Gruppe gottesfürchtiger Frauen gehört, die sich außerhalb Philippis an einem Fluss zum Gebet trafen. Unsere heutige westliche Denkweise mag darin nichts Besonderes entdecken, doch im ersten Jahrhundert stellte das eine radikale Abkehr von den religiösen Gepflogenheiten der Juden und Griechen dar. Lydia begegnete der Predigt des Paulus mit einem vertrauenden Herzen – und wurde Leiterin der ersten Gemeinde auf dem europäischen Kontinent.

Wenn Sie einer sehr institutionellen und lehrmäßigen Denkweise von Gemeinde verhaftet sind, dann mögen Sie versucht sein, Lydias Rolle als Frau gönnerhaft zu betrachten und ihren Einfluss zu mindern, aber wenn Sie über die Ekklesia so denken, wie Jesus sie beschrieben hat, dann werden Sie glauben können, dass Gott sich ganz bewusst eine Frau ausgesucht hat, um die erste Gemeinde Europas zu leiten. Eine einfache Gemeinde traf sich in ihrem Haus – und ganz genau so hatte Gott sich das gedacht. Nichts Ausgefallenes, einfach nur eine Gemeinschaft von Leuten, die sich um die Führungsfähigkeiten einer Geschäftsfrau gruppierten, die ihr Haus für Paulus und seine Helfer öffnete (Apg. 16,14–40).

Zwar gründete Paulus die erste Gemeinde Europas in Pionierarbeit, doch es war Jesus, der das Muster für die einfache Gemeinde herausarbeitete und sie mit so simplen Begriffen beschrieb. Damit half er seinen Nachfolgern, diese neue, ganz einfache Vorgehensweise zu verstehen. Und so beschrieb Jesus die Gemeinde:

> Wo zwei oder drei in meinem Namen versammelt sind, da bin ich mitten unter ihnen (Mt. 18,20).

Gemeinde fand für Jesus und die Zwölf da statt, wo sie sich als Gemeinschaft zusammenfanden, wo sie lebten, lernten und einander dienten. Gemeinde geschah, als Paulus einem Frauengebetskreis in Philippi die Gute Nachricht sagte. Und Gemeinde ereignet sich heute, wenn eine Familie regelmäßig ein paar Freunde zu einer Mahlzeit einlädt. Während sie essen und das Brot brechen, bilden sie eine geistliche Gemeinschaft. Sie stellen die dort versammelte Gemeinde dar. Wenn sie gemeinsam danach trachten, die Anordnungen Jesu zu befolgen, dann sind sie Gemeinde mit einer klaren Bestimmung. Und wenn sich einige gleichgesinnte Gemeinschaften zusammentun, dann haben Sie einen Zusammenschluss kleiner Gemeinschaften, die gemeinsam an ihrer miteinander geteilten Vision wachsen. So wie *Vineyard Central* in Norwood, Ohio. Sie bezeichnen sich selbst als „Gemeinschaft von Hauskirchen". Ihre Versammlungen beschreiben sie in den Größenangaben „small" und „large" – sie treffen sich in den Häusern und einmal die Woche als große Versammlung (Näheres unter www.vineyardcentral.com).

Lassen Sie mich der Beschreibung von Gemeinde in Matthäus 18,20 noch etwas mehr Fleisch hinzufügen. Es ist wichtig zu beachten, dass Jesus diese Definition im Zusammenhang mit Leuten vorstellte, die vom Glauben abgewichen waren:

„ ... *zwei oder drei* ... " – Es bedarf keiner großen Menschenmenge, nur einiger weniger Leute, um Gemeinde zu sein und um als solche zu funktionieren. Jesus stellt hier klar, dass jeder von uns mit einigen anderen in bewusster Gemeinschaft verbunden sein soll. Diese Größenordnung macht es möglich, die Sache einfach, beziehungsorientiert und auf Vermehrung angelegt zu halten, zudem kann man sich im Falle einer Verfolgung leicht verbergen, und solch eine Gruppe ist nicht so schwierig zu organisieren. Der Begriff „zwei oder drei" deutet an, dass Jesus sich die Gemeinde als klein und organisch gedacht hat.

Aus verschiedenen Gründen glaube ich an die einfache Gemeinde. Ich mag große Gemeinden genau so wie kleine, die eine ist nicht *per se* besser als die andere. Tatsächlich sind beide notwendig und haben in Gottes Plan gleichermaßen ihre Berechtigung. Aber wenn wir es auf die unbedingt notwendigen Bestandteile herunterkürzen müssten, dann kann eine kleine Gemeinde dort noch weitermachen, wo andere an ihre Grenzen stoßen. Zudem lassen sich kleine Gemeinschaften von Jesusnachfolgern leichter vervielfältigen. In solchen Zellen kann man sich nicht verstecken und nicht verloren gehen. Weil jeder jeden kennt, ist es einfacher, sich umeinander zu kümmern. Und schließlich glaube ich an die einfachen Gemeinden, weil ihre einfachen Ausprägungen, etwa Zellgruppen oder Hauskirchen, näher an die herankommen können, die Jesus nicht kennen.

Den Zusammenhang von Matthäus 18,20 bildet die Wiederherstellung von Menschen, die geistlich verloren sind. Um eine Synagoge zu gründen oder auch nur eine öffentliche Gebetsgemeinschaft zu halten, verlangte die jüdische Tradition die Anwesenheit von zehn Männern. Aber Jesus schaffte diese menschengemachten Voraussetzungen ab. Er verheißt, selbst mit *zweien oder dreien* zu sein, männlich oder weiblich – und nicht nur mit mindestens zehn Männern, die sich versammeln, um Verlorene wieder zurechtzubringen. Die Wahrheit der Lehre Jesu über die „zwei oder drei" ist nicht nur in Bezug zur Gemeindezucht anwendbar. Er lehrt einen neuen Weg, eine neue Ordnung der Dinge. Nicht mehr mindestens zehn, nicht mehr nur Männer, nicht länger nur zum Zweck der Disziplinierung. Jesus verheißt, bei seiner Herde zu sein (beachten Sie die Bezugnahme auf die verlorenen Schafe in den Versen vor Vers 18), selbst dann, wenn es nur zwei oder drei sein sollten, so lange sie sich in seinem Namen versammeln und für seine Ziele leben. Mehr ist nicht erforderlich. Manches darüber hinaus dient dem Wachstum der Ekklesia, aber erforderlich ist nichts weiter.

„ ... *versammelt sind* ... " Sich versammeln heißt Gemeinschaft bauen. Sich versammeln heißt in das Leben des anderen investieren – mittels gegenseitiger Verantwortlichkeit und Nachfolge. Dahinter steckt mehr als hinter einem eher zufälligen Zusammentreffen mit anderen Jüngern Jesu. Sich zu versammeln beinhaltet mehr Struktur und Form als etwa ein spontanes „Abhängen" in einer Kneipe oder einem Café, wenn einem gerade danach ist. Sich zu versammeln bedeutet Hingabe, es hat mit dem Aufbau einer geistlichen Familie zu tun. Es geht dabei auch um Feiern, wenn Menschen sich versammeln, um Gott anzubeten, sein Wort zu studieren, um Gebet und gemeinsame Unternehmungen. Apostelgeschichte 2,42–47 gibt uns ein Bild davon, wie sich die Nachfolger Jesu als kleine, hingegebene Gemeinschaften, die Jesus liebten und ihm gehorchten, „hin und her in den Häusern" versammelten.

„ ... *in seinem Namen* ... " Die Gemeinde setzt sich aus solchen zusammen, die Jesus kennen, lieben und ihm gehorchen wollen. Durch das Versammeln „in seinem Namen" verpflichten wir uns zu mehr als zum Besuch eines wöchentlichen Treffens. Wir geloben unsere Treue ihm gegenüber. Sich in Jesu Namen versammeln meint zuallererst, dass *er* derjenige ist, zu dem und für den wir uns versammeln, er ist der Mittel- und Brennpunkt.

Alles in allem gibt Jesus in den Evangelien über dreißig Anweisungen. Die, welche sich in seinem Namen versammeln, sind darauf aus, diese Anordnungen zu studieren und zu befolgen. In Übereinstimmung mit dieser Wahrheit sagt uns Apostelgeschichte 5,32, dass der Heilige Geist denen gegeben wird, „die ihm gehorchen".

Um welche Anordnungen handelt es sich, denen wir gehorsam sein sollen? Die Befehle Jesu lassen sich in diesen sieben Punkten zusammenfassen:

1. Glaubt, tut Buße und lasst euch taufen.
2. Lebt heilig: Liebt Gott mit ganzem Herzen, ganzer Seele, Verstand und Körper.
3. Betet, anbetet und lest täglich Gottes Wort.
4. Versammelt euch: Liebt einander, schult euch gegenseitig in der Jüngerschaft und nehmt regelmäßig am Abendmahl teil.
5. Vergebt denen, die an euch schuldig geworden sind.
6. Gebt für andere: euer Geld, eure Zeit, euer Herz und euer Leben.
7. Geht hin und macht alle Völker zu Jüngern.

Nicht so kompliziert. Nicht abhängig von Programmen, Zusammenkünften und Seminaren. Ekklesia, das sind die, die sich dem Gehorsam verpflichtet haben. Durch den Gehorsam den Geboten Jesu gegenüber unterscheiden wir uns von anderen. Nachfolger Jesu werden dort zu hingegebenen Jüngern, wo sie ernstlich den Geboten Jesu gehorsam sein wollen. Jeder ist eingeladen, ihm nachzufolgen und mehr über ihn zu lernen, genau wie die Menschen, die ihm von Ort zu Ort nachfolgten, ihn unbedingt sehen und von ihm lernen wollten. Heute gibt es Menschen, die ihm zwar nachfolgen, ohne sich jedoch entschieden zu haben, völlig an Jesus hingegeben zu leben. Ziel von Gemeinde ist es, die suchenden Nachfolger Jesu zu lieben und dabei zu lernen, wie man Menschen zu gehorsamen Jüngern Jesu macht.

„ ... da bin ich mitten unter ihnen ... " Jesus verheißt, bei denen zu sein, die ihm gehorchen. Als er den ersten Jüngern den Auftrag gab zu gehen, zu lehren, zu taufen und alle Nationen zu Jüngern zu machen, da beauftragte er sie, andere das zu lehren, was er ihnen befohlen hatte. Er wollte, dass sie den Auftrag, den sie gerade erhalten hatten, weitergaben.

Jesus sagte nicht, dass wir uns an einem bestimmten Tag zu versammeln hätten, dass das in großer Anzahl zu geschehen habe, auch nicht, dass uns ein anerkannter Pastor oder Leiter dabei anführen müsse. Auch sagte er nicht, dass wir unter der „Abdeckung" der geistlichen Autorität eines anerkannten Leiters stehen müssten – obwohl all diese Dinge, wenn sie im richtigen Geist gehandhabt werden, nützlich sein können. Jesus beschrieb Gemeinde in den einfachsten Ausdrücken, machte sie für jeden zugänglich. Große Gemeinden und anerkannte Leiter haben ihren Platz, doch ist die Gemeinde weder auf der Anerkennung oder Genehmigung irgendeines menschlichen Wesens gebaut, noch hängt sie von einer menschlichen Einrichtung ab. Die Gemeinde des lebendigen Gottes ist *seine* Idee – sie wird von Gott selbst versammelt.

Wenn Gottes Geist weht, geschieht etwas. Die vertrockneten Knochen erheben sich und fangen an zu tanzen. Wir erkennen die Ekklesia der Apostelgeschichte daran, wie sie tanzt und kämpft und lebt.

Ekklesia ist eine hingegebene Gemeinschaft. Gemeinsames Leben, geteilte Mahlzeiten; Freunden und Nachbarn wird von Jesus erzählt, man verbringt Zeit miteinander, lacht und weint und wächst zusammen mit denen, die sich auch der Liebe zu Jesus und seiner Nachfolge verschrieben haben.

Ekklesia ist Familie. Wir sind die Familie Gottes auf Erden, ein Teil der großen Familie Gottes im Himmel. Die Dreieinigkeit stellt eine Familie dar. Die Gemeinde ist Familie: Der Vater sandte seinen Sohn und seinen Geist, um auf der Erde das zu schaffen, was sie auch im Himmel genießen. Als Familie Gottes tragen wir den Namen des Vaters, „von dem jede Vaterschaft in den Himmeln und auf Erden benannt wird" (Eph. 3,14). „Familie" mag für Menschen, die damit schlechte Erfahrungen gemacht haben, kein positiv besetzter Begriff sein, aber wir haben die Gelegenheit, diesen Begriff zu ändern und ins Positive zu kehren. Wir dürfen Familie in Bestform genießen: Wir gehören dazu, sind bedingungslos angenommen, haben die Gewissheit, geliebt zu sein, haben eine neue Identität erlangt und lernen nun, liebevolle Erziehung und Korrektur anzunehmen. Jesus starb nicht für die Idee von Weltevangelisation, er starb für Menschen, dafür, sich eine Familie aus Söhnen und Töchtern zu schaffen.

Ekklesia ist eine Armee – eine Armee vertrockneter Knochen, die wieder zum Leben erwacht sind. Gottes Geist kann einen zusammenhanglosen, toten, leblosen Haufen Knochen in eine Gemeinschaft von miteinander verbundenen Liebhabern Jesu verwandeln, die im Gleichschritt marschiert. Armeen sind für den Krieg gemacht, Gottes Armee befindet sich im Krieg. Doch richtet sich unser Kampf nicht gegen Menschen. Die „Bösen", gegen die wir uns im Krieg befinden, sind nicht Terroristen oder Abtreibungsbefürworter, nicht liberale Politiker oder Theologen, die die Jungfrauengeburt leugnen. Wir führen keinen Kulturkampf gegen Rechts oder Links, auch ist es kein Kampf gegen Fundamentalisten oder Rassisten. Gottes Armee ist eine Armee der Liebe, die ermächtigt wurde, gegen Armut, Ungerechtigkeit, Korruption und Habgier zu kämpfen. Gottes Armee wird durch Freundlichkeit und nicht durch Hass zusammengehalten. Im Fadenkreuz unseres Kampfes stehen die Geistesmächte des Bösen, die manchmal in Form böser Menschen auftreten, doch dürfen diese selbst niemals unser Ziel werden, wenn wir nicht selbst so werden wollen wie sie.

Wir führen keinen Kulturkampf gegen Rechts oder Links.

Die Auseinandersetzung zwischen konservativen und liberalen Christen in den meisten Ländern würde sich über Nacht in nichts auflösen, wenn die Ekklesia sich damit beschäftigen wollte, den Armen und an den Rand Gedrängten die Liebe Jesu zu zeigen, anstatt mit denen zu streiten, die anderer Meinung sind. Der Kampf gegen Rassismus, Korruption, Armut und Kriminalität in unserer Welt wäre schnell zu Ende, wenn das ganze Volk Gottes gemeinsam gegen das Böse, das das Leben der Menschen zerstört, aufstünde. Um gemeinsam für etwas aufzustehen, müssen wir nicht in allen Fragen übereinstimmen. Gottes Armee der vertrockneten Knochen gewinnt Schlachten, indem sie erkennt, dass wir einander brauchen. Wir gewinnen Schlachten, indem wir in einem entgegengesetzten Geist kämpfen – statt mit Gewalt mit Frieden, statt mit Wut und Hass mit Liebe und Vergebung. Statt mit Macht kämpfen wir mit Demut, und statt auf unsere Rechte zu bestehen, kämpfen wir mit Sanftmut und Offenheit. Unsere Waffen sind nicht von Menschenhand gefertigt, nein, sie entstehen in den Herzen demütiger Menschen.

Ich bin der Überzeugung, dass sich die Gemeinde auf schöpferische Weise den Weg aus ihrer momentanen geistlichen und missionarischen

Malaise freikämpfen muss. Wir brauchen eine Revolution, eine zweite Reformation. Was wir nicht brauchen, sind weitere modische Theorien über Gemeindewachstum und noch mehr Kongresse oder Bücher darüber, wie man Menschen erreicht, beeindruckt und integriert. Was wir hingegen brauchen, ist ein neues Verständnis von Gemeinde und eine ganz frische Bevollmächtigung durch Gottes Geist. Die Gemeinde muss sich von ihren Grundlagen her erneuern. Wir müssen ganz anders darangehen, Gemeinde zu sein und Gemeinde zu leben. Nicht ein Franchise-System, das wie mit der Plätzchenform ausgestochene Klon-Gemeinden produziert, sondern die Verpflichtung, Gottes Reich auf Erden zu bauen. Wir brauchen einen neuen Wertekatalog, eine neue Vision und ein neues Denken. Solch eine Ausrichtung, nämlich zu dienen und die eigene Kultur in den Blick zu nehmen, wird demütige und furchtlose Menschen immer wieder in die Abhängigkeit von Gott und ins Gebet treiben, dass Gott seinen Geist neu ausgießt.

> Solch eine Ausrichtung, nämlich zu dienen und die eigene Kultur in den Blick zu nehmen, wird demütige und furchtlose Menschen immer wieder in die Abhängigkeit von Gott und ins Gebet treiben, dass Gott seinen Geist neu ausgießt.

Das Versagen der Gemeinde bei der Erfüllung ihrer Mission ist ein Problem, dessen Lösung einer neuen Welle der Kreativität und Vorstellungskraft bedarf. Die Denkweise, die unsere Probleme verursacht, kann nicht dafür geeignet sein, diese Probleme auch zu lösen. Michael Frost und Alan Hirsch zitieren Albert Einstein, der einmal bemerkte: „Probleme lassen sich nicht mit den Denkweisen lösen, die zu ihnen geführt haben."[1] Frost und Hirsch zeigen dann, dass sich Einstein auf Paradigmenwechsel verstand. In seinem Denken war er derart originell und kreativ, dass seine Ideen „nicht weniger als zwei, manche sagen drei, wesentliche Paradigmenwechsel in unserem Verständnis der Physik und des Kosmos herbeiführten. Dadurch veränderte er den Lauf der Geschichte und formte das Denken ganzer Generationen." Viele Beobachter meinen, dass ein vergleichbar umwälzendes Umdenken verzweifelt nötig ist, wenn die Gemeinde alles das sein soll, wozu sie geschaffen wurde.

Revolution: Fünf Ansätze, ganz neu über Gemeinde zu denken[2]

Um das Großartige wirklich zu begreifen, das sich aus Gottes Auftrag an uns ergibt – „Machet zu Jüngern alle Völker" –, müssen wir mit vielen der alten Methoden, Gemeinde zu leben, brechen. Die Ausdrucksformen des Christentums schaffen es nicht, unsere Kultur zu verändern. Sehen Sie sich doch um: In Afrika sterben Jahr für Jahr zwei Millionen Babys an Malaria, während wir größere und bessere Gebäude errichten. Wir verlieren den Kampf gegen Aids, Drogen machen unsere Jugend kaputt. Wir müssen zu einem neuen Denken über die Gemeinde kommen – andernfalls werden wir für die Welt nur Gegenstand von Spott sein. Ich bin überzeugt, dass Gottes Sichtweise von seiner Gemeinde nur dann entdeckt werden wird, wenn wir Kernthemen wie Gerechtigkeit und Geistlichkeit, Leiterschaft und Mission ansprechen. Unsere „Denk-DNA", die unsere Sichtweise über diese Themen bestimmt, muss sich grundlegend ändern, weg von einer zweigeteilten Geistlichkeit, von der institutionellen Sichtweise von Gemeinde, von einem Exklusivdenken in Bezug auf Leiterschaft und Zugehörigkeit, von hierarchischen Leiterschaftsstrukturen und von Evangelisationsmethoden, die auf Effekte und Attraktionen setzen.

> **Jahr für Jahr sterben zwei Millionen Babys an Malaria, während wir größere und bessere Gebäude errichten.**

Ich bin überzeugt, dass die fünf Prinzipien, die ich in der Folge erläutern werde, uns helfen können, aus unserer üblichen Sicht von Gemeinde und Gemeindeleben, die uns gefangen hält, auszubrechen. Gemeindeleitern und ernsthaften Nachfolgern Jesu, die in unserer Welt einen Unterschied machen wollen, werden diese Prinzipien vertraut vorkommen. Sie sind nicht neu, nur werden sie nicht angewendet. Ich nenne sie in der Überzeugung, dass wir die Frucht aus der Begegnung von Gott und Menschheit sind und dass wir nach Gottes Willen diese Prinzipien übernehmen und ausleben sollen. Sie bilden die Pfeiler seines Reiches.

- Ganzheitliche vs. zweigeteilte Geistlichkeit
- Apostolische vs. hierarchische Leiterschaft
- Inkarnation vs. Attraktion
- Einfache vs. komplizierte Gemeinde
- Einbeziehende vs. exklusive Mitgliedschaft

Ganzheitliche vs. zweigeteilte Geistlichkeit

Eine ganzheitliche Geistlichkeit sieht das ganze Leben als eine Gabe von Gott, die wir verwalten und ihm als Lobpreis zurückgeben sollen. Menschen mit solch einem ganzheitlichen Ansatz sehen etwa ihre Arbeit als heilige Berufung. So gesehen, können wir gar nicht genug Pastoren und Missionare anstellen, um die Welt zu verändern. Wir brauchen ein paar mehr Rockmusiker wie Bono. „Vollzeitig" für Gott zu sein, heißt nicht, eine Berufung in eine geistliche Tätigkeit oder aufs „Missionsfeld" zu haben, sondern zu erkennen, dass wir, egal, welcher Ruf an uns erging oder wo wir auch leben mögen, berufen sind, das Herz Gottes zu repräsentieren und die Liebe Jesus „vollzeitig" weiterzugeben. Eine ganzheitliche Geistlichkeit geht davon aus, dass Geldverdienen und ein Auskommen zu erarbeiten nicht das vorrangige Ziel einer Beschäftigung ist. Vielmehr geht es darum, für Gott „da zu sein" – aktiv, subversiv, mutig. Das ist unser Zweck und unsere Bestimmung.

> Eine ganzheitliche Geistlichkeit sieht das ganze Leben als eine Gabe von Gott, die wir verwalten und ihm als Lobpreis zurückgeben sollen.

Ganzheitliche Geistlichkeit meint, dass wir Gemeinde nicht auf einen Tag in der Woche beschränken, sondern dass wir uns jeden Tag als Gemeinde mitten in der Welt betrachten. Der ganzheitliche Ansatz erlaubt es uns, uns als Gemeinde in der Welt zu sehen, jeden Tag der Woche das Leben zu genießen, zu feiern und anzubeten, mit Gott in dem Ziel vereint, Menschen in dem Umfeld zu beeinflussen, in dem wir leben. Es ist interessant zu sehen, dass die meisten Bundesschlüsse der Bibel mit einem Mahl endeten – Wein und Tanz eingeschlossen. Und auf diese Weise sollte auch Gottes Bund mit uns regelmäßig mit gemeinsamem Essen und freudigem Lachen gefeiert werden – und wer es kann, der mag auch ein wenig tanzen. Zu unserer Freude und zur Ehre Gottes sind Anbetung, Mission und Feiern allesamt in einer ganzheitlichen Geistlichkeit vereint. Eine zweigeteilte Sichtweise der Welt hingegen sieht die Gemeinde als *eine* Sphäre des Lebens an und die Welt als eine andere. Dieses Modell weist uns an, die Gemeinde von der Welt getrennt zu halten, eine bedauerliche Denkweise, die sich so illustrieren lässt:

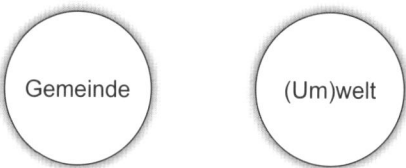

Diese zweigeteilte Geistlichkeit führt zu einem selbstzentrierten Denken, das ein egoistisches Suchen nach geistlichen Erfahrungen mit sich bringt. Mir hilft es, wenn ich die Ergebnisse dieses Denkens wie folgt aufzeichne:

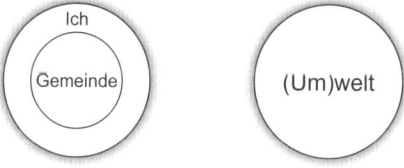

Im Gegensatz dazu stellt sich eine ganzheitliche Denkweise in Bezug auf Gemeinde, die Welt und das Selbst so dar:

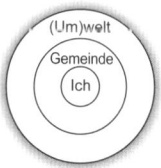

Wenn wir uns von der zweigeteilten der ganzheitlichen Denkweise über Geistlichkeit zuwenden, integrieren wir unsere Welten. Dann dreht sich nicht mehr alles um uns, sondern das Zentrum unserer Lebensweise ist die Gemeinde und ihr Auftrag. Nur der ganzheitliche Ansatz bietet die Möglichkeit, das Gewöhnliche zu heiligen und täglich miteinander zu verbinden, dass wir in der Welt leben und Teil der Gemeinde sind.[3]

Die meisten Menschen suchen heute nicht nach einer vollkommeneren Gemeinde oder nach einer besseren Theologie, vielmehr möchten sie angesichts einer planlosen und chaotischen Welt Teil einer zielgerichteten und beziehungsorientierten Ausprägung von Gemeinde sein. Völlig hingegebene Jünger Jesu möchten Teil von etwas Größerem als sie selbst sein. Eine Gemeinde, die für Gott brennt, bietet den Menschen die Gelegenheit, zu etwas dazuzugehören, wozu sie geschaffen wurden, Teil einer Gemeinschaft zu sein, die sich in seinem Namen versammelt und die für seine Absichten lebt – kurz gesagt: der radikalen Ekklesia, von der wir sprachen.

Apostolische vs. hierarchische Leiterschaft

Hierarchische Leiterschaft gründet auf Stellung, Titel und Macht. Solch ein Gemeindemodell funktioniert mit Anweisungen und Kontrolle, wie eine Firma, die von oben nach unten geleitet wird. An diesem Punkt scheitern Managementmodelle, die auf Gemeindeleitung angewendet werden. Die Gemeinde ist eine organische, auf Wachstum angelegte Bewegung, nicht ein bis ins Letzte durchstrukturiertes Unternehmen. Es ist nicht völlig verkehrt, wenn man sich etwa beim Prozess der Auswahl neuer Leiter in der Gemeinde formaler Abläufe bedient, doch tendieren Menschen dazu, Vorgehensweisen zu institutionalisieren. Wenn das geschieht, dann legen wir unser Augenmerk eher auf den Erhalt eingeführter Strukturen als auf risikobehaftetes Weiterkommen und Erneuerung. Ohne apostolische Leiterschaft ist es überhaupt unwahrscheinlich, dass die Gemeinde Risiken eingeht, und wenn sie es tut, dann fehlt es an der Überzeugung und Hingabe, die zunächst gemachten Fortschritte zu erhalten. In einem späteren Kapitel werde ich dem Thema *Apostolische Leiterschaft* noch mehr Aufmerksamkeit widmen, doch möchte ich hier kurz schon umreißen, was apostolische Leiterschaft bedeutet, und wie sie in der Gemeinde funktioniert, damit der Leser den Kontext meiner Veränderungsvorschläge kennt.

Soll die Gemeinde die Armee Gottes sein, dann braucht sie Generäle mit einer Dienergesinnung, die Leidenschaft und Vision weitergeben. Wenn ich den Begriff *apostolisch* benutze, dann habe ich damit eine visionäre Leiterschaft im Blick, die sowohl Kraft und Kreativität vermittelt als auch missionarische Initiative. Apostolische Leiterschaft – dabei denke ich nicht an das, was viele charismatische und evangelikale Leiter heutzutage favorisieren, das Modell des Helden, der ganz groß an der Spitze steht. Selbstverständlich führen apostolische Leiter, aber das heißt nicht, dass sie sich dazu einen ganz speziellen frommen Tonfall aneignen oder ein „Ich bin hier der Boss!" vor sich hertragen müssen. Die Apostel der Gemeinde sind nicht alles sehr charismatische Persönlichkeiten, die immer im Vordergrund stehen, sondern Männer und Frauen, die die frohe Botschaft dorthin bringen, wo sie noch nicht bekannt ist.

Soll die Gemeinde die Armee Gottes sein, dann braucht sie Generäle mit einer Dienergesinnung, die Leidenschaft und Vision weitergeben.

Eine apostolische Gemeinde zeichnet sich dadurch aus, dass sie vom Auftrag Jesu, die Gute Nachricht zu predigen und neue Gemeinschaften des Glaubens zu pflanzen, gepackt wurde.[4] Apostolische Leiter sind „missionarisch", d. h., sie richten sich an der Mission Gottes aus. Ein apostolischer Leiter ist jemand, der überzeugt ist, dass die Gemeinde als Gesamtheit eine Sendung hat. Er definiert sich über den Wunsch, Menschen zu gewinnen, zu sammeln, Gemeinschaften zu schaffen und zu vermehren, die das Reich Gottes im Fokus haben, die Außenstehende erreichen und die ihre Kultur und die Nationen beeinflussen wollen. Apostolische Leiterschaft ist Gottes Mechanismus, mit dem er sein Volk in Bewegung setzt. Es ist tragisch, dass apostolische Leiter (und da schließe ich die Evangelisten ein) in der zweitausendjährigen Kirchengeschichte zumeist nur als herumreisende Personen wahrgenommen wurden und damit im Leben von gesunden örtlichen Gemeinden nur eine Randerscheinung sind. Die institutionellen Gemeinden haben die Rolle der Evangelisten, Propheten und Apostel ignoriert. Pastoren und Lehrer werden stärker berücksichtigt als ihnen zusteht. Es wird Zeit, wieder eine größere Ausgewogenheit bei den fünf zurüstenden Gaben herzustellen, die Paulus in Epheser 4 beschreibt, jedoch nicht in Form einer von oben nach unten ausgerichteten Struktur von Anweisung und Kontrolle.[5]

Wie funktioniert apostolische Leiterschaft in einer Bewegung einfacher Gemeinden? Indem man neuen Gemeinschaften und Diensten den Weg bahnt, die es sich zum Ziel gesetzt haben, die Menschen außerhalb der Gemeinde zu erreichen. Gott gibt glaubwürdige apostolische Leiterschaft nicht zu dem Zweck, noch mehr Programme für Christen aufzustellen oder um den Menschen zu erzählen, was sie für Gott tun können und was nicht, sondern um diejenigen zu erreichen, die Jesus noch nicht nachfolgen. Anerkannte geistliche Autorität hat ihren Platz, doch basiert diese Autorität auf Beziehungen, nicht auf Rangordnung.

Apostolische Leiter erschließen Neuland und entwickeln Strategien in dem Bemühen, dorthin zu gehen, wo noch niemand vorher gewesen ist. Ihr Aufgabenbereich erstreckt sich vom Dienst vor Ort bis hin zum Dienst in den Nationen. Sie sind Unternehmer und Erneuerer. Im Idealfall konzentrieren apostolische Leiter ihre kreativen Energien nicht nur darauf, etwas Neues zu schaffen, sondern auf das letztliche Ziel, nämlich den Weg dafür zu bahnen, dass Nachfolger Jesu erreicht und gesammelt werden, um dann wiederum andere zu gewinnen. Das Endziel dieser apostolischen Gabe besteht darin, solche, die zum Glauben an Jesus gefunden haben, in kraftvolle, fruchtbare und gehorsame Gemeinschaften des Glaubens einzugliedern.

> **Das Endziel dieser apostolischen Gabe besteht darin, solche, die zum Glauben an Jesus gefunden haben, in kraftvolle, fruchtbare und gehorsame Gemeinschaften des Glaubens einzugliedern.**

Primär gebraucht Gott apostolische Leiter u. a. dazu, Menschen um gemeinsame Visionen und Werte zu sammeln. Leiter in hierarchischen Systemen bevorzugen die Klarheit und Vorhersehbarkeit der institutionellen Strukturen, wohingegen es apostolische Leiter vorziehen, an einer Bewegung zu bauen. Bewegungen sind dynamisch, im Fluss, auf Wachstum angelegt. An den Rändern sind sie unordentlich und zerfranst, doch in ihrem Zentrum haben sie Kraft. Eine Bewegung gleicht eher einer Haltung, einer Denkweise: „Wir warten nicht ab, bis sich Geschichte ereignet; wir sehen nicht dabei zu; nein: *Wir lassen sie geschehen.*"

Leiter in hierarchisch gegliederten Systemen halten es mit Kontrolle, Ordnung und Verklärung der Vergangenheit, während apostolische Leiter Sehnsucht nach dem haben, was noch nicht ist. Diese Art Leiterschaft wird durch Träumen, Glauben, Vorstellungskraft, durch Risikobereitschaft, Pioniergeist und Ziele charakterisiert. Verwaltung, Bürokratie, das Schwelgen in Erinnerungen, unpersönliche Systeme und Strukturen – das sind Kennzeichen einer auf Rangordnung basierenden Leiterschaft. Apostolische Leiter ermutigen zu heiliger Unzufriedenheit, zu Risikobereitschaft, sie ermutigen zu hinterfragen und zu experimentieren.

Auch in hierarchischen Strukturen können apostolische Leiter dienen, doch gereicht ihnen das meist zum Nachteil. Gott hat sie nicht dazu geschaffen, ein bürokratisches System zu beaufsichtigen. Sie sind nicht auf Verwalten angelegt, sondern darauf, den Wandel anzuführen. An mir selbst konnte ich feststellen, dass in dem Maß, wie ich mich vom Unterhalten gemeindlicher Strukturen gefangen nehmen lasse, etwas in mir abstirbt. Meine schöpferischen Gaben wenden sich nach innen, und ich werde in jeder Hinsicht uneffektiver. Ich ringe um die Balance zwischen dem Initiieren und dem Erhalten von neuen Maßnahmen, um an Verlorene heranzukommen. Doch aus Fehlern und Erfahrung weiß ich, dass ich dieses Gleichgewicht nur erhalten kann, wenn ich mich selbst darin einbringe, Menschen zu erreichen, die Jesus noch nicht kennen.

Paulus war Apostel und als solcher ein Leiter mit Vision. Er erhielt sich eine unabhängige Sichtweise und verweigerte sich der Anpassung an die religiösen Strukturen seiner Zeit. Er war ein unkonventioneller Querdenker – und wir müssen in der heutigen Gemeinde Raum schaffen für derartige apostolische Querdenker. Solche Visionäre haben wesentlichen Anteil am Hinterfragen des Status quo. Sie bieten großartige Alternativen zum „Das haben wir schon immer so gemacht". Michael Frost und Alan Hirsch machen folgende tiefgründige Aussage im Blick auf die Rolle von Querdenkern: „Tatsächlich agieren wahre biblische Querdenker in prophetischer Weise, wenn sie die Lügen bloßstellen, welche die herrschenden Gruppen sich selbst erzählen, um die gemeinsam gepflegten Illusionen zu bewahren …"[6] Amen.

Inkarnation vs. Attraktion

Jesus war der Fleisch gewordene Gott unter uns. Er lebte ein einfaches Leben, lernte einen gewöhnlichen Beruf und sprach eine menschliche Sprache. Mit seinen Händen mühte er sich für den Unterhalt seiner Mutter und Brüder. Er lebte in seiner Kultur. Vollkommen göttlich, ließ er es doch nicht zu, dass seine göttlichen Vorrechte die Weise, wie er mit normalen Menschen umging, überlagerten. Er lebte das Leben, heiligte das Gewöhnliche. Es ging nicht von einem geistlichen Höhepunkt zum nächsten. Er litt, erfuhr Enttäuschungen und Not – und wartete auf die rechte Weise und die richtige Zeit, um den Willen seines Vaters im Himmel zu erfüllen. Er führte sein Leben entschlossen und zielbewusst, doch im Kontext von ganz gewöhnlicher Arbeit, Familie und Spaß. Er lebte sehr bewusst, anerkannte das gewöhnliche Leben, um dieses gewöhnliche Leben für den Rest von uns zu heiligen. Er lebte eine ganzheitliche Art von Geistlichkeit.

Die Inkarnation ist von absolut grundlegender Bedeutung für das Verständnis unserer Sendung in die Welt, und nicht nur für die Mission der „Missionare", sondern für uns alle. Jeder von uns, der Jesus gehorsam nachfolgt, ist mit Gott auf Mission. Wir alle können davon lernen und uns davon inspirieren lassen, wie Jesus kam, lebte, arbeitete und sein Leben an andere weitergab. Die Inkarnation erlaubte Jesus, sich mit Menschen *zu identifizieren*. Sie machte es möglich, seine Berufung an einem *Ort* festzumachen und auszuleben. Man könnte sagen, dass er Gott in seiner Nachbarschaft *verfügbar* machte.

Um das Prinzip der Inkarnation auf unsere Lebenssituation anzuwenden, müssen wir erkennen, dass Jesus ein echter, authentischer Teil des Lebens der Menschen war, ohne ihre Kultur zu beschädigen. Dadurch, dass er in einer Kultur lebte, bekräftigte er den Wert derselben. In seinem Buch *Transforming Mission* sagt David Bosch, dass es uns nicht zu bekümmern braucht, dass der christliche Glaube in unterschiedlichen Kulturen auf verschiedene Weise ausgelebt wird. „Der christliche Glaube ist an sich inkarnatorisch", so Bosch.[7] Das soll heißen, dass wir unsere westlichen, koreanischen oder afrikanischen Ausprägungen von Gemeinde nicht exportieren sollten. Das wäre eine „Verzerrung des inkarnatorischen Prinzips von Mission".[8] Und das Gleiche könnte man genauso von den verschiedenen Subkulturen sagen. Jede Kultur, jede Subkultur und jede Generation muss für sich selbst entdecken, wie sie ihrer Kultur getreu und gleichzeitig Jesus völlig gehorsam leben kann.

Diesem Prinzip des Mensch gewordenen Jesus zu folgen heißt, mit Menschen in einer Weise in Verbindung zu treten, die eine Identifikation mit ihnen zulässt, ohne unsere Botschaft zu kompromittieren. Wird *das Evangelium nicht inkarniert*, besteht die große Gefahr des Kulturimperialismus – dass wir Menschen im Namen Gottes unsere eigene Kultur überstülpen. Wird *das Evangelium nicht verkündet*, besteht die große Gefahr der Auffassung, Kulturen und Völker hätten eine Veränderung durch die Kraft der Guten Nachricht nicht nötig. Das gilt nicht nur zwischen verschiedenen Kulturen, sondern auch von der Gemeinde hin zu denen, die Gemeinde nicht kennen. Viele Menschen haben keinen Bezug zu Jesus, weil sie einfach keinen Bezug zu denen haben, die „Christisch" sprechen – und zu ihrem kirchlich geprägten Gehabe.

> Menschen brauchen die Freiheit, Jesus inmitten ihrer Kultur zu entdecken – und nicht in einer Kultur, die ihnen von außen übergestülpt wurde.

Mit dem inkarnatorischen Ansatz ist es nicht nötig, Menschen aus ihren Kulturen herauszuholen, damit sie treue Nachfolger von Jesus werden können. Wie gerne reißen Christen Menschen aus ihrem Kontext heraus und umgeben sie mit „christlicher" Musik, Kleidung, Freunden und Aktivitäten! Wir wollen sie beschützen und vor dem Fallen, vor Verfolgung und vor Freunden, die einen schlechten Einfluss auf sie nehmen könnten, bewahren. Das ist ein sicheres Zeichen für mangelndes Vertrauen in den Heiligen Geist. Warum denken wir so im Blick auf Drogenabhängige, nicht aber etwa im Blick auf den Bankmanager? Paulus nahm seine Bekehrten nicht aus ihrer Kultur heraus, und auch Jesus tat das nicht. Paulus predigte, versammelte die jungen Gläubigen, lehrte und taufte sie – und vertraute dann dem Heiligen Geist, der in ihnen war, dass er ihnen die Kraft geben würde, ihren Glauben inmitten ihrer Kultur zu leben – und nicht außerhalb davon. In seinem Buch *The Spontaneous Expansion of the Church*[9] streicht Rolland Allen heraus, dass es das mangelnde Vertrauen auf den Heiligen Geist ist, was heutige Gemeindegründer von Paulus und seiner Zeit unterscheidet. Paulus' Größe zeigt sich in seinem radikalen Vertrauen auf den Geist Gottes, der die, welche an Jesus glaubten, in ihren Kulturen beließ und sie nicht aus ihnen herausnahm. Nicht seine Zeichen und Wunder, nicht seine Fähigkeit, in verschiedenen Sprachen zu sprechen, auch nicht seine Redegewandtheit in der Debatte mit den jüdischen Führern und griechischen Philosophen seiner Zeit machten Paulus zu dem großen Wegbereiter, sondern sein schlichtes Gottvertrauen in Bezug auf die Menschen. Menschen brauchen die Freiheit, Jesus inmitten ihrer Kultur zu entdecken – und nicht in einer Kultur, die ihnen von außen übergestülpt wurde.

Beim anderen Ansatz, dem der Anreize und Attraktionen, geht es darum, unsere Programme zu verbessern, unsere audio-visuellen Darbietungen aufzupeppen, darum, die Menschen dazu zu bringen, dass sie unsere Gemeinde besuchen statt die am anderen Ende der Straße. Dieser Ansatz bedient eine Konsumhaltung, mit der die Leute sich umsehen und vergleichen, um die Gemeinde zu finden, die ihnen am besten gefällt, die ihnen „passt". Es finden Gemeindewachstumskonferenzen statt, die sich besseren Parkmöglichkeiten verschrieben haben oder ansprechenderen Kinderprogrammen. Wenn ich davon höre, dann fühle ich, wie Jesus sich gefühlt haben muss, als er den Tempel reinigte. Was soll das?! Bessere Parkmöglichkeiten?! Die richtige Aufmachung für unsere neue Lobpreis-Produktion?! Ist es mit der Gemeinde in unserer westlichen Welt wirklich so weit gekommen?

Jesus zeichnete uns den Weg vor, Gemeinde zu leben: mitten unter den Menschen. Er sagte es ganz deutlich: „Wie der Vater mich gesandt hat, so sende ich euch" (Jh. 20,21). Gemeinde ist nicht für uns da. Sie ist für Gott und für die Verlorenen. Gott hat uns erschaffen, damit wir ihn verherrlichen und anderen seine Liebe bringen. Wir sind Teil der Gemeinde, weil Gott so barmherzig war, uns zu vergeben und uns einzuladen, gemeinsam mit ihm die zu erreichen, welche Jesus nicht kennen.

Einfache vs. komplizierte Gemeinde

Zuallererst ist die Gemeinde Jesu Christi eine Familie, eine Gemeinschaft. Die Basiseinheit des Gemeindelebens ist eine kleine Gruppe von Menschen, nicht größer als zwei oder drei Leute. Gott selbst ist eine Familie – Vater, Sohn, Heiliger Geist. Gottes erster Ausdruck von Ekklesia waren ein Mann und eine Frau, Adam und Eva, und er wies sie an, sich zu vermehren. Die Bibel spricht häufig von der Kraft zweier oder dreier Menschen, etwa „… auf zweier Zeugen Aussage oder auf dreier Zeugen Aussage hin soll eine Sache gültig sein" (5. Mo. 19,15). Jesus sandte seine Jünger in Zweier- und Dreiergruppen aus. Er sagte, er werde dort sein, wo zwei oder drei in seinem Namen versammelt seien. Ich glaube, dass eine solche einfache Ausprägung von Gemeinde und Dienst eindeutig Vorteile hat:

1. *Man bekommt die Dinge einfacher geregelt.* Es braucht nicht viel Zeit für Leitungstreffen der Gemeinde.
2. *Verantwortlichkeit gestaltet sich zwischen zwei oder drei Menschen natürlicher und effektiver.* Vor größeren Gruppen von Menschen tut man sich schwerer, Sünden oder Schwächen einzugestehen.
3. *Es gibt eine größere Flexibilität.* Es dauert nicht so lange und bedarf nicht so vieler Entscheidungen, Dinge zu ändern oder neue Möglichkeiten wahrzunehmen.

4. *Der Kommunikationsfluss gestaltet sich in kleinen Gruppen einfacher.* Wenn die Gruppe kleiner ist, können Missverständnisse schneller ausgeräumt werden.

5. *Die Nähe zu Menschen, die Jesus nicht kennen, ist größer.* Eine kleine Gruppe trifft sich ganz natürlich in einem Restaurant, einem Café oder einem Büro und hat so immer ein paar Leute in räumlicher Nähe, die Jesus nicht kennen.

6. *In einfachen Gemeinden finden Wegweisungen schneller und klarer Bestätigung.* Häufig benutzt Gott zwei oder drei, um zu bestätigen, was er uns sagen will.

7. *Leiterschaft bleibt natürlich und beziehungsorientiert.* Wenn die Leitung in einer kleinen Gruppe von Menschen funktioniert, dann ist es für die Leiter schwieriger, von einer abgehobenen Position aus zu agieren, weil jeder jeden kennt.

8. *Wenn die Gruppe wächst, kann sie sich ganz spontan vervielfältigen.* Weder eine Worship-Band noch ein dicker Scheck, eine Werbekampagne oder ein neues Gebäude sind nötig, um eine neue Gemeinde zu gründen.

Gottes Ekklesia ist einfach – und zwar nicht nur, weil sie klein ist, sondern weil sie den Hauptzweck von Gemeinde darauf beschränkt, Nachfolger Jesu zu gewinnen, zu schulen und zu mehren, so dass sie eine verändernde Größe werden. Einfache Gemeinden sind nicht abhängig von bezahlten Pastoren, die die Menschen anführen, nicht von Sakralbauten, wo man sich sammelt, und nicht von gut laufenden Programmen, welche die Menschen unterhalten und versorgen. An und für sich mögen diese Dinge nicht schlecht sein, schlecht werden sie, wenn sie Initiative, Verantwortlichkeit und Vertrauen von Menschen hindern. Einfache Gemeinde ist bestrebt zu bevollmächtigen, indem sie Bürokratie umgeht und nicht auf Gebäude, Hierarchien und missionarische „Komm zu uns!"-Modelle setzt. Ganz selbstverständlich und bewusst bindet die einfache Gemeinde jedermann mit ein – da, wo er lebt, spielt und arbeitet.

Ganz selbstverständlich und bewusst bindet die einfache Gemeinde jedermann mit ein.

Kürzlich erzählte mir ein Freund aus den Staaten von dem missglückten Versuch, eine einfache Gemeinde anzufangen. Er ist ein begabter

Lehrer und wollte natürlicherweise lehren. Mitten in seinem langen Monolog bei einem der ersten Treffen wurde er von einem Anwesenden unterbrochen: „Wenn ich nur hier sitzen und während unseres ganzen Zusammenseins jemandem zuhören wollte, denn wäre ich in der Gemeinde geblieben, die ich jeden Sonntag besucht habe. Ich bin hier, um mitzumachen, nicht, um zuzusehen, wie du alles machst!" Einfache Gemeinde betont einen vereinfachten Führungsstil, der darauf abzielt, jedermann einzubeziehen; die Gabe eines jeden wird festgestellt und mobilisiert, indem er sich zu den Verlorenen aufmacht. Der Unterschied zwischen komplizierten und einfachen Gemeinden besteht darin, dass die komplizierten auf Programme vertrauen, um Menschen zu Jüngern zu machen, während die einfachen Gemeinden Menschen bevollmächtigen, um andere zu Jüngern zu machen.

Einbeziehende vs. exklusive Mitgliedschaft

Der fünfte „Paradigmen-Sprenger", der die Weise, wie wir die Dinge anpacken, radikal verändert, ist das aktive Heraussuchen derer, die geistlich offen sind, unabhängig von Stellung, Hautfarbe, Geschlecht oder davon, wo sie sich auf ihrem Weg zu Jesus befinden. Jesus machte es so, dass er Frauen als gleichberechtigt, Männer als Freunde, Römer als Beispiel für großen Glauben und Aussätzige als Empfänger seiner Liebe behandelte. Er säte die Saat des Reiches Gottes ohne Unterschied und im Überfluss, und dann forderte er die, die mehr wissen wollten, heraus, „an Bord zu kommen" und seine Jünger zu werden.[10]

Wenn wir Regeln erlassen, wer Teil unserer Gemeinschaft werden oder wer lehren oder leiten kann, dann denken wir wie Gehirnchirurgen und nicht wie Nachfolger Jesu. Gemeinde ist eine liebevolle Familie, keine medizinische Fakultät, für die nur die Besten und Brillantesten geeignet sind. Bei Leiterschaft geht es in dieser Familie ums Dienen, nicht um Stellung oder Titel. Derjenige – Mann oder Frau –, der dient, ist der Größte. Wenn wir versuchen zu bestimmen, wer dienen kann, oder festzulegen, bis zu welchem Grad jemand geistliche Autorität hat, dann sind wir nicht mehr im Takt mit dem Geist Jesu, weil wir uns dann wieder der Denkweise des Alten Bundes zugewandt haben.

Ein Mensch wird dann ein Teil der Ekklesia, wenn er zum Glauben an Jesus kommt, und nicht dann, wenn er die richtige Lehre glaubt oder „seinen Platz" in einer starren „Von oben nach unten"-Struktur gefunden hat. Beim Glauben geht es eher um die Zugehörigkeit zu einer radikalen

Bewegung, die sich um Jesus schart, als um das Für-wahr-Halten all der richtigen Glaubenssätze. Die richtigen Glaubensinhalte haben ihren Platz, doch folgen sie dem Glauben an Jesus – und gehen ihm nicht notwendigerweise voraus.

Jesus gab seinen Jüngern Anweisungen, und diese Anweisungen sollen wir anderen mitteilen, aber nicht um zu überwachen, wer sich uns anschließt, oder um festzulegen, welchen Platz er in der Gemeindefamilie einnehmen soll.

Jesus hieß jedermann als Teil seines Teams willkommen: „Bist du müde? Erschöpft? Hast die Nase voll von Religion? Komm zu mir. Lass uns abschalten, und du wirst wieder zu Kräften kommen. Ich zeige dir, wie du dich erholen kannst" (nach Matthäus 12,28). Wir neigen dazu, die Einladungen Jesu zu vergeistlichen, und sehen dabei nicht, dass es sich um wirkliche Einladungen in eine echte Gemeinschaft von Jüngern handelte.

Die zweite Frage: Welche Bestimmung hat die Gemeinde?

Die Bestimmung der Gemeinde liegt darin, durch die Liebe zu Jesus, die Liebe zu denen, welche Jesus lieben, und die Liebe zu denen, die Jesus nicht kennen, Gott zu verherrlichen. Die Gemeinde besteht für Gott und für seine Ziele auf Erden. Wir existieren nicht um unserer selbst willen. Wenn wir nicht dastehen und zuschauen wollen, wie aus der Gemeinde eine blasse, blutarme Ausgabe ihrer selbst, so wie Gott sie vorgesehen hat, wird, dann müssen wir dahinterkommen, wie diese drei göttlichen Zweckbestimmungen praktisch aussehen, und sie dann mit leidenschaftlicher Hingabe ausleben. Außerhalb der Zugehörigkeit zu dieser umtriebigen, revolutionären Gemeinschaft von Weltveränderern, die vor 2000 Jahren gegründet wurde, wird unser Leben nie zu seiner Bestimmung finden. Diese finden wir – für uns und die Gemeinde – in hingegebener Gemeinschaft.

Wenn Sie Jesus nachfolgen, gehören Sie zu etwas Größerem als Sie selbst. Sie wurden geschaffen, um für Gott und seine Herrlichkeit zu leben – mitten in der Welt. Tatsächlich ist es theologisch korrekt zu sagen, dass wir für Gott errettet wurden, nicht für uns selbst. Durch Gnade gerechtfertigt, wurden wir in einen Bund eingeführt, in dem Gott der erste Bündnispartner ist. Ziel unserer Erlösung sind nicht zunächst wir, sondern die Verherrlichung der Gnade Gottes durch uns. Er ist der

Gegenstand unserer Errettung und wir die Nutznießer (s. Röm. 15,7ff.). Darum ist die Rechtfertigung aus Glauben kein Freibrief, für uns selbst zu leben, sondern eine Einladung, für Gott zu leben. Folgende Skizze hilft mir bei dieser Vorstellung:

Gott

⇓

Gottes Herrlichkeit

⇓

Gottes Auftrag

⇓

Gottes Volk

⇓

Gottes Welt

Gott setzte die Gemeinde in Gang. Und für die Gemeinde hat er einen Auftrag. Er ist dabei, die ganze Welt mit seiner Ehre zu erfüllen (s. Hab. 2,14; Eph. 3,20–21). Dabei ist die Gemeinde sein vorrangiges Mittel (1. Mo. 1,25; 12,1–3). Dieser Blickwinkel eröffnet uns eine Möglichkeit, die kleinen, alltäglichen Dinge zu schätzen, ohne dabei das große Bild aus den Augen zu verlieren. Alles Leben, das für Gott gelebt wird, ist Teil seines Auftrags. Ob wir uns um Menschen kümmern, respektvoll mit ihnen umgehen, ob wir an sportlichen Aktivitäten teilnehmen oder Kultur und Kunst, Tanz und Musik genießen – wenn unsere Herzen dabei für Gott brennen, verherrlichen wir ihn. Wenn wir uns als Beauftragte Gottes ansehen, dann denken wir ganzheitlich, und all unser Tun ist gekennzeichnet von Bedeutung und Staunen. Dieses Gefühl der Ehrfurcht wächst, wenn wir anderen von dem Grund für unsere Hoffnung erzählen.

Das Aufkommen der Postmoderne hat eine Sehnsucht nach Gemeinschaft ausgelöst, nach Kreativität und nach etwas, für das man leben und sterben kann. Meine Erfahrung als Pastor einer amerikanischen Megagemeinde zeigte mir, dass die nach 1980 Geborenen sehr misstrauisch gegenüber Menschen sind, die ihnen Gott verkaufen wollen. Sie mögen keine unpersönlichen religiösen Formeln und Techniken. Sie wollen nicht in langweiligen Versammlungen herumsitzen und anderen beim Predigen und Beten zuschauen. Sie wollen Teil dessen sein, was passiert, hautnah und persönlich. Und sie wollen nicht, dass ihre Erfahrung von Gemeinde ohne Beziehung zu ihrer Kultur ist. Frost und Hirsch merken zu der traurigen Realität einer zweckentleerten Gemeinde an:

> Die heutige traditionelle Gemeinde wird in zunehmendem Maße als sie unwahrscheinlichste Option für diejenigen gesehen, die nach einer kreativen, politisch umtriebigen Aktivistengemeinschaft mystischen Glaubens suchen.[11]

Die Antwort auf die Probleme eines zweckentleerten Christentums liegt nicht in der Überarbeitung veralteter und nicht zu handhabender Gemeindemodelle, sondern darin, dass man neue Weinschläuche anfertigt und sie mit der Leidenschaft für Jesus und seinen Absichten für die Welt füllt.

Gemeinde entstand im Herzen unseres Vaters als seine Art, den von den Göttern dieser Welt Geblendeten Vergebung anzubieten und den Unterdrückten Gerechtigkeit zu verschaffen. Wir sind für Gott da. Wir werden unsere Aufgaben auf Erden nicht erfüllen, wenn wir aus der Welt flüchten; wir sind berufen, in sie einzumarschieren, statt aus ihr zu fliehen. Unser Auftrag ist, die vertrockneten Gebeine zerbrochener Menschen zu verwandeln in eine Armee von Jesusliebhabern, denen das Leben Gottes eingehaucht wurde.

Gott plante und schuf alle Menschen auf dieser Erde, aus allen 24 000 Sprachen und Völkern, und er wird nicht eher zufrieden sein, bis jedes dieser Völker voller Leute ist, die seinen Sohn Jesus lieb haben. Auf der Welt gibt es Sprachen, die noch nie im Himmel gehört wurden. Er sehnt sich danach, dass sein Name von allen Völkern der Erde angebetet wird, bevor er die Geschichte zum Abschluss bringt und uns nach Hause holt. Das Buch der Offenbarung malt uns das Bild einer großen Feier am Ende der Zeiten vor Augen, wenn alle Nationen und Stämme um seinen Thron versammelt sind und das Lamm Gottes anbeten. Der Vater sehnt sich nach Söhnen und Töchtern, die an dieser Feier teilnehmen. Er will, dass die schwere Last von Armut und Bedrückung von ihnen genommen wird. Darum sind wir hier.

Warum ich an die „nahtlose Verbindung" glaube

Die Gemeinde ist unter anderem deshalb zu einem Tal voller vertrockneter Gebeine geworden, weil sie ihre apostolische Leidenschaft verloren hat (mehr dazu in einem späteren Kapitel). Zwischen dem Auftrag Gottes und der Praxis vieler Ortsgemeinden klafft ein weiter Abgrund. Nirgendwo wird das offensichtlicher als in der Kluft zwischen den Lokalgemeinden und dem, was wir als „gemeindliche Parallelstrukturen" bezeichnen. Die meisten derartigen Strukturen und Organisationen heutzutage wurden von visionären Leiterpersönlichkeiten ins Leben gerufen. Nicht wenige dieser Leiter wurden von ihren Denominationen und Gemeinden missverstanden. Viele von ihnen hatten den Eindruck, ihnen bliebe keine Wahl als die, ihre Gemeinde zu verlassen, um die Bewegung zu gründen, die Gott ihnen aufs Herz gelegt hatte. Traurigerweise verstärkt das noch die Vorstellung, Mission und Gemeinde seien zwei getrennte Gebilde.

Ich bin zutiefst und leidenschaftlich von der Verbindung von Gemeinde und Mission überzeugt. Viele Jahre arbeitete ich für eine Missionsgesellschaft, die nur wenig Eifer für die Ortsgemeinde zeigte. Mir wurde zunehmend unbehaglich, wenn ich daran dachte, welche Sichtweise von der örtlichen Gemeinde wir vertraten. Ein Mitarbeiter fragte mich einmal: „Du glaubst doch nicht an die ‚direkte Sendung', nicht wahr?" Er legte mir seine Überzeugung dar, dass Ortsgemeinden keine Missionare direkt auf das Missionsfeld senden könnten und sollten, dass sie von Gott nicht ausgerüstet oder gesalbt seien, losgelöst von entsprechenden Organisationen Missionare auszusenden. Diese Denkweise scheint mir weit von der der Gemeinde in Antiochien in Apostelgeschichte 13 entfernt zu sein.

Auf der anderen Seite gibt es eine Menge Gemeinden, die keinen Blick für die Nationen haben und in deren Denken oder Leiterschaft Visionäre, die nicht Teil ihrer Gemeinde sind, keinen Platz haben. Diese Gemeinden sind verkrustet und kontrollierend. Ihr Gott ist zu klein und ihr Verständnis von Gemeinde zu eng.

Ich bin überzeugt, dass Mission und Gemeinde im Herzen Gottes eine Einheit bilden. Er hält sie zusammen. Er ist der Oberhirte der Gemeinde und er ist der Schöpfer und Erlöser der Nationen. Leidenschaftliche Liebe zu Gott heißt, seine Braut und seinen Auftrag für eine zerrüttete Welt zu lieben. Die Nationen zu lieben und nicht mit den anderen Gliedern des Leibes Christi verbunden zu sein, ist Dummheit. Gott leidenschaftlich zu lieben heißt, zu lieben, was und wen er liebt. Wahre Leidenschaft hat ihren Anfang bei Gott, aber sie endet dort nicht. Je mehr wir uns in vertrauter Weise dem Herzen Gottes nähern, desto mehr werden wir die Gemeinde und die Verlorenen lieb gewinnen. Die beiden sind nicht zu trennen, in Gottes Herzen sind sie nahtlos aneinandergefügt.

Im Herzen Gottes bilden Mission und Gemeinde eine Einheit.

In den Kapiteln 54 und 55 des Jesajabuchs wird uns die „Vermählung" dieser beiden Wahrheiten veranschaulicht. Jesaja 54 zeigt uns die Gemeinde im Bild einer unfruchtbaren Frau, die viele Kinder haben wird. Jesaja 55 bietet die klarste Darstellung von Errettung, die wir im Alten Testament finden können. Die beiden Kapitel repräsentieren die Gemeinde und Gottes Sendung an die Nationen. Wie funktioniert der Zusammenschluss dieser beiden in der Praxis? Lassen Sie mich erzählen, wie das bei mir läuft.

Ich habe den Begriff „Missionar" aus meinem Wortschatz gestrichen. Und das nicht etwa, weil ich der Ansicht bin, dass Menschen nicht zu den Nationen hinausgehen sollten, oder weil ich nicht an den Sendungsauftrag Gottes glauben würde, sondern vielmehr, weil das Wort „Missionar" nahezulegen scheint, dass einige von uns berufen sind und andere nicht. Die Wahrheit ist, dass wir alle berufen sind.

Einer meiner kalifornischen Freunde verkauft Versicherungen. Er macht eine Menge Geld und gewinnt viele dieser „Verkäufer des Jahres"-Auszeichnungen. In dem, was er macht, ist er wirklich gut, doch seine eigentliche Leidenschaft ist Jesus. Er meldete sich für einen Einsatz in Übersee. Den Reisepass in der Hand, bat er Gott, ihm einen Ruf zu einem Stamm zu geben, der noch nie die gute Nachricht von Jesus gehört hatte, aber Gott sagte ihm, dass er in Amerika bleiben sollte. Jetzt verkauft Bill Versicherungen, weil es das ist, wozu Gott ihn berufen hat. Bill beschreibt das so: „Ich arbeite vollzeitig für Jesus – und nebenbei verkaufe ich Versicherungen."

Niemand verlässt Bills Büro, ohne von Jesus gehört zu haben. Bill ist ein leidenschaftlicher Liebhaber Jesu, der eigens nach Amerika berufen wurde. Einen Ruf von Gott zu vernehmen ist nicht nur etwas für solche, die in andere Länder gehen. Wir alle sind berufen, Gott in Vollzeit zu dienen; an uns ist es, herauszufinden, wo das sein soll. In Gottes Familie gibt es keine Menschen zweiter Klasse. Nicht nur die, welche in andere Länder gehen, sind berufen, während die anderen von uns zurückbleiben. Wäre das nicht ein aufregendes Leben: Die, welche es geistlich „drauf

haben", machen etwas Spannendes für Gott – und die anderen, die geistlichen Waschlappen, sitzen herum und tun nichts! Wenn Gott nur Leute
riefe, um in andere Länder zu gehen, würde das heißen, dass alle, die
nicht gehen, aussortiert wären. Warum sollten Amerika, Südafrika und
England alle Übriggebliebenen abbekommen?

Die dritte Frage:
Wie leben wir Gemeinde praktisch?

Zwar zeigt uns Matthäus 18,20, was Gemeinde ist, doch beschreibt
das nicht, wie Gemeinde gelebt werden soll. Wenn man annimmt, dass
Gemeinde in ihrer einfachsten Ausgestaltung ein paar Leute sind, die sich
in Jesu Namen versammeln, und wenn der Zweck von Gemeinde der ist,
Gott durch die Liebe zu Jesus zu verherrlichen, und dadurch, dass man
andere und die, welche Jesus nicht kennen, liebt, dann lässt das immer noch
die Frage offen, wie Gemeinde praktisch funktioniert. Jawohl, wir sollen
einander lieben. Aber was heißt das? Was sollen wir ganz praktisch tun?

Die Antwort auf diese Frage gibt uns Apostelgeschichte 2,41–47. Dieser
Abschnitt der Bibel stellt nicht nur gute Geschichtsschreibung dar. Er steht
in der Bibel, um uns ein Modell, ein Beispiel zu geben, wie Gemeinde zu
geistlicher Reife hinwächst. Während Sie den untenstehenden Absatz lesen,
schlage ich vor, dass Sie mit einem Stift diejenigen Aktivitäten der ersten
Gemeinde unterstreichen, die Ihrer Auffassung nach ein gesundes geistliches
Wachstum Ihrer Gemeinde oder Gemeinschaft zu Folge haben könnten:

Diejenigen, die glaubten, was Petrus gesagt hatte, wurden
getauft und gehörten von da an zur Gemeinde – insgesamt
etwa dreitausend Menschen. Sie schlossen sich den anderen
Gläubigen an, unterstellten sich der Lehre der Apostel und der
Gemeinschaft und nahmen teil am Abendmahl und am Gebet.
Eine tiefe Ehrfurcht erfasste alle, und die Apostel vollbrachten
viele Zeichen und Wunder. Alle Gläubigen kamen regelmäßig
zusammen und teilten alles miteinander, was sie besaßen. Sie
verkauften ihren Besitz und teilten den Erlös mit allen, die bedürftig
waren. Gemeinsam beteten sie täglich im Tempel zu Gott, trafen
sich zum Abendmahl in den Häusern und nahmen gemeinsam
die Mahlzeiten ein, bei denen es fröhlich zuging und großzügig
geteilt wurde. Sie hörten nicht auf, Gott zu loben, und waren bei
den Leuten angesehen. Und jeden Tag fügte der Herr neue Menschen hinzu, die gerettet wurden.

Welche Tätigkeiten haben Sie unterstrichen? Hier sind die, welche ich markiert habe:

1. Menschen von Jesus erzählen – als Petrus zu der Menschenmenge sprach, „glaubten ihm viele Zuhörer" (V. 41)
2. Wassertaufe (V. 41)
3. Bibellehre – „alle ... ließen sich ... von den Aposteln unterweisen" (V. 42)
4. zusammen sein, Gemeinschaft bauen – „sie lebten in enger Gemeinschaft" (V. 42)
5. Abendmahl (V. 42)
6. gemeinsame Mahlzeiten – „in großer Freude ... trafen sie sich zu gemeinsamen Mahlzeiten" (V. 46)
7. Gebet (V. 42)
8. mit anderen teilen und für das Werk geben (V. 45)
9. Treffen in kleinen Gruppen in verschiedenen Häusern und für große Feiern im Tempel (V. 46)
10. Anbetung – „sie lobten Gott" (V. 47)
11. Vermehrung – „die Gemeinde wuchs mit jedem Tag, weil Gott viele Menschen rettete" (V. 47)

Diese Aktivitäten lassen sich drei Kategorien zuordnen:

- Bei Anbetung, Abendmahl, dem Gebetsleben und dem Treffen mit anderen Gemeinschaften zum Gottesdienst geht es um die Beziehung der Gemeinde zu Gott, also *nach „oben"* (die Ziffern 5, 7, 9 und 10).
- Wenn sie miteinander teilen, gemeinsam Mahlzeiten einnehmen, sich anleiten, zum Bibelstudium treffen und Zeiten der gegenseitigen Rechenschaftslegung haben, geht es um das *Innenverhältnis* der Gemeinde (2, 3, 4, 6 und 9).
- Aktivitäten wie anderen von Jesus zu erzählen, neue Christen zu taufen und die Gemeinde an anderen Orten zu vervielfältigen, richten sich *nach außen und nach vorne* (1, 8 und 11).

Einfache Gemeinde in Aktion: Wie sieht das aus?

Gemeinde ist so einfach wie ein Zusammenkommen zu Essen, Lachen und Gemeinschaft. Das sollte regelmäßig das Brotbrechen zur Erinnerung an den Tod des Herrn beinhalten, vorzugsweise in Zusammenhang mit Mahlzeiten und Zeiten des Zusammenseins, in denen gesungen und gebetet wird, Menschen in Not die Hände aufgelegt und Gaben gegeben werden – einander und den Diensten der Gemeinschaft, die sich um die Mitmenschen bemühen. Das kann ganz praktisch so aussehen, dass man den Herrn fragt: „Wie können wir gemeinsam unsere Freunde und Nachbarn erreichen?" – um dann das zu tun, was er uns sagt. Und dies sind nicht nur schöne Worte: Ich glaube wirklich, dass wir oft beten und darauf hören sollten, was Gott von uns will, dass wir unsere Eindrücke mitteilen und dann aufstehen, um die Sache in Angriff zu nehmen. Sie werden erstaunt sein, was dabei herauskommt!

Einfache Gemeinde beinhaltet auch den Gottesdienst und das Feiern in größerem Rahmen, sooft das möglich ist, doch nicht als Schwerpunkt dessen, wie wir Gemeinde leben. Einfache Gemeinde bedeutet nicht immer kleine Gemeinde. Große Versammlungen haben ihren Platz. Sie regen die Menschen dazu an, sich daran zu erinnern, dass sie Teil von etwas Größerem sind. Große Feiern beflügeln den Glauben und weisen der gesamten Versammlung oder dem Netzwerk von Gemeinden den Weg. Ideal ist es, wenn solche großen Feier-Gottesdienste das Zusammenkommen einer „Gemeinde aus Gemeinden" sind. Ich möchte anregen, dass das nicht häufiger als einmal im Monat stattfindet, weil sonst das Augenmerk von der Einfachheit des Gemeindelebens auf die großen Events hin abgelenkt werden könnte.

Eine Sicht von Gott über die Gemeinde in ihrer einfachsten Ausgestaltung ist eine mächtige Angelegenheit. Gemeinde, das sind Menschen, einfache Leute, die ihr Leben für Jesus leben. Ohne großes Tamtam, nicht weil sie sich mit irgendwem überworfen haben, nicht wegen einer Sonderoffenbarung oder neuen Lehre, ohne Super-Leiter – ganz einfach Freunde, die gemeinsam Jesus gehorsam sind. Möchten Sie Teil einer solchen Gemeinschaft sein, die sich beziehungsorientiert und bewusst an andere Menschen wendet? Das ist einfache Gemeinde.

Wenn Sie ihn bitten, wird Ihnen Gott eine neue Schau für die Einfachheit von Gemeinde geben. Aber Vorsicht! Wenn Sie darum bitten, wird Gott es Ihnen geben und es wird wie ein Feuer in Ihrem Leben wirken!

Vision ist der Vorläufer von tatsächlichen Gegebenheiten. Wenn Sie eine Vision von dem erlangen möchten, wie Gott Gemeinde sieht, dann bitten Sie ihn, dass er Sie sehen lässt, was er sieht, und empfinden, was er empfindet. Das geschah dem Propheten Hesekiel: Gott zeigte ihm ein Tal voller vertrockneter Knochen. Doch Gott sah eine Armee (Hes. 37). Gott öffnete Hesekiel die Augen, und er sah das Tal der vertrockneten Knochen aus Gottes Perspektive. Wenn Sie diese alte Vision von Hesekiel für sich nehmen, fangen Sie an davon zu träumen, wie Gemeinde sein kann. Das wird Ihnen einen festen Halt in Zeiten geben, in denen Sie mit den Verfahrensweisen der institutionellen Gemeinden aneinandergeraten, oder Sie von Menschen im Namen Gottes benutzt werden. „Vision von Gott" meint einfach eine von Gott gegebene Art, Dinge so zu sehen, wie er sie sieht. Es ist ein Bild von dem, was er für Ihr Leben will – und etwas, was Ihnen niemand nehmen kann. Ein Mensch mit Vision darf sich nicht von denen eingrenzen lassen, die die Vision nicht haben. Und noch wichtiger: Sie dürfen sich nicht von irgendwelchen Superchristen eingrenzen lassen, die versuchen, jedermann mit der neuesten und gewaltigsten Offenbarung, Vision oder Erfahrung zu beeindrucken.

Ein Mensch mit Vision darf sich nicht von denen eingrenzen lassen, die die Vision nicht haben.

Die brennende Vision Gottes im Herzen wird den Status quo Ihres Leben herausfordern. Sie ermöglicht Ihnen, sich aus dem Zustand zu befreien, in dem Ihr Wohlgefühl (oder Ihr Unbehagen) von Programmen und Gebäuden abhängig ist.

Die alten Arten, die Dinge zu tun, werden herausgefordert und Sie können anfangen, von Neuem zu träumen. Jedermann braucht eine Vision von der Gemeinde aus Gottes Blickwinkel. Jeder Mensch, den danach hungert, in Gott zu wachsen, braucht eine Schau davon, welchen Platz Gott für ihn in der Gemeinde, der Ekklesia, hat. Eine neue Vision von der Gemeinde in ihrer Einfachheit wird Sie ermutigen, mit dem Alten zu brechen und das Neue auszuprobieren. Sie und Ihre Freunde werden mit Freude den Versuchungen des Zynismus widerstehen und Sie werden ermutigt, Ihren Überzeugungen gemäß zu handeln. Diese Schau von Gott für seine Gemeinde wird Ihnen Glauben für die Gemeinde geben, deren Teil Sie sind. Sie werden erkennen, wie sehr Gott seine Gemeinde liebt. Sie werden für sie beten und über sie weinen – und sie, wenn nötig, verlassen. Sie werden befreit sein, sie zu lieben, ihr zu vergeben und sich ihr und auch ihren Leitern zu unterstellen – wenn es das ist, was Gott sagt.

Wenn Gott eine Vision mitteilt und jemand Mutigen findet, der an der Vision festhält und sich mit ihr auf den Weg macht, dann wird er selbst sich hinter ihn stellen. Wenn Gott sie gegeben hat, ist es *seine* Vision. So lange Sie ihm gehorchen und integer und demütig handeln, wird er zu Ende bringen, was er in Ihnen angefangen hat. Und selbst, wenn Sie Fehler machen, wird Gott Sie, wenn Sie um Gnade bitten, wieder herausholen. Wenn Sie gehorsam vor Gott und in Demut vor anderen Ihren Weg gehen, wird Sie keine Macht der Welt und kein Höllendämon vom Willen Gottes abhalten können.

> **Wenn Sie gehorsam vor Gott und in Demut vor anderen Ihren Weg gehen, wird Sie keine Macht der Welt und kein Höllendämon vom Willen Gottes abhalten können.**

Wenn ein Mensch von Gott eine Vision erlangt und danach handelt, stellt Gott sich hinter ihn. Wenn wir Gott gehorsam sind, werden selbst in den gewöhnlichen Angelegenheiten unseres Lebens große Dinge geschehen. Das wird nicht einfach sein, aber Gott begleitet uns auf unserer Reise. Um was könnte man mehr bitten, als mit dem Schöpfer auf eine Reise zu gehen? Die Geschichten einer Menge anderer Menschen erzählen davon, wie sie auf diese Reise gegangen sind und erneuertes Leben und Hoffnung gefunden haben. In seinem Buch *Red Moon Rising* erzählt Pete Greig die Geschichte, wie Gott ihm „Die Vision" gegeben hat. Er schrieb sie nieder, hängte sie in einem Gebetsraum auf – und eine weltweite Gebetsbewegung war geboren. Mittlerweile entdecken junge Menschen in über fünfzig Ländern neue Wege, Gemeinde zu sein, während sie in Gebetsräumen und hingegebenen Gemeinschaften mit dem Namen „Kesselhäuser" („*Boiler Rooms*") zusammenkommen.[12]

Pete folgte seinem Traum für seine Generation. Werden Sie Ihrem Traum für Gemeinde in diesem Abschnitt Ihres Lebens folgen? Für Ihre Generation? Für Ihr Land und Ihr Volk?

„Gut gemacht, du guter und namhafter Diener"

Es sind nicht nur die Namhaften und Bekannten, die die Gemeinde anführen. Gottes Armee läuft nicht im Gänsemarsch einigen berühmten Persönlichkeiten hinterher. Sie setzt sich aus einer Menge im Hintergrund verborgener Menschen zusammen, Menschen, die einfach Gemeinde leben und die nichts anderes wollen, als das auszuleben, was sie in der Apostelgeschichte lesen. Etliche begehen große Heldentaten für Gott, von denen nie jemand etwas hören wird. Es ist die „Armee der Einfachen", zu der ich mich zählen möchte. Ohne zu übertreiben, gibt es etliche hundert Millionen Nachfolger Jesu in Ländern, die für das Christentum verschlossen sind, ohne Gebäude, in denen sie sich versammeln können, ohne Pastor, ohne jemanden mit formaler Ausbildung, der die Kinderarbeit oder den Single-Kreis leiten oder der mittwochs abends die Jugend bei Laune halten könnte. Alles, was sie haben, ist Jesus und ein paar Leute, die sich heimlich in den Wäldern oder stiekum bei irgendwem zu Hause treffen.

Meine Frau Sally und ich sind Teil einer einfachen Gemeinde, bestehend aus drei Paaren und zwei Singles. Wir essen zusammen, laufen gemeinsam durch die Straßen unserer Townships, helfen einander in der Jüngerschaft und spornen uns gegenseitig an, die Zahl der einfachen Gemeinden unter den Menschen, die wir erreichen, zu mehren. Wir stellen uns ein Netzwerk von Hunderten einfacher Gemeinden vor, die sich in jeder Straße, jeder Schule, in jedem Laden und Restaurant und auf jedem Parkplatz versammeln. Warum sollten wir nicht groß träumen?

Durch unsere Arbeit mit *All Nations* haben Sally und ich mit einigen erstaunlichen Menschen zu tun, die an recht seltsamen und faszinierenden Orten ihren Dienst tun. Etwa Pam. Einige Jahre lang diente Pam in einem sehr abgeschotteten Land Asiens.[13] Gott berief sie in die Mission, als sie noch eine junge Frau war. Ihr Pastor segnete sie, machte ihr aber zugleich deutlich, dass man sie nicht würde aussenden (und somit finanzieren) können, was hieß, dass sie sich andere Unterstützer suchen musste.

Pam gehörte zu den Ersten von außen, die die Sprache der Volksgruppe in Asien, zu der sie ging, erlernte. Sie präsentierte einige ganz neue Ideen, den Menschen von Jesus zu erzählen, doch wer von diesen Ideen hörte, lachte sie nur aus. Aber die Sache funktionierte. Sie funktionierte deshalb, weil Gott sie inspiriert hatte. Pam betete, Gott gab ihr eine Idee, und als Ergebnis kamen Menschen zu Jesus und einfache Gemeinden wurden gegründet. Pam gehört zu meinen Helden. Sie ist nicht berühmt, doch sie ist treu.

Matt und Elizabeth Chen sind Teil des internationalen Leitungsteams von *All Nations*. Vor gut fünfzehn Jahren starteten die Chens mit einer kleinen Bibelgruppe. Durch ihren Einsatz sind bis heute Hunderte von Menschen aus buddhistischem Hintergrund Christen geworden. Von den Menschen in ihrer Gemeinde sind etwa 85 % Nachfolger Jesu in erster Generation. Die Gemeindegründungsbewegung, welche die Chens leiten, steckt noch in den Kinderschuhen, doch sie wächst und wird sicher noch das Leben Tausender Menschen beeinflussen. *Living Water*, die Gemeinde, der sie als Pastoren vorstehen, sendet Arbeiter in andere Städte und Länder Asiens, um weitere Gemeinden zu gründen.

Von den Menschen in ihrer Gemeinde sind etwa 85 % Nachfolger Jesu in erster Generation.

Nicht immer erlebten die Chens so viel Segen. Matt saß jahrelang in einer Megagemeinde, ohne wahrgenommen oder eingesetzt zu werden. Er lernte Englisch und nahm es auf sich, über Jahre in einer Zweitsprache kommunizieren zu müssen und dabei häufig übersehen oder missverstanden zu werden. Doch Gott sah Matts Herz und salbte ihn mit einem apostolischen Ruf, Gemeinden zu gründen und andere dazu zu erwecken, dasselbe zu machen. Matt war nicht berühmt, aber er war treu. Eines Tages wird er Gott sagen hören: „Gut gemacht!" Und wissen Sie, warum? Matt ging im Glauben voran. Gott gab ihm die Vision, Gemeinde in den Häusern der Menschen entstehen zu lassen, so fing er an, Menschen auszurüsten und freizusetzen. Er fühlte, wie sein Herz angerührt wurde, achtete darauf, was Gott ihm damit sagen wollte – und Gott segnete ihn.

Bewegungen einfacher Gemeinden

Überall auf der Welt entstehen Bewegungen einfacher Gemeinden. Wenn Sie sich eine bessere Vorstellung davon machen wollen, was Gott durch diese Bewegungen tut, dann lesen Sie David Garrisons Buch *Church Planting Movements* oder Wolfgang Simsons *Häuser, die die Welt verändern* (s. Literaturempfehlung im Anhang). Garrison erzählt von Bewegungen in Südamerika, Kambodscha, China, Indien und anderen Teilen der Erde. Er beschreibt die wesentlichen Gemeinsamkeiten, welche diese Bewegungen auszeichnen. Ihre Einfachheit ist es, was sie so mächtig macht: in Häusern und Wohnungen angesiedelt (nicht in

„Kirchen"), klein, bibelorientiert, nach außen gerichtet, geleitet durch Nicht-Fachleute, mit Freude an leidenschaftlichem Gebet und Anbetung, sind sie eine Bewegung von der Basis her und vermehren sich schnell.

Ich bin Teil einer solchen Bewegung. Dabei geht es nicht darum, dass ich mich in ein Gemeinde„modell" verliebt hätte, auch nicht um Gemeindegründung an sich. Ich liebe Jesus und seine Gemeinde, jeden Teil seiner Gemeinde. Doch muss ich auch sagen, dass meine größte Leidenschaft dem gilt, Gemeinde derart zu leben, dass Menschen, die noch nie die Gute Nachricht gehört haben, daran teilhaben können. Tatsächlich ist der Dienst, dem ich vorstehe, ein Netzwerk von Gemeinden und Partnergemeinden, die allesamt diese Leidenschaft für Gemeindegründung an den Orten teilen, wo Leute Jesus noch nicht kennen. Der Markenname an der Tür interessiert uns dabei nicht, uns geht es um die Menschen auf der Straße. Neueste Erhebungen zeigen, dass 3,3 Milliarden Menschen nicht ein einziges Mal den Namen Jesus gehört haben. Unter 5750 Volksgruppen sind bislang noch keine Anstalten zur Gemeindegründung gemacht worden. Ich liebe einfache Gemeinden, weil sie den meisten Menschen Zugang zur Gemeinde verschaffen. Die Leitung einer einfachen Gemeinde kommt ohne Profis, ohne Gebäude und ohne charismatische Führerpersönlichkeit aus.

All Nations bietet ein kurzes, praktisch ausgerichtetes Training für solche an, die Interesse an einem derartigen Ansatz zur Gemeindegründung haben – wir nennen das *CPx* (*Church Planting Experience*; siehe Informationen im Anhang). Dabei leiten wir Menschen aus traditionellen und institutionellen gemeindlichen Hintergründen an, nicht mehr auf die alte Weise Gemeinde zu leben, und machen sie mit dem neuen Denkmuster der einfachen Gemeinde vertraut. Diese Art ermöglicht es Buddhisten, Moslems und Hindus – und zunehmend auch postmodernen westlichen Jugendlichen – Gemeinde in einer Weise zu erleben, wie sie uns in der Apostelgeschichte beschrieben wird. Im Scherz sage ich denen, die wir schulen: „Ihr braucht keine Angst davor zu haben, euren Job zu verlieren – denn ihr werdet nie einen haben." Anders ausgedrückt: Der Schlüssel, um die Fackel an die nächste Generation von Leitern in der Gemeindegründungsbewegung weiterzugeben, ist, die Fackel niemals festzuhalten – wenn damit Titel und Stellung gemeint sind. Wir bringen den Menschen bei, ein „Diener-Leiter" zu sein, der von Anfang an andere anleitet, die Fackel aufzunehmen. Das ist ein neuer Leitungsstil, der erfordert, dass man im Hintergrund dient und genügend sicher ist, um ohne Position und Titel neue Leiter zu coachen. Bei der Bewegung einfacher Gemeindegründungen geht es nicht darum, als Pastor oder Ältester immer vorneweg zu sein, sondern darum, einer Bewegung von Ältesten und Gemeindegründern geistlicher Vater oder Mutter zu sein.

Wer in einer solchen Bewegung eine Führungsrolle wahrnimmt, muss gefestigt genug sein, ohne Titel wie „Pastor" oder „Ältester" auszukommen. Es geht darum, Menschen zu helfen, dass sie Jesus persönlich kennenlernen, ihnen Mentor zu sein und sie dann zu ermutigen, ihre Freunde zu versammeln und eine kleine, einfache Gemeinde zu formieren. Wenn so etwas geschieht, dann dient der Gemeindegründer tatsächlich als Einfluss im Hintergrund, um neue Leiter anzuleiten und zu beraten. Die spontane Vermehrung, die in solchen Bewegungen ganz natürlich vonstatten geht, würde durch ein westliches, institutionelles Gemeindemodell von Leiterschaft gehindert. Indem sie sich im Hintergrund halten und von dort andere anleiten und begleiten – besonders solche, die selbst das Zeug zum Leiten haben –, legen dienstgesinnte Leiter die Basis für aus sich selbst heraus entstehende Gemeindebewegungen. Dabei wird immer noch geistliche Autorität ausgeübt, jedoch gründet sich die Autorität auf Beziehungen, sie ist apostolisch, nicht hierarchisch.

Die Gemeinde gleicht einer hübschen Frau bei einem Schönheitswettbewerb

Seit der Begriff „Gemeinde" für mich seinen schlechten Beigeschmack verloren hat, lebe ich mit einer Schau davon, wie sich Gott mittels seiner Gemeinde offenbart. Seit Gott mir zeigte, was eine Armee vertrockneter Knochen für ihn sein kann, nimmt mich dieses Bild gefangen. Gott ist eifrig dabei, sich der Welt durch die Gemeinde zu erkennen zu geben. Das macht er nicht durch Institutionen, Programme oder Gebäude, sondern vielmehr durch einfache, ganz gewöhnliche Menschen, Menschen, die bereit sind, ihr zerbrochenes Leben gegen eines einzutauschen, das Gott durch sie leben kann.

In der Gemeinde zeigt sich die Schönheit Gottes

Vor den Augen der Bürger Jerusalems vollzog sich ein Schönheitswettbewerb, den die Gemeinde mit links gewann. Durch gewöhnliche Leute brachte Gott seine Schönheit zur Geltung. Eigentlich hatte es nicht viel von einem Wettbewerb, denn die Religion der Schriftgelehrten und Pharisäer war ohne Chance. Die Nachfolger Jesu mussten nichts weiter tun als einander lieben. Durch die Weise, wie sie lebten, stellten sie den Menschen, die nach Echtheit hungerten, Jesus vor Augen. Sie zeigten Jesus, indem sie ihr Essen mit den Armen teilten, Frauen als ihresgleichen behandelten und jedes ihrer Glieder ermächtigten, seinen Teil an Leitung und Dienst beizutragen. Die Menschen sahen Barmherzigkeit in Aktion, wenn sie für die Kranken beteten und zusammen aßen, lachten und weinten. Gott gebrauchte sie, den Knochen Leben einzuhauchen – und die Knochen erhoben sich und gingen los.

Vor den Augen der Bürger Jerusalems vollzog sich ein Schönheitswettbewerb, den die Gemeinde mit links gewann. Durch gewöhnliche Leute brachte Gott seine Schönheit zur Geltung.

Wenn Sally und ich und unser Team in Kapstadt Leute aus den ärmeren Gegenden der Stadt aufsuchen, bekommen wir Kontakt zu den zerbrochensten Menschen, die man sich vorstellen kann. Ich glaube, wir begegnen jeder nur denkbaren Art von menschlicher Not. Doch wir lieben die Menschen, zu denen Gott uns gerufen hat. Wir sehen nicht ihre Hautfarbe oder das Ausmaß ihrer Armut, wir sehen, was in ihnen steckt, ihr Potenzial. Die Menschen, denen wir zu essen geben, die wir kleiden und denen wir ein Dach über dem Kopf verschaffen, sehen wir mit den Augen des Glaubens. Wir sehen, was Gott durch sie tun kann. Oft unterhalten wir uns über das neue Leben in Jesus, das unserer kleinen Gruppe von Nachfolgern innewohnt. Für uns macht es keinen Unterschied, dass die meisten von ihnen keine Vorstellung von ihren Möglichkeiten haben. Für uns ist es wichtig, dass wir die Wahrheit wissen: Der Vater liebt sie und hat uns diese Liebe zu ihnen ins Herz gegeben. Wir wissen, dass er sie liebt, wir kennen ihr Potenzial – und so sagen wir es ihnen. Und wissen Sie was? Sie glauben uns!

In der gleichen Weise denke ich über einfache Gemeinde. Wenn ich meine Leidenschaft dafür, dass Gott seine Herrlichkeit durch die Gemeinde offenbart, anderen mitteile, weiß mancher nicht, wovon ich rede; die Vision ist ihren Blicken verborgen. Dabei steht es in der Apostelgeschichte und findet sich überall in den Briefen des Paulus. Radikale Gemeinschaften um uns her leben es aus. Doch ich habe erkannt, dass sich ein Mensch mit Vision nicht von denen eingrenzen lassen darf, die die Vision nicht haben. Mir ist klar geworden, dass Gott Menschen erst an den Ort namens „heilige Frustration" bringen muss, bevor sie bereit sind zu lernen, wie er Gemeinde haben will. Ich weiß, was er sagen will. Ich weiß, dass die Gemeinde in seinen Augen wunderschön ist. Ich weiß, dass sein Herz für einfache Gemeinde schlägt, und so kann ich seine Vision weitergeben, ungeachtet dessen, ob die Menschen es sehen oder nicht. Ich bin voller Hoffnung!

Gemeinde offenbart die Herrlichkeit Gottes

Die Gemeinde ist Gottes Idee. Er rief sie ins Leben und er führt sie an. Die Gemeinde ist Gottes Weg, mittels verwandelter Leben seine unbeschreibliche Herrlichkeit zur Geltung zu bringen. Diese Herrlichkeit, die in einfachen Gemeinden ausgelebt wird, ist Gottes Beweis an eine gottlose Welt, dass er real ist. Jesus betete darum, dass das geschieht:

> Die Herrlichkeit, die du mir gegeben hast, habe ich ihnen gegeben, dass sie eins seien, wie wir eins sind – ich in ihnen und du in mir – dass sie in eins vollendet seien, damit die Welt erkennt, dass du mich gesandt und sie geliebt hast, wie du mich geliebt hast (Jh. 17,22.23).

Die Menschen, mit denen wir arbeiten – die armen, arbeitslosen Moslems, Menschen, die unter sexuellem Missbrauch zu leiden hatten, und solche, die von Abhängigkeiten und Süchten im Griff gehalten werden –, stellen nicht die Ausnahme, sondern den Normalfall dar. Etwas naiv habe ich früher angenommen, dass die restlichen Christen auf der Welt ein Stück besser dran wären als die, die wir zu erreichen suchen. Doch nach mehr als vierzig Jahren Dienst für Jesus in vielen unterschiedlichen Ländern bin ich überzeugt, dass die Zerbrochenheit und der Schmerz, dem wir bei den Menschen in Kapstadt begegnen, derselbe ist, mit dem wir es bei ganz normalen Menschen überall auf der Welt zu tun haben.

Der geschäftige Manager und der aufdringliche Drogendealer auf der Straße mögen sich unterschiedlich gebärden, doch der Schmerz ist derselbe. Einige sind Alkoholiker, andere Workaholiker. Mancher ist ein Gefangener seiner Ängste, ein anderer stellt sich ihnen energisch entgegen. Ein paar Leute nehmen harte Drogen, andere finden andere Arten von Suchtmitteln. Jeder versucht den Schmerz irgendwie zu lindern. Wir alle leiden zu einem gewissen Grad unter Zerbruch. Gestörte Elternhäuser, Verlassenheit, Missbrauch – alles das fordert seinen fürchterlichen Preis von jedem von uns. Wir alle sind gezeichnet vom Aufwachsen mit unvollkommenen Eltern oder einem Vater, der seine Liebe nicht ausdrücken konnte.

Wir alle leiden zu einem gewissen Grad unter Zerbruch.

Hören Sie mal, wie im Gegensatz zu dem, was unser Team in Kapstadt macht, Bill Hybels seine Erfahrungen in der Arbeit mit den „Mächtigen" in Washington schildert:

> In den 1990er Jahren fuhr ich einmal im Monat nach Washington, um mich in den Zentren der Macht mit einigen der höchsten Volksvertreter unseres Landes zu treffen. Dort wurde mir nicht deutlich, wie mächtig diese Menschen sind, sondern im Gegenteil – wie beschränkt ihre Macht ist. Sie können lediglich die Feldmarkierungen auf dem Spielfeld des Lebens neu abstecken. Sie können aber kein menschliches Herz verändern. Sie können keine verletzte Seele heilen. Sie können Hass nicht in Liebe verwandeln.[14]

In diese machtlose, geschundene und verletzende Welt sandte Gott nicht nur einen Erlöser – er erweckte die Gemeinde, damit sie eine beständige Quelle der Gegenwart dieses Erlösers sei. Sie und ich sind diese Gemeinde! Die Gemeinde teilt die Gnade und Liebe Gottes auf Erden aus. Das ist die Herrlichkeit Gottes. Gott lebt in uns. So schwach wir auch sind, er hat sich entschieden, in uns zu wohnen. Wir sind der Ort, an dem Gottes Herrlichkeit gefunden wird. Nicht zunächst in großen Konferenzen und gut geölten gemeindlichen Programmen und Institutionen, sondern in den gewöhnlichen Männern und Frauen, welche die Gemeinde ausmachen.

Gemeinde offenbart die Liebe Gottes

Die traurige Nachricht ereilte mich auf dem Weg zu einem Vortrag. Als ich zurückkam, fand ich eine verzweifelte Familie vor, die ihren kleinen, eine Woche alten Isaak verloren hatte. Nach meiner Rückkehr sah ich die Eltern das erste Mal bei der Beerdigung. Obwohl die Trauer mit Händen zu greifen war, drang eine Botschaft klar und deutlich durch: Ray und Maxine Nelson und ihre kleine Tochter Briana waren von Freunden aus ihrem Hauskreis umgeben, die sie liebten. Sie saßen am Krankenbett neben ihnen, brachten ihnen zu essen und weinten mit ihnen in ihrem Schmerz und ihrer Bestürzung. Die Eltern der Nelsons, die vom Ausland eingeflogen waren, konnten kaum fassen, wie viel

Liebe über ihren Kindern ausgeschüttet wurde. Nach der Beisetzung nahm mich Ray Nelson zur Seite und sagte: „Unsere Freunde kümmern sich wirklich gut um uns. John und Patty und Amy und unser Hauskreis sind wunderbar. Sie waren bei uns im Krankenhaus, als Isaak eingeliefert wurde, sie beteten und glaubten mit uns, als wir Gott baten, Isaaks Leben zu schonen. Sie halfen uns, als wir meinten, dass wir den Schmerz und die Enttäuschung nicht ertragen könnten. Sie brachten uns Essen und ‚liebten uns durch'. Wir waren von Liebe eingehüllt."

Hinterher dachte ich: Was hätten die Nelsons ohne eine Gemeinschaft von Freunden, die sie lieben, in dieser schmerzvollen Zeit gemacht? Wie hart wäre es für sie ohne Freunde gewesen, mit denen sie ihr Leid teilen konnten, ohne Menschen, die ihnen halfen, weiterzumachen, nachdem Familie und Verwandtschaft wieder abgereist war? Einfache Gemeinde sind Menschen, die Menschen lieben. Sie erweisen Gottes Liebe. Gott kümmert sich um seine Leute durch andere Menschen. Gemeinde offenbart die Liebe Gottes, wenn wir zueinander stehen, auch und gerade dann, wenn es keine einfachen Antworten und Lösungen gibt.

Zwar geschieht das nicht immer so, aber die Nelsons hatten ein Jahr später wieder einen kleinen Jungen, diesmal ein gesundes, fröhliches Kerlchen, geboren auf den Tag genau ein Jahr nach dem Tod ihres ersten Sohnes!

Durch die Gemeinde lädt uns Gott dazu ein, für etwas weit Größeres zu leben, als wir selbst sind. Seine Liebe erweckt ein Verlangen in uns, während wir zusammen mit anderen in der Gemeinschaft wachsen. Das ist keine einfache Reise, doch ist es Gottes Weg, uns Liebe zu lehren. Wenn man sich um uns kümmert, uns vergibt, wir geliebt und erneuert werden, und wenn wir dasselbe auch anderen tun, dann entsteht in unserem Herzen neues Leben. In liebevollen Beziehungen entdecken wir, wer wir als Kinder Gottes sind. Und das ist Gottes Zweckbestimmung für uns, so zu lieben, wie es Jesus täte, wenn er in unserem Leib wandeln würde. Und tatsächlich: Er durchwandert die Erde heute noch – durch uns. Für die Menschen, die ihn nicht kennen, stellen wir Jesus dar.

Durch die Gemeinde baut Gott Brücken zwischen den verschiedenen Rassen und Hautfarben. Die Gemeinde heilt Menschen, die Schmerz leiden, und streckt die Arme zu denen aus, die keine Hoffnung haben. In Krisenzeiten ergreift die Gemeinde für Gott das Wort und beruhigt die Ängstlichen, wenn die Sorgen des Lebens sie übermannen wollen. Bei Tragödien und Kummer ist die Gemeinde da. Sie hilft, die Ketten von Abhängigkeit zu brechen, und sagt den Verwirrten, was Wahrheit ist. Angesichts von Ungerechtigkeit stellt die Gemeinde Gottes prophetische Stimme dar. Wie die Not auch aussehen mag, wo auch immer das Problem liegt: Gott hat die Gemeinde mit allem ausgestattet, um darauf reagieren zu können. Die kräftigende Gegenwart Gottes wohnt der Gemeinde inne. Und sie ist da, in der Familie der Versöhnten, damit wir unseren Platz in der Bestimmung Gottes entdecken.

Vergessen Sie nicht, wer Sie sind

Vor etlichen Jahren hatte meine Tochter Misha ein schreckliches Erlebnis, das ihr zeitweise das Erinnerungsvermögen raubte. Während der Geburt ihres zweiten Kindes erlitt sie eine Fruchtwasserembolie; plötzlich und unvorhersehbar füllten sich ihre Lungen mit Flüssigkeit und sie verlor das Bewusstsein. Die Ärzte brachten sie eilends in den Operationssaal und entbanden das Kind per Kaiserschnitt. Vierzehn Minuten lang war Misha ohne Sauerstoff, zwölf Ärzte und Schwestern arbeiteten fieberhaft daran, ihr Herz wieder zum Schlagen zu bringen und die einsetzende Blutgerinnung zu stoppen. Das war der schlimmste medizinische Notfall, der einer gebärenden Frau passieren konnte.

Der wunderbaren Versorgung seitens der Ärzte und dem Eingreifen Gottes ist es zu danken, dass Misha lebt. Die Ärzte waren sehr besorgt im Blick auf bleibende Schäden. Die meisten Mütter, die eine solche Krise durchmachten, tragen aufgrund des Sauerstoffmangels bleibende Hirnschäden davon. In den ersten Tagen nach der OP litt Misha vor allem unter Orientierungsstörungen. Wir machten uns große Sorgen im Blick auf eine bleibende Beeinträchtigung ihres Gedächtnisses, ihrer Persönlichkeit und ihrer Fähigkeit, Ehefrau und Mutter zu sein.

Als wir Misha in den ersten Tagen auf der Intensivstation besuchten, war sie sich nicht sicher, wo sie war und was ihr zugestoßen war. Nach einigen Tagen wurde klar, dass sich ihre Persönlichkeit nicht geändert und sie immer noch dasselbe offene, lebenssprühende Mädchen war wie immer. Doch das meiste, worüber wir redeten, vergaß sie von einem Tag auf den anderen. Es war spaßig, Misha damit aufzuziehen, doch waren wir alle tief besorgt, dass sie ihr Gedächtnis ernstlich verlieren könnte. Wir wollten nicht, dass sie vergaß, wer sie war, ihre Familie und die wunderbaren Verheißungen, die Gott ihr für ihr Leben gegeben hatte.

In den Wochen nach diesem Zwischenfall wurde zusehends klar, dass Misha völlig geheilt war. Obwohl sie sich an die dramatischen Ereignisse rund um ihre Operation nicht erinnern konnte, erholte sie sich vollständig. Die Ärzte habe Misha versichert, dass ihr Fall in die Annalen der Medizingeschichte eingehen würde. Jedes Mal, wenn Misha zu Check-ups bei ihr auftauchte, musste die Ärztin weinen. Sie sagte ihr, dass sie einfach nicht glauben könne, wie normal und fröhlich sie sei. Sowohl Misha als auch ihr Kind sind wohlauf und haben keine bleibenden Schäden zurückbehalten. Und erstaunlicherweise ist auch ihr Gedächtnis völlig wiederhergestellt. Das geschah mit Hilfe ihres Mannes Lionel, der mit ihr übte, bis die Erinnerungslücken geschlossen waren. Er half ihr, an die Dinge zu denken, die kurz vor der Geburt passiert waren; danach kehrten die Erinnerungen zurück.

In der gleichen Weise hat uns Gott in seine Familie gestellt und uns mit Brüdern und Schwestern umgeben, um uns daran zu erinnern, wer wir sind und welche Bestimmung wir in der Familie Gottes haben. Vergessen Sie nicht, wer Sie sind! Er möchte, dass Sie weder Ihr Kurzzeit- noch Ihr Langzeitgedächtnis verlieren und sich immer bewusst bleiben, was und warum Sie hier auf Erden sind. Gott will, dass wir unsere Identität und Bestimmung kennen und nicht vergessen. Wenn wir sie vergessen, dann erinnert uns der Vater gern daran, dass er einen Plan mit uns und eine Bestimmung für unser Leben hat. Er setzt uns in eine Familie und zeigt uns unsere Bestimmung immer mehr, wenn wir ihm unser Leben überlassen.

Anmerkungen

1 Michael Frost/Alan Hirsch, *The Shaping of Things to Come: Innovation and Mission for the 21st-Century Church*, Hendrickson 2003, S. 7. (Erscheint 2008 in deutsch unter dem Titel *Die Zukunft gestalten*, C & P/Gerth)

2 in Anlehnung an Frost und Hirsch, a.a.O.

3 a.a.O., S. 145

4 Der Vorgang des Jüngermachens, den Jesus beschrieb, war so einfach wie wohlüberlegt: geht, lehrt, tauft und macht. Das Taufen beinhaltet die Aufnahme in eine Gemeinschaft mit einem gemeinsamen Glauben, in die Gemeinde. Örtliche Gemeinden bildeten sich ganz natürlich, wenn sich solche, die an Jesus glaubten, zusammenfanden, nämlich dann, wenn Jesu Nachfolger diese vierstufige Vorgehensweise befolgten.

5 Eine ausgezeichnete biblische Begründung und Darlegung der Rolle der fünf zurüstenden Gaben im Leben der Gemeinde findet sich bei Frost und Hirsch, a.a.O., S. 164–180.

6 a.a.O., S. 195

7 a.a.O., S. 37

8 a.a.O., S. 37

9 Rolland Allen, *The Spontaneous Expansion of the Church*, Eerdmans 1927, Sp. 1962.

10 In Matthäus 8,1–12 finden sich etliche Beispiele, welche Jesu Ansatz verdeutlichen, das Evangelium reichlich auszustreuen, um Jünger zu finden, die bereit waren, ihm zu gehorchen. Er wandte sich an die Aussätzigen, an Frauen, Schriftgelehrte und römische Hauptleute. Wenn sie entsprechend reagierten, forderte er sie auf, den nächsten Schritt zu tun, zu ihm ins Boot zu steigen und mit ihm auf die andere Seite des Sees von Galiläa überzusetzen.

11 Frost und Hirsch, a.a.O., S. 6

12 Mehr zu diesem Thema findet sich in Pete Greigs und David Roberts' Buch *Red Moon Rising* (siehe auch Literaturempfehlung) und bei Andy Freeman/Pete Greig *PunkMonk*.

13 Viele Länder verweigern offensichtlichen Missionaren ein Visum, sind aber offen für Menschen, die dem Land dienlich sein können, indem sie für Beschäftigung sorgen oder den Bewohnern auf ganz praktische Weise helfen.

14 Bill Hybels, *Mutig führen. Navigationshilfe für Leiter*, Asslar 2005, S. 23.

TEIL 2

MUTIGE LEITERSCHAFT

3

MUT ZUR VERÄNDERUNG

Gott plante und erschuf die Gemeinde, sich selbst zu organisieren

Überall auf der Welt schaffen es Eltern, Kinder zu bekommen und für sie zu sorgen – und das ohne Bücher und Universitätsabschlüsse. Seit Jahrhunderten haben es Väter und Mütter im Griff, ihre Familien zu führen und zu organisieren. Das ist auf unserer elterlichen DNA so festgelegt. Natürlich sollen wir durch gute Anleitung und Unterweisung lernen, wie wir unser Elternsein verbessern können, doch die Grundvoraussetzungen tragen wir in uns. Gott konzipierte uns dafür, die Unsrigen zu lieben und für sie zu sorgen, das entspricht unserer Natur.

Gott gab aller Kreatur die ihr angeborenen Gesetze von Selbsterhaltung und Selbstbestimmung mit. Ich bin gerne draußen. Jedes Jahr versuche ich, mich für ein paar Tage von der Arbeit und den Menschen zu lösen und so viel Zeit wie möglich in Afrikas Busch zu verbringen. Ich liebe es, Wildtiere zu beobachten: den leisen Kudu, den majestätischen Gemsbock und das eigentümlich aussehende Gnu – jedes ist auf seine Art besonders. Wildtiere wissen instinktiv, wann Regen zu erwarten ist, wie sie sich der Witterung ihrer natürlichen Feinde entziehen und wie sie ihre Jungen zu schützen haben. Ich bin kein großer Freund von Zoos, ich habe festgestellt, dass die wilden Tiere ganz gut ohne Wärter auskommen, die sie einschließen und füttern.

Dieselben Grundsätze gelten für einfache Gemeinden. Ein Übermaß an Strukturen oder die falsche Art Leiterschaft hindern einfache Gemeinden daran, so zu funktionieren und sich in der Weise zu vervielfältigen, wie Gott es ihnen vorgegeben hat. Genau die Dinge, welche die üblichen Megagemeinden erfolgreich sein lassen, verhindern das Wachstum und die Entfaltung in einfachen Gemeinden. Die Gemeinden, die Paulus gründete, waren von ihrem Wesen her einfach. Bevor er in den Gemeinden Leiter einsetzte, wartete Paulus geduldig, bis die Gemeinden gewachsen und ihren Weg gefunden hatten. Manchmal überließ er sie ihrer eigenen Entwicklung, ermutigte sie, auf den Werten, Wahrheiten und dem Eifer aufzubauen, die er ihnen mitgegeben hatte, während er unter ihnen war. Er traute dem ihnen innewohnenden Heiligen Geist zu, sie zu leiten. Wenn Paulus dann nach Monaten, nach einem oder zwei Jahren mal wieder die Gemeinde aufsuchte, dann machte er die unter ihnen aus, die dazu geeignet waren, und setzte sie als Älteste über das Netzwerk von einfachen, hausbasierten Gemeinden ein, zu dem sie sich entwickelt hatten.

Es gibt den Ort und die Zeit, geistliche Leiter zuzurüsten, doch wenn wir Gottes Zeitplan für das Leben von Menschen vorgreifen, dann könnte das einer geistlichen Entwicklung hinderlich sein. Wenn wir das innere Wachstum geistlicher Leiter erzwingen wollen, bevor sie dazu bereit sind, bringt das Probleme mit sich: ungesunde Abhängigkeiten, eine Leistungsmentalität und das Unvermögen, eigenständig zu denken und zu unterscheiden. Als Paulus dem Timotheus schrieb, gab er ihm Wegweisung für die Auswahl und die Ernennung von Ältesten für die Gemeinde in Ephesus, doch das war eine Gemeinde, die schon seit Jahren funktionierte. Diese Leitlinien beschrieben eine gesunde Leiterschaft, doch waren sie keine Vorschrift. Das Aufstellen von Regeln dafür, wie die Dinge zu laufen haben, behindern das Wachstum häufig mehr, als dass sie es fördern.

Alle die Gaben und Dienste, die Jesus in sich vereinte, hat Gott der Gemeinde gegeben, ja, noch mehr, Jesus selbst lebt inmitten der Gemeinde. Wir brauchen keine Leitungshierarchien, keine Qualitätskontrollsysteme und andere menschengemachte Mechanismen, um richtig zu funktionieren. Was wir brauchen, sind Väter und Mütter, die sich um uns kümmern – und die Wahrheit, die uns leitet. Wir brauchen keine Aufseher, die uns unterdrücken oder kontrollieren.

Vor einigen Jahren besuchte ich den Teamleiter einer Bewegung einfacher Gemeinden in Zentralindien, die sich *Din Bandu* nennt. Ich saß mit dem Leiter dieser Bewegung und den Mitarbeitern, die durch die Dörfer reisten und die Gute Nachricht predigten, zusammen. Durch diese

Brüder und Schwestern waren über 7000 Hindus zu Christus gekommen und getauft worden. Die Bescheidenheit dieser Männer und Frauen beeindruckte mich zutiefst; viele von ihnen waren für ihren Glauben gesteinigt, geschlagen oder ins Gefängnis geworfen worden.

Ich fragte den Teamleiter, welches das größte Hindernis sein könnte, diese Bewegung weiter wachsen zu lassen. „Westliche Formen von Gemeindeleitung", entgegnete er. Als ich weiter nachfragte, was er damit meinte, sagte er, dass sich die Gemeinden aus seiner Bewegung ganz natürlich um diejenigen herum organisieren, die von Dorf zu Dorf ziehen und predigen und taufen. In der Bewegung stellten diejenigen die Leitung, welche Menschen zu Christus führten. Die, welche tauften, waren die Mitarbeiter aus den Dörfern und ihre Anleiter. Die entstehenden Gemeinden waren organisch verbunden, weil die Gläubigen einander von ihrem Glauben erzählten und von Dorf zu Dorf zogen – so wie Familien durch die Cousins, Neffen, Tanten und Onkel verbunden sind. Seine vorrangige Rolle sah der Teamleiter darin, diejenigen zu erkennen, die bereits das Werk des Dienstes versahen, um sie für weitere Schulung auszusondern und ihnen zur Seite zu stehen, während die Bewegung wuchs.

Als ich ihn dabei beobachtete, wie er seine Leiter ausrüstete, fiel mir auf, dass der Gemeinde Jesu Christi ein wunderbares Gespür für Planung und Ordnung innewohnt, das ihr gewissermaßen ins geistliche Erbgut gelegt worden ist. Die Rolle der Leiter besteht darin, diesen Plan zu bejahen und ihm zu dienen – und nicht noch irgendwelche Strukturen obendrauf zu setzen. Wer diese Schönheit und angeborene Ordnung von Gottes natürlich vorgegebenem Plan für seine Gemeinde anerkennt und schätzt, der dient der Gemeinde mit größter Weisheit.

Wodurch wird die Gemeinde in solch einem Modell zusammengehalten? Durch ihre Werte und ihre Vision. Wenn die Werte und die Vision des Reiches Gottes von denen, die einer Bewegung als Väter und Mütter dienen, verstanden und allen Beteiligten in Jüngerschaftsbeziehungen klar vermittelt werden, dann wird die Erbinformation der Bewegung in den Herzen der Menschen verankert.

Je mehr die Menschen in einer Bewegung einfacher Gemeinden zusammen an ihren Werten und Visionen festhalten, desto weniger bedarf es einer von oben nach unten strukturierten Gemeindeleitung, die von Anweisung und Kontrolle gekennzeichnet ist. Die, welche die Bewegung bilden, wissen, wie sie zu leben haben, weil sie an die Werte glauben und eine Leidenschaft für die Vision haben. Man muss ihnen nicht sagen, was sie zu tun oder wie sie zu leben haben. Das ist der Unterschied zwischen einer sich spontan vermehrenden Bewegung und einer Gruppe von Gemeinden, die, wie mit der Plätzchenform ausgestochen, einer nach der anderen produziert werden. Das „Franchise-Modell" von Gemeindewachstum muss ein derartiges Leitungssystem von Anweisung und Kontrolle haben, um jedermann seinem Glauben gegenüber verantwortlich zu halten, jemand an der Spitze muss die Verantwortung haben. Doch eine spontane Bewegung, außer Kontrolle, eher der in der Apostelgeschichte ähnelnd, hat eine grundsätzlich andere Struktur und Verfassung. Sie organisiert sich um das Leben Christi in den Leuten, um das, was der Geist durch die Menschen tut, und um das Wort Gottes, wie es in ihrem Herzen Wurzeln schlägt.

Die Frage, die ich mir in den letzten zwanzig Jahren in diesem Zusammenhang stellte, war: Wie nährt und entwickelt man eine Bewegung, dass sie sich selbstständig vermehrt, und wie gewährleistet man zugleich eine apostolische Leiterschaft? Anders gefragt: Wie setzt man die neutestamentlichen Prinzipien von Gemeindeleitung um, ohne das Wirken des Heiligen Geistes zu unterdrücken? Ich habe verschiedene Ansätze ausprobiert, um die richtige Ausgewogenheit zu finden – und bin dabei zumeist gescheitert. Doch je mehr ich aus meinen Fehlern lernte, desto überzeugter wurde ich davon, dass wir eine biblische Ordnung haben und zugleich eine sich fortpflanzende Gemeindebewegung sein können, die außerhalb menschlicher Kontrolle steht. Mitten im Durcheinander der frühen Gemeinde gab es eine Ordnung. Apostel und Älteste spielten eine entscheidende Rolle dabei, den Blick auf ein Wachstum in die richtige Richtung beizubehalten, und das lässt mich glauben, dass dasselbe auch heute noch geschehen kann.

Im Blick auf dieses Thema formuliert Neil Cole treffend:

So wie in der Natur sorgt die DNA in der Gemeinde für den innewohnenden Code, der für Steuerung, Ordnung und Form nötig ist. Wir müssen der DNA Christi – göttliche Wahrheit, förderliche Beziehungen und apostolische Sendung – mehr vertrauen als unseren menschlichen Strukturen und Lenkungsmöglichkeiten … Strukturen sind nötig, doch müssen sie einfach, nachvollziehbar und mehr innerlich denn äußerlich sein. Alles Leben hat Struktur und System … Das Universum und die Natur selber lehren uns, dass Ordnung auch dann möglich ist, wenn, außer Gott selbst, niemand die Kontrolle hat.[1]

Wenn sich unsere Weise, Gemeinde zu leben, ändern soll, dann ist eine Sicht nötig, dass durch unsere Gemeinden Größeres geschehen kann als das, was gegenwärtig abläuft. Unsere derzeitigen Formen von Gemeindeleitung eignen sich perfekt dazu, die Ergebnisse zu zeitigen, die wir jetzt sehen – und da liegt das Problem! Die Art, wie wir Gemeinde üblicherweise leiten und organisieren, gründet sich auf einem Modell von Erhaltung und Anweisung, das nicht auf eine unmittelbare, aus sich selbst entstehende Ausweitung abzielt. Wir haben gelernt, wie man die Gemeinde leitet, doch tun wir uns schwer damit zu lernen, dem Heiligen Geist die Kontrolle zuzugestehen.

Unsere derzeitigen Formen von Gemeindeleitung eignen sich perfekt dazu, die Ergebnisse zu zeitigen, die wir jetzt sehen – und da liegt das Problem!

Die Leiterschaftsmethode, die in Gemeindegründungsbewegungen erforderlich ist, sollte nicht sehr ins Auge fallen. Es ist eine Form von Leiterschaft, die dem Geschehen folgt und nicht das Geschehen zu kontrollieren versucht. Weil wir so auf unser sonntägliches Treffen fokussiert sind anstatt auf eine Alltagsbewegung, stellen wir uns augenblicklich vor, wie ungeregelt unsere gemeindlichen Treffen ablaufen würden, wenn es keine Ordnungen gäbe. Aber denken Sie größer: Wenn unsere Gemeinden aus sich selbst heraus wachsen, werden sich unsere Probleme verändern. Im Mittelpunkt werden für uns nicht mehr nur länger unsere Versammlungen stehen – so wichtig sie auch sein mögen –, sondern die Frage, wie wir Leiter heranbilden, die wiederum Neubekehrte in die Jüngerschaft führen und Leiter ausrüsten, voranzugehen und ein Beispiel für andere zu sein.

Mehr und mehr bestimmen westliche Managementmodelle, wie wir Gemeinde leben und bauen: Berichtssysteme, Verantwortungsbereiche, Arbeitsplatzbeschreibungen, Qualitätskontrolle, Budgets, Organigramme und so weiter. Doch in der Apostelgeschichte organisierte sich die Gemeinde auf andere Weise. Obwohl es unter den Männern und Frauen, die Jesus berufen hatte um die von ihm gegründete Bewegung zu führen, anerkannte Autorität gab, war es keine „Von-oben-nach-unten"-Autorität, sondern eine auf Beziehung und Nachahmung gegründete. Wo keine natürlichen Beziehungen zu Neubekehrten bestanden und wo keine neuen Gemeinden waren, denen es zu dienen galt, dort gab auch keine Notwendigkeit für eine auf Stellung begründete Autorität über solche Gemeinden. Von Gott vorgesehen ist, dass die Gemeinde sich dezentralisiert ausweitet, die fleischliche Methode hingegen setzt auf Kommando und Kontrolle über das, was geschieht.

„Einfache Gemeinde"-Bewegungen können mit unsichtbaren Strukturen funktionieren, so wie die Wasserversorgung in einem Haus. Die Rohre sind wichtig, doch wir sitzen nicht herum und prahlen mit unserer Installation. Was zählt, ist das Wasser und wie es schmeckt.[2] Die Rohre haben eine Aufgabe. Einige sind dicker als andere, doch sie sind dazu da, uns mit Wasser zu versorgen. Wasserrohre sind nur in dem Maße wichtig, wie sie uns Wasser bringen. So verhält es sich mit Gemeindeleitung. Strukturen sollten nur dort erstellt werden, wo sie einem Bedarf begegnen; wo kein Leben ist, sollte man auch keine Strukturen schaffen. Wo regelmäßig Menschen zu Christus kommen, wenn die Gemeinschaft wächst, wenn Entscheidungen im Blick auf Probleme, die das Wachstum mit sich bringt, gefällt werden müssen, da braucht man ein gewisses Maß an Struktur, aber nur so weit, wie es für den Moment unabdingbar ist. Seien Sie immer darum bemüht, es einfach und unsichtbar zu halten, dann sind Sie auf der sicheren Seite.

Strukturen sollten das Leben nie bestimmen, sondern ihm dienen. Beziehen Sie nur solche Menschen in die Strukturen mit ein, die sich am sichersten fühlen, wenn sie nicht wahrgenommen werden und dienen können. Um ein großes Mehrfamilienhaus mit Wasser zu versorgen, hilft ein Wasserschlauch wenig, genauso sollten Sie niemanden bitten, ein Ältestenamt zu übernehmen, aus dem nur wenig Leben hin zu den Verlorenen fließt – oder nur ein Rinnsal. Älteste sind Leute, die eine Menge an Dienst sowohl innerhalb als auch außerhalb der Herde tun. Wenn sie die Werte haben und die Vision leben, dann bringen sie den Durstigen bereits das Wasser.

Die Leiterschaftsstruktur von Anweisung und Kontrolle, welche sich die meisten Gemeinden bei westlichen Managementmodellen abgeschaut haben, sieht so aus:

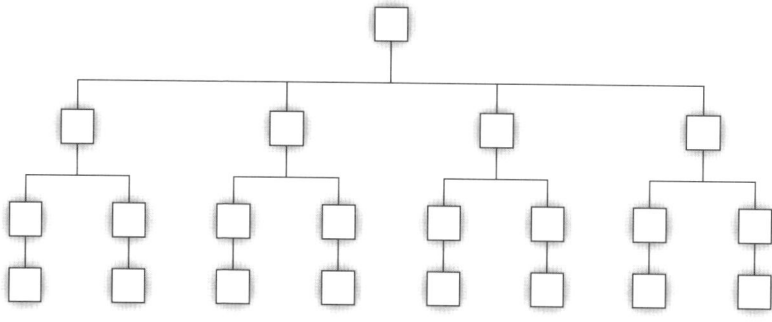

Im Gegensatz dazu sieht ein organischer „Plan" einer Bewegung einfacher Gemeinden so aus:

Wenn ich über diese Thematik lehre, werde ich wieder und wieder gefragt: „Aber wie kann in einer Bewegung einfacher Gemeinden so etwas wie Qualitätskontrolle stattfinden?" (Wobei die Leute mit „Qualitätskontrolle" üblicherweise meinen: „Wie können wir sicherstellen, dass die Gemeinden nicht in Irrlehren verfallen?") Ich weise dann darauf hin, dass eine von oben nach unten ausgerichtete Struktur von Anweisung und Kontrolle auch kein Garant für richtige Lehre, für moralisches Verhalten der Leiter und für Lebensqualität und Wachstum der neuen Gläubigen ist. Ein Blick auf entsprechend strukturierte Denominationen zeigt, dass das nicht der Fall ist.

Es geht um Bindung und erste Prägungen

Vor Jahren lernte ich das Prinzip von Bindung und Prägung.[3] Das ist der Prozess, durch den ein frisch geschlüpftes Entenküken oder Hühnchen an das erste sich bewegende Objekt gebunden wird, das es in seinem jungen Leben erblickt. Das Objekt wird zu seiner Mutter – selbst wenn es sich dabei um einen Hund oder einen Menschen handelt. Wir Menschen sind von Gott in derselben Weise geschaffen, und so kommt es zwischen uns und unserer Mutter zu so einer starken Bindung. Darum baut ein Neugeborenes häufig zur Säuglingsschwester ein stärkeres Verhältnis auf als zur eigentlichen Mutter, wenn diese nicht die Erste ist, in deren Arme das Kleine gelegt wird. Solange die Schwester das Baby hält, ist es ruhig, fängt aber an zu weinen, wenn es der Mutter gegeben wird. Unglücklicherweise hat das Baby ausreichend Zeit gehabt, sich an die falsche Person zu binden.

Bei unserer Arbeit, kulturübergreifend tätige Missionare auszubilden, haben wir festgestellt, dass es die Neigung gibt, die neuen Missionare im Einsatzland am Flughafen in Empfang zu nehmen und sie dann schnell ins Missionscamp zu bringen. Die alten Hasen wollen ihnen Gastfreundschaft erweisen, sie vor Schwierigkeiten auf der Reise bewahren und ihnen den Einstieg in ihre neue Kultur erleichtern. Aber das ist ein großer Fehler. Die neuen Mitarbeiter „binden" sich nicht an die neue Gastkultur und an die Leute, welchen sie predigen sollen, sondern an andere Missionare!

In seinem Buch *Organic Church* erzählt Neil Cole von dem Film *Fly Away Home*. In dem Film findet ein junges Mädchen ein Nest mit Frischgeschlüpften, die sich an sie als ihre „Mutter" binden. Zunächst ist das ein großer Spaß. Das Mädchen findet treue Begleiter und die kleinen Gänsebabys merken, dass sich das Mädchen um sie kümmert. Wo immer sie hingeht, folgt ihr eine Gänseschar, die davon ausgeht, dass sie sie füttert, sie beschützt und ihnen zeigt, wie man zu guten Gänsen heranwächst. So sehr das Mädchen sie auch liebt, die Frage tut sich auf: „Wie soll sie ihnen beibringen, wie man in Formation fliegt und sich für den Winter in Richtung Süden orientiert?" Ihr Überleben hängt vom Vorbild des Mädchens ab. In dem Film findet der Vater des Mädchens eine Lösung dafür, doch bedeutet das eine Menge Arbeit und es ist völlig unnatürlich.

Die heutige Gemeinde sieht sich mit der Herausforderung konfrontiert, dass die Menschen von anderen geprägt wurden, die nicht die geistliche DNA der radikalen neutestamentlichen Gemeinde haben. Sie haben sich an eine versammlungsorientierte Gemeinde gebunden, eine Gemeinde, die für sie durch Pastoren abgehandelt und die einmal die Woche in einem Gebäude veranstaltet wird. Ihre DNA ist eine der Abhängigkeit von lebenserhaltenden Systemen wie Sonntagsschule, Jugendprogramm und Frauen- und Männerkreisen. Ich vergleiche diese Art Gemeinde häufig mit einem schwer kranken Patienten auf der Intensivstation, isoliert, an lebenserhaltenden Apparaturen hängend. Und das ist es auch, was die üblichen Gemeinden für viele Menschen leisten: Sie sind abhängig von den Diensten der Gemeinde. Für diese Menschen ist Gemeinde keine radikale Bewegung, in der Menschen zu Christus geführt und jede Woche die Neubekehrten getauft werden, sondern etwas, was ihnen zu dienen und sie am Leben zu erhalten hat.

Wenn ihre Leiter keine neuen Nachfolger Jesu hervorbringen, dann werden die Menschen nicht glauben, dass das von hohem Wert für die Gemeinde ist.

Wenn Leiter und Glieder konventioneller Gemeinden eifrig dabei sind, aus dem Geschäftsleben entlehnte Modelle und Strukturen für die Gemeinde zu unterhalten, und keine Zeit haben, Menschen zu Christus zu führen, dann werden sich die Menschen an der westlichen, wirtschaftsgeprägten DNA ihrer Leiter orientieren. Wenn ihre Leiter keine Nachfolger Jesu hervorbringen, dann werden sie ihnen nicht abnehmen, dass das einen hohen Stellenwert in der Gemeinde einnimmt. Und wenn die Leiter sich als diejenigen sehen, welche die Gemeinde am Laufen halten, anstatt den Verlorenen zu predigen und neue Gläubige heranzuziehen, dann werden die Menschen von eben dieser DNA geprägt. Die geistliche DNA einer Gemeinde bestimmt grundlegend, was aus der Gemeinde wird. Dieses Muster legt fest, wie alles wächst und sich fortpflanzt – oder eben überhaupt nicht wächst.

Menschen tun das, was sie ihre Leiter tun sehen

Wenn ich über die Gemeinde der Apostelgeschichte lese, dann sehe ich, wie die Leiter auf den Marktplätzen predigten, und nicht, wie sie in Vorstandssitzungen über die Verwendung von Zehnten und anderen Opfergaben entschieden. Damit haben die Leiter der ersten Gemeinde vielmehr andere betraut. Sie lebten gemäß der DNA, die sie weitergeben wollten. Sie wussten ganz genau, was sie lehren und vermitteln wollten. Sie hatten das Erbgut Jesu empfangen und wollten, dass auch andere es von Jesus empfingen. Sein Leben und seine Methoden hatten sie geprägt – und diese Prägung wollten sie weitergeben. Auf die Weise lässt Gott vertrocknete Knochen aufstehen und so haucht er ihnen Leben ein.

Darum brachte Paulus Gemeinden hervor, die sich ihrerseits vermehrten. Denen, die er zu Christus geführt hatte, verkündete er voller Zuversicht:

> Ihr seid unserem Beispiel ebenso gefolgt wie dem des Herrn. So habt ihr die Botschaft vom Heiligen Geist mit Freude angenommen, obwohl ihr deswegen viel Schweres erlebt habt. Auf diese Weise wurdet ihr für alle Christen in Griechenland zum Vorbild. Und nun geht das Wort des Herrn von euch aus zu den Menschen in Griechenland und weit darüber hinaus, denn wo immer wir auch hinkommen, erzählen uns die Leute von eurem Glauben an Gott (1. Thes. 1,6–8).

Ihr habt mich nachgeahmt, und als Ergebnis seid ihr allen Christen in Griechenland und andernorts zum Vorbild geworden! Das ist Reproduktion von DNA. Und das ist es, worum es bei Leiterschaft geht: das Leben Christi, das in uns wohnt, an andere weitergeben. Weil es das Leben Jesu ist, das dabei reproduziert wird, bringen wir die Menschen direkt mit Jesus, dem Haupt der Gemeinde, in Verbindung. Eine Gemeinde mit dieser Art von Leitung wird eine bessere Qualität hervorbringen als durch Managementtechniken oder hierarchische Leiterschaftsstrukturen erreicht werden könnte.

Geteilte Autorität, keine von oben nach unten

Sally und ich waren Teil der Jesus-Bewegung der 1970er. Die Zeitschrift *Time* brachte einen Artikel darüber, wie diese weltweite Bewegung beschaffen war, und beschrieb auch unsere Arbeit in Afghanistan und unter den Hippies. Wir waren beeindruckt, dass wir es auf die Seiten der *Time* geschafft hatten, doch brauchte es in jenen Tagen nicht viel mehr, als sich hinzustellen und den Leuten von Jesus zu erzählen, um sie zu Christus zu führen! Der Heilige Geist durchzog die ganze Welt. Die, welche wir zu Christus geführt hatten – von Marokko bis Mumbai –, starteten eine einfache Gemeinde nach der anderen und verbreiteten sich in an die fünfzehn Länder. Es war eine aufregende Zeit, und ich lernte eine Unmenge über die Gemeinde und ihre Leitung.

Wir betrachteten Gemeinde als Gemeinschaft und glaubten, dass wir so wie die Gemeinde in der Apostelgeschichte funktionieren sollten. Wir fasteten und beteten, trafen uns jeden Morgen zum Gebet und führten ein einfaches Leben der Hingabe an Jesus. In einer einfachen Gemeindebewegung wie der unsrigen funktionierte Leiterschaft am besten, wenn wir nicht vorzuschreiben versuchten, wie die Dinge zu laufen hatten, sondern unsere Mitarbeiter einfach auf die Apostelgeschichte verwiesen. Häufig „organisierten" wir Einsätze, indem wir die Menschen schlichtweg ermutigten, zu beten und den Heiligen Geist zu fragen, wo sie heute hingehen sollten. Für dieses Tun haben wir seinerzeit einen Ausdruck geprägt: „Spazieren im Geist". Wir konnten das beschreiben und vermitteln, nicht jedoch vorschreiben. Die Dinge geschahen einfach zu schnell, als dass wir das hätten tun können.

Wir waren viel zu sehr darauf ausgerichtet, die Hippiekultur unserer Tage zu erreichen, als irgendwie in einer hierarchischen Struktur funktionieren zu können. Zudem waren wir dafür zu sehr verstreut, unsere Gemeinschaften fanden sich von London bis Auckland, von Goa bis San José. Was wir hatten, waren einige Kern-Wertvorstellungen, die wir gewissenhaft vermittelten – und wir vertrauten Jesus in unseren Neubekehrten. Wir lehrten die neuen Jünger das zu tun, was der Heilige Geist ihnen auftrug. Unser Ansatz war sehr simpel: Leben in einfachen Gemeinschaften, Jesus möglichst jedem nahebringen, den Menschen in ihrer Not begegnen, sich gegenseitig in der Nachfolge helfen und neue Gemeinschaften ins Leben rufen. Nach sechs Monaten sandten wir neue Gläubige aus, selbst neue Gemeinschaften zu gründen. Das taten sie und sie wuchsen, weil sie auf Jesus vertrauen mussten. Wir waren gescheit genug zu wissen, dass wir der Unterstützung geistlicher Mütter und Väter bedurften, so hielten wir uns in der Nähe gereifter Gläubiger, die uns berieten – *und unterdessen gewannen wir mehr und mehr Jünger für Jesus.*

Unsere Bekehrten waren unsere Mitarbeiter

Unsere Bekehrten waren unsere Mitarbeiter. Mit ihnen klappte es wesentlich besser als mit denen, die wir versuchten aus Bibelschulen und Jugendgruppen daheim zu mobilisieren, denn die waren gedanklich und in ihren Vorstellungen zu sehr dem verhaftet, wie zu Hause Gemeinde gelebt wurde.

Nachdem jemand getauft worden und Jesus einige Monate nachgefolgt war, luden wir ihn ein, sich unseren Mitarbeitertreffen anzuschließen. Er war nun Teil eines Teams, das die Verantwortung trug für das, was gemacht wurde. Die wesentlichen Entscheidungen trafen wir gemeinsam. Ich verstand und war davon überzeugt, dass Leiter leiten sollten, doch hielt ich es auch für wichtig, Verantwortung und Autorität so weit wie möglich zu teilen.

Heute schaue ich zurück und erkenne, wie entscheidend dieser Ansatz für das Wachstum unserer Bekehrten war. Sie gingen darauf ein, die Last zu teilen. Indem wir sie einluden, teilzuhaben an den inneren Abläufen, wie Dinge gehandhabt wurden, eigneten sie es sich an und wuchsen schnell. Ich behielt mir die letztliche Verantwortung bei der Entscheidung in strittigen Angelegenheiten vor, doch machte ich in vielen Jahren nur wenige Male davon Gebrauch. Ich lehrte die neutestamentlichen Prinzipien von Ältestenschaft und beschrieb das, was wir taten, als das, was die Ältesten in der Apostelgeschichte machten. Wir gebrauchten den Ausdruck nicht, handelten aber gemäß diesen Prinzipien.

Unsere Vorgehensweise nannte ich „Autorität teilen", nicht „Autorität abtreten". Zwar leitete ich, doch passte ich meinen Führungsstil und meinen Ansatz in Bezug auf Leiterschaft an, so dass wir als Team arbeiten konnten. Das geschah auf ganz natürliche Weise, während wir als einfache Jesus-Gemeinschaft fungierten, hingegeben in dem Dienst, andere zu erreichen. Damals wie heute war mir klar, dass alle Autorität von Gott kommt. Ich lehrte auch, dass sich ein Leiter Autorität durch seinen Charakter verdienen muss. Ich glaubte, dass wahre Autorität von den Nachfolgenden anerkannt und zugestanden werden muss.

Etwas später in diesem Kapitel werde ich die verschiedenen Arten von Autorität beschreiben, die das Neue Testament kennt. Ich halte es für wichtig darauf hinzuweisen, dass viele Leiter missverstehen, was Jesus über „Diener sein" sagt. Als Jesus seine Jünger wegen ihrer Ansprüche hinsichtlich Position und Anerkennung in seinem Reich zurechtwies, sagte er:

> „Ich kann nicht bestimmen, wer auf den Plätzen rechts und links neben mir sitzen wird. Gott hat diese Plätze denen vorbehalten, die er erwählt hat." Als die anderen zehn Jünger merkten, worum Johannes und Jakobus gebeten hatten, waren sie empört. Da rief Jesus sie zusammen und sagte: „Ihr habt erfahren, dass in dieser Welt die Könige Tyrannen sind und die Herrschenden die Menschen oft ungerecht behandeln. Bei euch sollte es anders sein. Wer euch anführen will, der soll euch dienen." (Mk. 10,40–43)

Wie Jesus haben auch wir nicht das Recht zu sagen, wer etwas für Gott tun kann und wer nicht. Wir können die geistliche Autorität der Menschen nicht einschränken.

Viele Leiter drehen das um. Sie lehren, dass es, wenn du im Reich Gottes eine Stellung innehast, wichtig ist, wie ein Diener zu leiten.

Aber Jesus wollte uns erkennen lassen, dass diejenigen, welche dienen, die Leiter in seinem Reich sind. Position und Titel sind in solch einer Ordnung nutzlos. Jesus ist unser Vorbild – kein Titel, keine Stellung, kein Platz in der Hierarchie der jüdischen Leitungsstruktur. Die Weise, wie Jesus seine Jünger leitete, steht für einen radikalen Wechsel in dem, wie wir Gemeinde leben – und es wird großen Mut brauchen, diese Art von Leiterschaft zu lehren und auszugestalten. Das ist riskant, aber des Risikos wert. Allerdings wird es sich nicht mit den gewohnten Gemeindemodellen vermengen lassen.

In einer „flachen" Struktur, wie wir sie in unserem Dienst in Afghanistan hatten, wurde Autorität delegiert, jedoch nicht von einer über uns stehenden Leitungsebene, sondern von Jesus und solchen, die sich ihre Berechtigung zum Leiten durch den Dienst an anderen in unserer Gemeinschaft verdient hatten, ich selbst eingeschlossen. In Gemeinschaften einfacher Gemeinden teilt Gott die Autorität jedem zu. Menschen, die leiten, tun das ohne Genehmigung oder Stellung, um den großen Auftrag voranzubringen. Die „Abdeckung" des Einzelnen geschieht durch seine Stellung in Christus, nicht durch Menschen, die in der Befehlskette in einer höheren Position angesiedelt sind. Die Anerkennung von Leitern hat ihren Platz, doch entspringt sie daraus, wer wir in Christus sind, aus einer von Herzen kommenden Demut, die von anderen wahrgenommen und akzeptiert wird.

Die Gefahren einer Leitung, die auf einem hierarchischen Modell, von oben nach unten, fußt, liegen darin, dass sie die Menschen in ein Unterstellungsverhältnis eingliedert und dass eine Abhängigkeit von anderen Menschen geschaffen wird, die einen bevollmächtigen und zum Dienst zulassen. Es entwickelt sich eine ungesunde Ko-Abhängigkeit, die nicht dem Ziel dient, neue Gemeinden aus sich selbst heraus entstehen zu lassen.

Mancher fürchtet, dass es ohne solch ein Leiterschaftsmodell, das von oben nach unten funktioniert, keine klare Autorität gäbe. Diese Falschannahme gründet auf schlechten Erfahrungen oder auf Mangel an Erfahrung oder – noch schlimmer – auf einem mangelhaften Verständnis davon, wie Gott das Funktionieren seiner Gemeinde geplant hat. Die stärkste Autorität, die man besitzen kann, ist geistliche Autorität. Wenn das *Leben* eines Menschen ihn nicht berechtigt, andere zu beeinflussen, dann wird er nicht respektiert werden. Wenn jedoch Weisheit und Einsicht aus ihm spricht, wenn er eine demütige Haltung aufweist, dann werden die Menschen das merken und ihm folgen, unabhängig davon, welchen Titel diese Person trägt oder welche Stellung sie bekleidet. Auf diese Weise leitete Jesus. Er besaß im Leben seiner Jünger Autorität aufgrund dessen, *wer er war*, nicht wegen seiner Titel oder seiner Stellung. Obwohl er außerhalb des religiösen Systems seiner Tage agierte, war er trotzdem in der Lage, Nachfolger zu sammeln und anzuführen.

Die stärksten und einflussreichsten Leiter müssen sich nicht auf Titel oder Stellung verlassen oder darauf, unter jemandes „Abdeckung" zu stehen. Es ist die Leidenschaft dieser Leiter, ihr Charakter, ihre Liebe zu anderen, die Summe dessen, was sie als Person ausmacht, was ihnen die erforderliche Autorität verleiht. Jawohl, es ist wichtig, voreinander verantwortlich und rechenschaftspflichtig zu sein. Wenn Sie in ein hierarchisches Autoritätsgefüge eingebunden sind, dann sollten Sie es entweder akzeptieren oder sich still und leise zurückziehen. Aber Sie sollten nicht bleiben und den Unruhestifter abgeben.

Als ich zum ersten Mal den Film *Braveheart* sah, wurde ich von dem Beispiel eines Mannes gepackt, der, ohne Titel und Stellung, sein Volk anführte. William Wallace (dargestellt von Mel Gibson) praktizierte eine ungewöhnliche Art von Führerschaft. Er bewegte die Herzen seiner Landsleute, aufzustehen und für das, woran sie glaubten, zu kämpfen. Er hatte keine formal anerkannte Führungsposition inne, um solche Dinge kümmerte er sich gar nicht. Seine Leidenschaft war es, seine Bereitschaft, sich dem, woran er glaubte, hinzugeben – bis hin zur Bereitschaft, für sein geliebtes Schottland zu sterben –, was ihm den Respekt und die Zuneigung des schottischen Volkes verschaffte. Das ist es, worum es bei geistlicher Autorität geht.

Besser als ich es könnte, fasst Neil Cole meine Lieblingsszene aus *Braveheart* zusammen:

Wallace spricht mit Robert the Bruce, dem rechtmäßigen Erben des schottischen Throns. Leidenschaftlich blickt ihm Wallace in die Augen und sagt: „Wenn du sie nur anführst, werden sie folgen." Dann, mit einem Anflug von Hoffnung, setzt er noch einmal nach: „Und ich auch." Einen Moment lang zeigt sich der Neid, den der Prinz von Schottland angesichts der Autorität dieses namenlosen Sohns eines Bauern hegt, der wahre Autorität an den Tag legt. Die Vorstellung, dass dieser ärmliche Krieger ihm folgen würde, berührt ihn sichtlich … Der eine Mann besaß alles an Titeln und Stellung, doch der andere hatte die Autorität.[4]

Leiterschaft in einfachen Gemeinden gleicht dem Steuern eines Schiffes

Eine einzige Person kann nicht in Einhand-Manier ein großes Schiff steuern, geschweige denn eine ganze Flotte dirigieren. Wenn wir von einer Bewegung einfacher Gemeinden träumen, dann brauchen wir ein bewegliches Team, das von Gemeinschaft zu Gemeinschaft zieht und Richtung und Input vermittelt. Verschiedene Gemeinschaften haben Mitglieder mit einer großen Spannweite von Begabungen und Stärken. Während sich diese Männer und Frauen zwischen den Gemeinden bewegen, werden sie organisch verbunden sein, viel mehr, als es durch Vorgaben und Regeln zu bewerkstelligen wäre. In solch einer Bewegung braucht es eine Crew, die steuert, eine, die die Segel setzt, die Decks schrubbt und eine Crew für die Kombüse. Tatsächlich benötigen viele Schiffe auch viele solcher Crews. Und das bedarf des gemeinsamen Einsatzes. Dazu muss eine Kultur gepflegt werden, die die Menschen ermutigt, Initiative zu ergreifen, während sie lernen, mit anderen zusammenzuarbeiten, um in dieselbe Richtung zu segeln. Damit ein Schiff seinen Bestimmungshafen erreichen kann, ist es grundlegend wichtig, dass jeder im Team seinen Platz hat. Die Verantwortung des Steuermanns ist es, allen dieselbe Richtung zu weisen, indem er die ganze Crew in die zu erfüllenden Aufgaben einbindet. Wiewohl sich die einzelnen Crewmitglieder nicht in ihrem Wert unterscheiden, haben doch nicht alle dieselbe Verantwortung. Der Kapitän bzw. der Steuermann lenkt das Schiff, er stellt die Besatzung zusammen und begeistert jeden an Bord dafür, seine Pflichten zu erfüllen. Und von ihrem jeweiligen Einsatzort auf dem Schiff aus können alle anderen dasselbe tun.

Gott hat der Gemeinde die Gabe der Leitung gegeben. Diese Gabe wird in 1. Korinther 12,28 erwähnt, der Begriff kommt von dem griechischen Wort *kybernesis*, was wörtlich das Steuern oder Lotsen eines Wasserfahrzeuges beschreibt. Während es die Dienergesinnung ist, die einen Menschen zur Leiterschaft qualifiziert, können wir von Begriffen wie *kybernesis* mehr über die Verantwortung derer lernen, die sich aufmachen, in Leiterschaft einzutreten. Auf dieselbe Geistesgabe bezieht sich Römer 12,8, wo Paulus das Wort *proistimi* benutzt, das häufig mit „leiten, beaufsichtigen" übersetzt wird. Dies nennen wir die Gabe der Leitung. In Ausübung dieser Gabe sollen nicht andere von der Leitung auf dem Gebiet, wo sie ihre Stärken haben, ausgeschlossen werden.

Drei Verantwortlichkeiten derer, die eine Gemeinschaft einfacher Gemeinden leiten

Die, welchen geistliche Leiterschaft anvertraut wurde, sind berufen zu leiten. In unserer Sorge darum, wie jemand leitet, muss uns klar sein, dass der Zweck von Leiterschaft das Leiten ist – vorneweg gehen, Entscheidungen fällen und andere überzeugen, Teil der Entscheidung zu sein. Man kann einen Leiter daran erkennen, dass er eine Gefolgschaft hat.

Die Art, wie geistliche Autorität ausgeübt wird, variiert in Abhängigkeit von der Kultur, den Gaben und der Persönlichkeit einer Person. Während unsere Kultur Einfluss darauf nimmt, wie wir leiten, so sind es unsere geistlichen Gaben, die vorgeben, was wir tun, wenn wir leiten (Lehrer, Hirte, Evangelist, Ermutiger usw.). Die geistliche Autorität eines Lehrers ergibt sich aus dem rechten Gebrauch der Schrift, um zu überzeugen, wohingegen der Prophet vor der Sünde im Leben der Menschen warnt und bohrende Fragen stellt. Apostolische Autorität leitet sich vom Glauben und der Vision ab, welche die betreffende Person für neue wegweisende Unternehmungen hat. Wenn Paulus auf seine Autorität als Apostel Bezug nimmt, wenn er die Gläubigen in Korinth oder in Galatien zurechtweist, dann denkt er nicht in Begriffen von institutioneller oder Stellungsautorität, sondern an die geistlich-väterliche Beziehung, die er zu den Gläubigen hat. Er denkt nicht an Hierarchie, sondern an Beziehung und Verantwortung.

Diese Warnungen und Voraussetzungen im Hinterkopf, kann es hilfreich sein, sich noch mal die drei Hauptverantwortungsbereiche derer in Erinnerung zu rufen, die eine örtliche Ekklesia leiten. Diese sind:

Beschützen

- gegen die „Wölfe" von innen – Apg. 20,28–30
- gegen falsche Lehre – 2. Tim. 4,1–5
- gegen Verführer – 2. Joh. 7–11
- gegen solche, die Trennungen verursachen – Röm. 16,17–18; Tit. 3,10
- gegen die Einflüsse sexueller Verirrungen – 1. Kor. 5,9–13

Leiten und lenken

- durch die Sorge für Menschen – 1. Pt. 5,1–5
- durch das Lehren des Wortes Gottes – 1. Tim. 5,17
- durch das Zurechtbringen irrender Menschen – 2. Tim. 2,24
- durch das Bestimmen anderer Ältester – Tit. 1,5
- durch das Treffen von Entscheidungen – 1. Tim. 4,11; Apg. 15,13–22

Führen

- durch das Lehren des Wortes Gottes – 2. Tim. 4,1; 1. Tim. 3,2
- durch das Anleiten und Zurüsten anderer Leiter – 2. Tim. 2,2; Eph. 4,11
- durch das Vermitteln der Herrlichkeit Gottes an andere – Röm. 15,20.30; 16,26

Der Leitungsstil in einfachen Gemeinden muss variabel sein

Wenn ein Leiter den Führungsstil eines anderen versteht und in der Lage ist, ihn sich zu eigen zu machen, dann erweitert das seine Fertigkeiten. So jemand erkennt, dass unterschiedliche Umstände und verschiedene Kulturen nach unterschiedlichen Ansätzen bei der Art des Leitens verlangen. Unsere Haltung und unser Charakter sollen allezeit die eines Dieners sein, doch heißt das nicht, dass wir immer auf dieselbe Art leiten sollen. Als Jesus angesichts des Unrechts der Tempelpriester und der Geldwechsler zornig den Tempel betrat, war er sehr bestimmend. Um es vorsichtig auszudrücken: Er sagte den Leuten, wo es langgeht.

> Jesus ging geradewegs in den Tempel und warf jeden hinaus, der seinen Stand aufgebaut hatte, um zu kaufen und zu verkaufen. Die Tische der Kredithaie und die Stände der Taubenverkäufer trat er um (Matth. 21,12; nach *The Message*).

Aber als sich die Jünger um ihren Ehrenplatz in seinem Reich stritten, war Jesus ihnen gegenüber freundlich, zeigte ihnen die richtige Haltung und Auffassung. Er lud ein kleines Kind ein, auf seinem Schoß Platz zu nehmen, und illustrierte dann, was es heißt, ein „Großer" in seinem Reich zu sein.

Viele Leiter machen den Fehler zu denken, dass Leiter sein bedeute, Anweisungen geben zu können; das trifft auf die Weisungsbefugnis am Arbeitsplatz zu oder in Notfallsituationen, etwa dann, wenn der Pilot eines Verkehrsflugzeugs Probleme hat – doch bei geistlicher Autorität funktioniert das nicht.

Bedingt durch ihre Größe und ihre Eigenart verlangt die einfache Gemeinde nach einem anleitenden und unterstützenden Leitungsstil, keinen bestimmenden oder delegierenden. Folgender Kasten illustriert die vier hauptsächlichen Leitungsstile:

unterstützen	anleiten
delegieren	anweisen

Menschen pflegen ihren natürlichen Stil, ganz entsprechend ihrer Persönlichkeit, ihrer Kultur und ihrer Erziehung. Nicht zu wissen, wie sein natürlicher Leitungsstil aussieht, wird einen Leiter sehr wahrscheinlich zum Gefangenen seiner eigenen Persönlichkeit werden lassen. Eigenwahrnehmung gestattet einer reifen Persönlichkeit die Anpassung ihres Führungsstils, damit sie anderen Menschen besser dienen kann. Mein eigener Stil ist eher bestimmend. Obwohl ich gerne Menschen inspiriere, neige ich von meinem Naturell her dazu, Aufgaben durchzuziehen und die Dinge „gebacken zu bekommen". Ich habe beide Bestandteile in mir. So ist meine Persönlichkeit gestrickt und so bin ich ausgestattet worden. Befehle erteilen zu können würde mich zu einem guten Boss einer Gang machen, aber bei der Aufgabe, andere dazu zu inspirieren, Teil einer organischen Gemeinde zu sein, hilft das wenig. Um der dienstgesinnte Leiter zu werden, der ich gerne sein wollte, musste ich lernen, einen fördernden, unterstützenden Leitungsstil anzunehmen. Das bedeutete, mir selbst zu sterben – und zwar häufiger, als ich mich erinnern möchte. Und doch ist es das Richtige. Es hat mich effektiver und auch sensibler für andere werden lassen. So ist es mir möglich, Zugang zu den Herzen der Menschen zu erlangen und die, welche ich führen soll, anzuleiten und zu unterstützen. Das entbindet diese zwar nicht von der Verantwortung zu angemessener Unterordnung, doch fällt es ihnen dann leichter.

Unterordnung unter geistliche, aufgabenorientierte und Lehrautorität

Der bestimmende Wert in unserer heutigen Kultur ist Freiheit, üblicherweise begleitet von einer hohen Dosis Zynismus und Misstrauen gegenüber Autoritätsgestalten. Unter Postmodernen ist die Freiheit ganz bestimmt der größte Wert. Darum ist es nicht verwunderlich, dass junge Erwachsene, wenn sie zu Christus finden, damit zu kämpfen haben, „unter Autorität" zu stehen, besonders, wenn zu demjenigen, der die Leitung hat, keine Beziehung besteht. Unterschiedliche Generationen in der Gemeinde haben unterschiedliche Vorstellungen von Autorität. Während die *Baby Boomer* in den USA in ihrer Geschichte auf Zeiten zurückblicken können, in denen sie die Autoritäten herausforderten, stellen die nachfolgenden Generationen die Notwendigkeit jeglicher Autorität von vornherein in Frage.

Es ist wichtig, Neubekehrten das wahre Wesen geistlicher Autorität beizubringen, etwa die Dienstgesinnung und den Wert dessen, sich selbst von geistlich gesinnten Leitern dienen zu lassen. Tom Marshall, ein Vater im Herrn, sagte einmal: „In Freiheit leben können wir nur innerhalb der Beschränkungen der göttlichen Ordnung in allen unseren Beziehungen." Welches ist diese „göttliche Ordnung", die Tom meinte, und wie funktioniert sie?

> **In Freiheit leben können wir nur innerhalb der Beschränkungen der göttlichen Ordnung in allen unseren Beziehungen.**

Ich hege ernsthafte Vorbehalte gegen die Lehre, jeder müsse „unter Abdeckung sein", und die Art, wie manche über Unterordnung lehren. Wir müssen sehr sorgfältig darüber nachdenken, was die Bibel über diese Themen lehrt. Die einfachste Art damit umzugehen scheint zu sein, das Thema einfach zu meiden oder sich von Gemeinden, die Unterordnung und Verantwortlichkeit erwarten, fernzuhalten. Als anderes Extrem kann man sich entschließen, die hierarchische Version zu vertreten, von oben nach unten, eine Autorität von Anweisung und Kontrolle. Jedoch lässt sich die Antwort auf unsere Fragestellung in keiner der beiden Extrempositionen finden.

Die Bibel macht klar, dass wir uns einer örtlichen Gemeinschaft von Jesusnachfolgern verpflichtet wissen müssen (Hebr. 12,25; Eph. 4,16; Apg. 21,22; 11,26; 20,20; 2,40–47; Jak. 2,2).

Zu einer einfachen Gemeinde zu gehören bedeutet auch Unterordnung unter wahre geistliche Autorität. Das heißt, wir sind demütig genug, uns von anderen mit geistlichen Gaben dienen zu lassen, die wir selbst nicht haben. Irrigerweise wird manchmal gelehrt, dass die Zugehörigkeit zu einer einfachen oder Hausgemeinde das Losgelöstsein von jeglicher geistlicher Autorität bedeute. Tatsächlich ist jedoch die Unterordnung unter einen Menschen oder eine Gruppe, die Jesus folgt, ein Ausweis geistlicher Reife. Und das schließt die Unterordnung unter die, welche leiten, mit ein. Dennoch gibt es einen Unterschied zwischen Unterordnung und blindem Gehorsam. Gehorsam um seiner selbst willen ist nicht gut. Wir können dem Bösen genauso gehorsam sein wie dem Guten, wir können Menschen gehorchen, wo wir Gott gehorchen sollten. Auch ist ein Gehorsam, der Gleichförmigkeit produziert, kein biblischer Gehorsam. Und letztlich fördert ein Gehorsam gegenüber geistlichen Leitern, der auf Anerkennung abzielt, nur ein ungesundes Verlangen nach Bestätigung.

Drei Arten von Autorität

Tom Marshall war es, der über drei verschiedene Arten von Autorität lehrte und den Gehorsam, der gegenüber jeder dieser drei Arten angemessen ist:[5]

1. Aufgabenautorität
2. Lehrautorität
3. geistliche Autorität

Unterordnung unter Autorität wird in jeder dieser Kategorien unterschiedlich ausgeübt. Viele der Probleme im Blick auf die Unterordnung unter Leiter entstehen dadurch, dass diese Unterschiede nicht verstanden oder dass ihr Gebrauch und ihre Anwendung durcheinander gebracht werden.

Aufgabenautorität

Dies ist die einfachste und am leichtesten zu verstehende. Diese Autorität hat es mit der Aufgabe zu tun, die erledigt werden muss. Eine Person, die mit einer Aufgabe oder einem Projekt betraut wurde, erteilt Anweisungen und Aufträge. Unter ihr ist eine Gruppe von Leuten, deren Verantwortung darin besteht, dem so zügig und effizient nachzukommen, wie es die Anweisungen des Leiters erlauben. Dann kann es angebracht sein oder auch nicht, bei der Erfüllung dieser Verantwortung „kreativ" zu sein oder zu besprechen, wie die Aufgaben, die einem zugewiesen wurden, zu bewerkstelligen sind. Beim Arbeiten muss es manchmal einfach so sein, dass man gesagt bekommt, was man zu tun hat, und es tut. Freundlich natürlich.

Aufgabenautorität ist eine legitime und effektive Art von Leitung. Sie führt eine Gruppe von Individuen zu einer Arbeitseinheit zusammen und gewährleistet, dass eine Arbeit effizient getan wird. Das Neue Testament benutzt das griechische Wort *peitharcheo* („einem Leiter oder Herrscher gehorchen"), um den Gehorsam zu beschreiben, der gegenüber solchen, die in einer Arbeitssituation die Verantwortung haben, angemessen ist (Tit. 3,1). Das Wort wird auch benutzt, wenn es um die Art Gehorsam geht, der Vertretern der Regierung entgegenzubringen ist (Röm. 13,1).

Lehrautorität

Wenn wir über Unterordnung unter Lehrautorität nachdenken, dann geht es um mehr als nur die Erfüllung eines Auftrags. Bei der Lehrautorität geht es nicht darum, dass etwas getan werden soll, sondern um Wahrheit, die gelernt werden soll. Von größter Wichtigkeit ist, dass der Lernende die Gelegenheit hat, das, was gelehrt wird, zu verinnerlichen und zum Teil seiner selbst werden zu lassen. Anders als bei der Aufgabenautorität, sind hier Frage und Antwort, Begründungen, Erklärungen und der Umgang mit Einwänden und Missverständnissen Teil des Lernprozesses. Mit dem griechischen Wort *peitho* („überzeugt sein") wird ausgedrückt, auf welche Weise Gott das Aufnehmen biblischer Lehre haben möchte. Gott will Gehorsam gegenüber der Wahrheit *mit Erkenntnis*. Er erwartet eine von Herzen kommende Reaktion. Wenn der Autor des Hebräerbriefs sagt: „Gehorcht euren Führern" (Hebr. 13,17), gebraucht er das Wort *peitho*. In dem Abschnitt geht es um Lehrautorität, nicht um Aufgaben- oder geistliche Autorität. Unglücklicherweise wird der Absatz häufig zitiert, um Leiter mit Herrschaftsambitionen zu stützen.

Lehrautorität gründet sich auf die Fähigkeit zu überzeugen. Wir können andere unter Berufung auf das Wort Gottes und unsere eigene Geschichte überzeugen, mit dem Ziel, dass die Belehrten für sich selbst Offenbarung empfangen. Paulus sagt: „Da wir nun den Schrecken des Herrn kennen, *überreden* wir Menschen …" (2. Kor. 5,11; Anm. d. Üs.:

Das griechische Verb *peitho* steht sowohl für „überzeugen" als auch für „überreden".) Denken Sie daran, dass 90 % dessen, an das sich Menschen erinnern und das sie auf ihr Leben anwenden, seinen Ursprung in dem hat, was sie selbst entdecken. Der Lehrer mag lehren, aber es muss der Moment kommen, wo dem Menschen durch das Werk des Heiligen Geistes ein Licht aufgeht. Solche Aha-Momente sind es, für die ein Lehrer lebt.

> Lehrautorität gründet sich auf der Fähigkeit zu überzeugen – Ziel ist, dass die Belehrten für sich selbst Offenbarung empfangen.

In der Gemeinde wird Lehrautorität oft mit den beiden anderen verwechselt. Der Pastor oder Leiter, der andere daran hindert, berechtigte Fragen zu stellen, muss den Unterschied zwischen den Autoritätsarten verstehen lernen. Aufgabenautorität dort einzusetzen, wo Lehrautorität gefragt ist, führt nicht zu einem echten Lernprozess. Tatsächlich wird das eher schädlich sein, weil es wahres Lernen verhindert, dazu wird es die Menschen dazu verleiten, das zu sagen, was von ihnen erwartet wird, um bei ihren Leitern einen guten Stand zu haben.

Geistliche Autorität

Geistliche Autorität zielt auf etwas anderes als Lehr- und Aufgabenautorität. Ihr Zweck liegt nicht in passiver Befolgung, sondern darin, dass Menschen von Herzen den Weisungen Jesu nachkommen. Menschen mit geistlicher Autorität haben die Verantwortung, diejenigen, denen gegenüber sie mit Vollmacht ausgestattet wurden, zu schützen, zu lenken und zu leiten. Wenn sich die, welche sie leiten sollen, ihrer Leiterschaft unterstellen, macht ihnen das die Sache leichter. Wenn sich diese Leiterschaft in reifer Weise vollzieht, dann werden sie die, welche sie leiten, dahingehend beeinflussen, selber die Stimme Gottes zu hören und ihm von Herzen zu gehorchen. Geistliches Wachstum geschieht durch Selbstentdecken, nicht durch erzwungenen Gehorsam. Der Sinn geistlicher Vollmacht liegt darin, Menschen anzureizen, den Anweisungen Jesu zu folgen und sie für den Dienst auszurüsten – und nicht darin, zu befehlen und Menschen zu kontrollieren.

Der Sinn geistlicher Vollmacht liegt darin, Menschen anzureizen, den Anweisungen Jesu zu folgen und sie für den Dienst auszurüsten – und nicht darin, zu befehlen und Menschen zu kontrollieren.

Christliche Reife ist im Wesentlichen eine von Herzen kommende Erwiderung auf den Willen Gottes und die Weisung, die von geistlichen Leitern gegeben wird. Wenn der Grund für eine Verhaltensänderung einer Person irgendein anderer ist als eine liebende Antwort auf Gott, etwa, um dem Leiter zu gefallen, dann ist das kein Gehorsam, der Gott gefällt, noch dient es einer gesunden Gemeinschaft.

Das Wort für geistliche Autorität lautet im Griechischen *hypakouo*, „horchen", wörtlich „darunterhören". Das meint nicht „unter anderen Menschen hören", sondern hören, was Gott einem selbst tief im Herzen, „unter der Oberfläche", sagen will. Hören auf Gott und ihm gehorchen hat seinen Ursprung tief im Herzensinnern. Ein geistlicher Leiter mag ein Kanal für Gottes Geist sein, mittels dem er einen Menschen motiviert, doch muss sich diese Person immer noch selbst zu eigen machen, was Gott *ihr* sagen will. Einen Menschen anzuweisen, was er zu tun oder zu lassen hat, mag dem Leiter umgehend das Ergebnis bescheren, das er erwartet, doch wird die geistliche Reife des anderen dadurch nicht gefördert.

Die Ausübung geistlicher Autorität sollte darauf hinzielen, Menschen zum Herausfinden von Gottes Willen zu helfen, indem sie selber auf ihn hören lernen. Die Chance, dass sich aus sich selbst heraus vermehrende Bewegungen einfacher Gemeinden entwickeln, steigt, wenn Menschen wissen, wie sie selbst Gott hören können. Eine von oben nach unten ausgerichtete Autorität engt eine Bewegung ein, die Leitung wird zum Flaschenhals, den alle Entscheidungen passieren müssen. Wenn Menschen jedoch eigenständig Gott hören können, dann können sie in dem Dienst, zu dem Gott uns alle berufen hat, voranschreiten.

Es mag hilfreich sein, das Wesen geistlicher Autorität wie folgt zusammenzufassen:

- *Erlangte Autorität:* Bei dieser Autorität verdient man sich das Recht, andere anzuführen. Erlangte Autorität ist die Folge eines göttlichen Charakters, von Weisheit, Dienstgesinnung, Demut und der Anerkennung der Begabung und Berufung einer Person durch andere.

- *Übertragene Autorität:* Auch sie hat ihren Platz, die Autorisierung einer Person durch jemand anderen. Auch ein Mensch mit delegierter Autorität muss sich das Recht, andere zu leiten, verdienen.

- *Ausgeteilte Autorität:* Diese hat Jesus jedem gegeben, der ihn kennt, liebt und ihm gehorcht. Sie ist jedermann in der Gemeinde zugeteilt, doch wirkt sie sich nur aus, wenn sie in Weisheit und Bescheidenheit praktiziert wird. Alle die, welche christusähnlich sind, teilen sich diese Autorität, die Jesus allen seinen Kindern gegeben hat.

Für die richtige Ausübung geistlicher Autorität gibt es Bedingungen und Einschränkungen. So unterscheidet die Bibel zum Beispiel sorgfältig zwischen der geistlichen Autorität in der Gemeinde und der von staatlichen Führern. Bei der Autorität, von der Paulus in Römer 13 spricht, handelt es sich um das *Recht* und die *Kraft* seitens der Regierung, Gehorsam durchzusetzen. Wenn jedoch Petrus in 1. Petrus 5 von Autorität spricht, dann meint er die Verantwortung geistlicher Leiter, Gottes Volk in Liebe und Integrität zu dienen – und nicht die Vollmacht, die, welche geleitet werden sollen, zu befehligen oder zu kontrollieren.

Es folgt eine Zusammenstellung von Bibelstellen, welche die Spannweite an Autorität aufzeigt, die Gott den geistlichen Leitern gegeben hat, unter klaren Voraussetzungen und Einschränkungen:

1. Petrus 5,1–5: Und nun ein Wort an euch, die ihr Älteste in den Gemeinden seid. Auch ich bin ein Ältester und ein Zeuge der Leiden, die Christus ertragen hat. Und auch ich werde an seiner Herrlichkeit und Ehre teilhaben, wenn er wiederkommt. Sorgt gut für die Herde Gottes, die euch anvertraut ist. Hütet sie gern und nicht widerwillig, sondern wie Gott es will. Kümmert euch nicht um sie, um euch Vorteile zu verschaffen, sondern weil ihr Gott gerne dienen wollt. Dabei sollt ihr die Menschen, die eurer Leitung unterstellt sind, nicht bevormunden, sondern sie durch euer gutes Beispiel leiten. Und wenn der oberste Hirte wiederkommt, werdet

ihr mit seiner unbegrenzten Herrlichkeit belohnt werden. Ihr jüngeren Männer, ordnet euch den Ältesten unter! Ihr alle sollt einander demütig dienen, denn „Gott stellt sich den Stolzen entgegen, den Demütigen aber schenkt er Gnade"!

1. Timotheus 5,17: Die Ältesten, die gut vorstehen, sollen doppelter Ehre gewürdigt werden, besonders die in Wort und Lehre arbeiten.

Titus 1,5: Deswegen lasse ich dich in Kreta zurück, damit du, was noch mangelte, in Ordnung bringen und in jeder Stadt Älteste einsetzen solltest, wie ich dir geboten hatte …

Apostelgeschichte 20,28–30: Habt Acht auf euch selbst und auf die ganze Herde, in welcher der Heilige Geist euch als Aufseher eingesetzt hat, die Gemeinde Gottes zu hüten, die er sich erworben hat durch das Blut seines eigenen Sohnes! Ich weiß, dass nach meinem Abschied grausame Wölfe zu euch hereinkommen werden, die die Herde nicht verschonen. Und aus eurer eigenen Mitte werden Männer aufstehen, die verkehrte Dinge reden, um die Jünger abzuziehen hinter sich her.

1. Thessalonicher 5,12–13a: Wir bitten euch aber, Brüder, dass ihr die anerkennt, die unter euch arbeiten und euch vorstehen im Herrn und euch zurechtweisen, und dass ihr sie ganz besonders in Liebe achtet um ihres Werkes willen.

Hebräer 13,17: Gehorcht und fügt euch euren Führern! Denn sie wachen über eure Seelen, als solche, die Rechenschaft geben werden, damit sie dies mit Freuden tun und nicht mit Seufzen; denn dies wäre nicht nützlich für euch.

2. Timotheus 4,1–2: Ich bezeuge eindringlich vor Gott und Christus Jesus, der Lebende und Tote richten wird, und bei seiner Erscheinung und seinem Reich: Predige das Wort, stehe bereit zu gelegener und ungelegener Zeit; überführe, weise zurecht, ermahne mit aller Langmut und Lehre!

2. Timotheus 2,24–25: Ein Knecht des Herrn aber soll nicht streiten, sondern gegen alle milde sein, lehrfähig, duldsam, und die Widersacher in Sanftmut zurechtweisen und hoffen, ob ihnen Gott nicht etwa Buße gebe zur Erkenntnis der Wahrheit …

Die Kernfrage im Blick auf geistliche Autorität ist nicht, ob es sie gibt, sondern wie sie ausgeübt und wie auf sie reagiert werden soll. Jesus machte mehr als deutlich, dass sich das, was er unter Autorität verstand, von dem unterschied, was die geistlichen Leiter seiner Tage meinten, welches ihre Autorität sei. Jesus beschrieb Autorität als ein Einflussnehmen auf Menschen, indem man ihnen dient. Wenn wir dienen, haben wir Einfluss: wenn wir Menschen beeinflussen, haben wir Autorität in ihrem Leben (Lk. 22,26–27). So gesehen kann man Autorität als das Vorrecht bezeichnen, andere zu beeinflussen, indem man die geistlichen Gaben in einer Christus gemäßen Weise praktiziert.

> Wenn wir dienen, haben wir Einfluss; wenn wir Menschen beeinflussen, haben wir Autorität in ihrem Leben.

Aber wie können wir wissen, ob wir geistliche Autorität auf eine Weise ausüben, wie Jesus es tat? Der folgende „Autoritätstest" mag uns bei der Beantwortung dieser Frage helfen.

Autorität –
- befreit oder versklavt sie?
- führt sie zu Gleichförmigkeit oder bringt sie Kreativität?
- fördert sie die Abhängigkeit von Menschen oder von Gott?
- bringt sie Unterwürfigkeit hervor oder Dienstgesinnung?
- vertraut sie auf das Gesetz oder auf Gnade?
- demontiert sie das Selbstvertrauen eines Menschen oder baut sie es auf?
- rüstet sie die Menschen aus, im Glauben zu agieren, oder fördert sie Angst?
- fördert sie Verantwortlichkeit oder eher Anarchie?
- befähigt sie die Menschen zum Dienst oder macht sie sie zu Zuschauern beim Dienst anderer?

Leitung im Team

Ich glaube an eine Leitung im Team. Dick Iverson, der geistliche Vater einer Bewegung von über 1000 Gemeinden, hat viele Jahre über dieses Thema gelehrt. Dick vertritt das Prinzip von eingesetzten Ältesten, die gemeinsam unter der Leitung eines anerkannten Teamleiters die Führung wahrnehmen. Dick sagt, dass die Ältesten im Neuen Testament als Ebenbürtige dienten und als solche für die Herde Sorge trugen. Er glaubt, dass es nicht nur, wie heute üblich, einen einzigen Pastor gab,[6] eine Sicht, der ich zustimme.

Jedermann braucht Ermutigung und Gelegenheit, Seite an Seite mit anderen durch Gaben und mit Hingabe zu dienen. Doch wie wird Gott durch die Vielfalt in einem Team verherrlicht? Es ist eine ganz besondere Form von Ehrung, die Gott von einem Team zuteil wird, dessen Glieder ihre eigenständigen Persönlichkeiten und Sichtweisen der gemeinsamen Arbeit unterordnen. Jedes Teammitglied muss sich mit seinen Besonderheiten und Ängsten auseinandersetzen. Die Ehre, die Gott durch ein Team zuteil wird, das auf solche Weise lernt zu arbeiten, ist viel größer als eine, die ihren Ursprung in einer Ein-Mann-Leiterschaft hat. Mit jeder neuen Herausforderung, mit der sich das Team konfrontiert sieht, muss jedes Teammitglied die Einladung annehmen, zum Kreuz zu kommen. Den eigenen Rechten abzusterben, den Vorlieben, dem Misstrauen und der bisherigen Art und Weise, miteinander umzugehen, sind der Preis für die Einheit des Teams.

In der langen Zeit, in der ich mit Teams gearbeitet habe, bin ich zu dem Schluss gekommen, dass es fünf bis sieben Jahre braucht, bis man ein hohes Level an Vertrauen und Einigkeit in einem Team erreicht hat. Als Einzelne und als Ganzes müssen die Teammitglieder lernen, gegenüber den anderen Mitgliedern die Wahrheit zu sagen. Biblische Prinzipien des Redens müssen befolgt, Vergebung gewährt und persönliches Vertrauen entwickelt werden. Derartiges Vertrauen gründet nicht auf Leistung und Perfektion, sondern darauf, dass man zusammen in der Gnade und der Wahrheit wächst. Neutestamentliche Leiterschaft ist teamorientiert.

Um die Gaben und Berufungen einer Gruppe willensstarker, begabter und eigensinniger Leiter nutzbar zu machen, bedarf es eines großen Gnadenwerks bei jedem der Teammitglieder. Das ist zu schaffen, aber nicht, ohne dass sich der Leiter auf das Leben eines jeden einlässt, Ehepartner eingeschlossen. Auf Seiten der Teammitglieder braucht es Jahre der Hingabe, der Demut und des fortwährenden Wachstums, damit das funktioniert.

Ich hege so einen Eifer für den Dienst im Team, weil das gemeinsame, einige Tun für Gott genauso wichtig ist wie die Arbeit an sich. Wie wir miteinander umgehen, die Tiefe und Wahrhaftigkeit unserer Beziehungen, das alles spiegelt unseren letztlichen „Teamleiter" – den Herrn Jesus – wider. Wenn wir gehorsame Nachfolger Christi sind, dann vollzieht sich unser Dienst in der Weise, die er uns vorgegeben hat.

Ich glaube deshalb so an die Leitung im Team, weil es am Kern dessen rührt, was es heißt, einfache Gemeinde zu sein und zu leben. Wir sind die Familie Gottes, und als solche sind wir dazu vorgesehen und berufen, als familiäre Einheiten zu funktionieren. Weder entsprechen Ein-Mann-Leiterschaftsmodelle dem, was uns das Neue Testament lehrt, noch verherrlichen sie Gott in einer Weise, wie eine Leitung im Team es kann. Leitung im Team stellt schon eine Form von einfacher Gemeinde dar – eine Gruppe von Männern und Frauen, die ihr Leben miteinander teilen, um den großen Auftrag zu erfüllen.

Ich glaube an den Dienst im Team, weil ich der Meinung bin, dass die Reise so wichtig ist wie das letztliche Ziel.

Ich glaube an den Dienst im Team, weil er uns hilft, geistlich zu wachsen. Wir werden mit unseren fleischlichen Verhaltensmustern konfrontiert und unsere Zerbrochenheit wird offenbar. Während wir in einem Team aus willensstarken Leitern arbeiten, werden bei uns sämtliche Knöpfe gedrückt. Seite an Seite arbeiten, Entscheidungen fällen, Projekte ins Leben rufen, Menschen betreuen, Kleingruppen zusammenbringen, evangelisieren, einander in der Nachfolge zur Hand gehen, handeln und aufeinander reagieren – so lernen wir uns auf einer sehr tiefen Ebene kennen. Im innigen geistlichen Miteinander des Teamalltags können wir uns nicht verbergen. Wenn wir als zusammenhängende Einheit leiten wollen, müssen wir unsere Herzen füreinander öffnen. Zum Aufbau eines solchen Teams bedarf es Zeit und Transparenz. Konflikte müssen privat und auch offen als Team durchgestanden werden. Wir müssen bereit sein, uns gegenseitig unser Herz zu öffnen, Vertrauen zu lernen, offen für Korrektur zu sein und uns daran zu gewöhnen, uns ein ganzes Stück weit zu demütigen. Wenn Sie akzeptieren können, dass es öfter mal nicht nach Ihrer Nase geht, und wenn Sie bereit sind nachzugeben, dann werden Sie den Dienst im Team lieben.

Ich glaube an den Dienst im Team, weil ich der Meinung bin, dass die Reise so wichtig ist wie das letztliche Ziel. Wenn alles, was der Vater von uns erwartet, Resultate wären, dann hätte er Roboter erschaffen. Aber er will eine geistliche Familie, keine gut geölte Maschinerie. Er möchte erlöste Menschen in eine Gemeinschaft miteinander verbundener Herzen und Leben einfügen, und nicht nur reibungslos laufende Programme, die das Gemeindeleben auf das Zuschauen bei dem, was andere tun, reduziert.

Dienst im Team steht der westlichen, zielorientierten, individualistischen Art und Weise, die Dinge anzupacken, entgegen. Wir im Westen halten Ineffizienz für eine Sünde wider den Heiligen Geist. Wenn wir Gemeinden wie Firmen führen und gemeindliche Programme wie vom Fließband produzieren, dann bekommen wir Resultate – doch zu welchem Preis?

Wir im Westen halten Ineffizienz für eine Sünde wider den Heiligen Geist.

Die modernen Evangelikalen beherrschen die Technik, große Kirchen zu bauen, doch ist das, was sie bauen, neutestamentliche Gemeinde? Sie wissen, wie man Gemeindewachstum managt, doch was bleibt übrig, wenn ihnen jemand die Gebäude und Programme wegnimmt? Technik-orientiertes Christentum beraubt die Gemeinde ihrer Seele. Und wer braucht in einer postmodernen Welt schon ein seelenloses Christentum?

Ich glaube an den Dienst im Team, weil er uns zum Kern dessen bringt, was Gemeinde letztlich ausmacht. So wird Gemeinschaft gebaut, indem wir die Gemeinde wie eine Familie gestalten. Das vermittelt einer Gemeinde oder einer Bewegung den Geist und die Werte der Ekklesia. Gott beabsichtigte, dass die Gemeinde wie ein Körper, wie eine Familie funktioniert, und dazu braucht es natürlich authentische Beziehungen. Auf sich gestellt können die Organe unseres Körpers nicht arbeiten und ihren Zweck erfüllen. Und auch Propheten, Apostel oder Lehrer funktionieren nicht jeder für sich. Wir sind zur Zusammenarbeit geschaffen, „einzeln Glieder voneinander" (vergl. Röm. 12,4.5).

Ich glaube an den Dienst im Team, weil wir dabei zu tiefem Vertrauen herausgefordert werden. Vertrauen ist für ein gesundes Team lebenswichtig. Mangelndes Vertrauen hat seinen Ursprung in der Weigerung, voreinander schutzlos und angreifbar dazustehen, sich Zeit zu nehmen, Meinungsverschiedenheiten und Konflikte auf offene und demütige Weise durchzustehen. Teammitglieder, die im Blick auf ihre Ängste, ihre Verletzungen und ihre sündigen Neigungen keine Offenheit an den Tag legen, machen es unmöglich, eine vertrauensvolle Basis zu legen. In seinem erstklassigen Buch *The Five Dysfunctions of a Team* definiert

Patrick Lencioni Vertrauen als „den Glauben, dass die anderen Mitglieder des Teams mein Bestes im Sinn haben".[7] Vertrauen heißt: Ich möchte, dass mir durch Menschen geholfen wird, indem sie mir im Blick auf meinen Dienst, mein persönliches Verhalten und die hintersten Ecken meines Herzen etwas sagen. Das bedeutet, die anderen im Team um ihren Input zu bitten und diesen willkommen zu heißen. Vertrauen heißt, dass ich meinen Mit-Arbeitern meine wichtigen Entscheidungen offen und geradeheraus vorlege.

Ein Versagen bei der Aufgabe, innerhalb eines Teams Vertrauen aufzubauen, wirkt zerstörerisch, weil es gesunde Auseinandersetzungen blockiert. Entscheidungen werden dann nicht oder nur halbherzig mitgetragen, gegenseitige Verantwortung wird vermieden und wir werden von unserem Auftrag abgelenkt. Ohne Vertrauen kann ein Team kein Team sein, schon gar nicht eines, das die Liebe, die zwischen dem Vater, dem Sohn und dem Heiligen Geist besteht, widerspiegelt. Ein Team ohne Vertrauen und gegenseitige Unterordnung wird die Einigkeit von Herz und Sinn, die Paulus als die „Gesinnung Christi" bezeichnet (s. Phil. 2,1–3), nicht erleben können.

Ich glaube an den Dienst im Team, weil er die gegenseitige Verantwortlichkeit fördert. Mit einer verordneten Rechenschaftspflicht von oben nach unten, wo der Leiter dafür zu sorgen hat, dass alle anderen spuren, kann ich nichts anfangen. Gegenseitige Verantwortlichkeit folgt ganz natürlich dem offenen Austausch, dem gemeinsamen Warten auf Gott, einer gesunden Art, sich die Wahrheit zu sagen, dem Zusammenkommen mit zwei oder drei anderen, um Lasten zu teilen und Sünden zu bekennen und sich Teamentscheidungen zu eigen zu machen.

Hier noch zwei Warnungen im Blick auf den Dienst im Team: „Team" ist kein Allheilmittel für alle Herausforderungen, denen sich eine einfache Gemeinde gegenübersieht. Oder anders ausgedrückt: Es ist kein Selbstzweck. Und zweitens: Dienst im Team ist da praktisch unmöglich, wo der Teamleiter für seine Mitarbeiter kein Vater ist. Noch etwas deutlicher: Ein Team, dessen Leiter den Gliedern im Blick auf Reife und Charakter hinterherhinkt, kann ohne ein tiefes Wirken Gottes im Herzen der Teammitglieder kaum funktionieren.

Auch Leiter brauchen Freunde

Gott sagt, es sei nicht gut, dass ein Mensch alleine ist (1. Mo. 2,18). Das sagte er, bevor Adam und Eva in Sünde fielen. Es gilt für die Ehe wie für den Dienst. Freundschaft mit treuen Teammitgliedern und mit einigen engen Freunden in der Gemeinde hält uns am Leben. Sie bewahrt uns davor, der Versuchung nachzugeben, wenn alles in uns aufgeben möchte.

> Jesus vertraute sich nicht den Massen oder den Nachfolgern an, die aus dieser Masse kamen. Er kannte den Unterschied zwischen einem Nachfolger und einem Freund. Und das sollten wir auch.

Hier eine Warnung: Scharen von Menschen, die in Ihr Leben hereinreden wollen, sind nicht gleichzusetzen mit wertvollen Freundschaften. Mit vielen Leuten zu tun zu haben kann Sie unter Umständen davon abhalten, wirklich wertvolle Freundschaften aufzubauen. Jesus hat den Dienst im Team vorgesehen, um diesem Dilemma zu begegnen, hat eine Lösung dafür geschaffen. Er predigte den Massen, Freundschaften jedoch baute er mit ein paar engen Mitarbeitern auf. Das meiste seiner Zeit und Kraft investierte er in das Leben derer, mit denen er am engsten zusammenarbeitete, und die wurden seine Freunde (Jh. 15,15). Jesus vertraute sich nicht den Massen oder den Nachfolgern an, die aus dieser Masse hervorgingen (vgl. Jh. 2,24). Er kannte den Unterschied zwischen einem Nachfolger und einem Freund. Und das sollten wir auch.

Wir können und sollen Freundschaften mit denen aufbauen, die wir zur Jüngerschaft anleiten. Jeder effektive Leiter investiert jeweils in das Leben einer Handvoll von Leuten. In die Tiefe gehende persönliche Jüngerschaft nimmt dem Leiter seinen vermeintlichen Heiligenschein und fördert eine Kultur von Freundschaft und Zusammenhalt in unserer Gemeinde. Während ich dies schreibe, denke ich an einige Freunde, in die ich mich regelmäßig investiere. Ich liebe es, Zeit mit Nelis, Danny, Robert und Renee, Cobus und Marlize, mit Gawie und mit anderen aus unserer Bewegung zu verbringen. Ich vertraue ihnen, und weil ich ihnen vertraue, sind sie meine Freunde. Wahre Jüngerschaft beinhaltet auch Freundschaft. Man kann sich nicht in jemanden investieren, ohne sein Freund zu werden. Paulus sagte es etwa so: „Wir liebten euch so sehr, dass wir euch nicht nur die Gute Nachricht gaben, sondern dazu auch unser eigenes Leben" (nach 1. Thes. 2,8).

Für mich gestaltet sich das ein wenig kompliziert, da ich etliche „Hüte" aufhabe. Ich bin geistlicher Leiter, manchmal Projektmanager und zugleich Freund. Weil ich jemandes Projektleiter bin, muss ich nicht unbedingt auch sein bester Freund sein. Aber in einem Team müssen echte Freundschaften bestehen, wenn es effektiv sein soll. Es kann nötig sein, dass ich einem Mitarbeiter gegenüber „nein" sage. In einem solchen Fall muss ich dann manchmal meinen „Freund-Hut" absetzen und klar und deutlich zum Ausdruck bringen, was ich im Blick auf alle Beteiligten für richtig halte. Diese Sorte Gespräch ist ein echter Test, doch wenn wir als wahre Freunde und Mitarbeiter zusammenwachsen wollen, müssen wir unbedingt ehrlich miteinander umgehen.

Ist das zu schwer? Nicht für Jesus und auch nicht für uns, wenn wir willens sind, in der Aufrichtigkeit und den sonstigen Eigenschaften, die dazu nötig sind, zu wachsen. Das heißt nicht, dass wir allen, mit denen wir arbeiten, der beste Freund sein müssen, doch mit unseren engsten Mitarbeitern sollten wir gute Freundschaften anstreben. Das ist dann nicht möglich, wenn das Vertrauen fehlt, doch wo Demut und Transparenz gegeben sind, da werden sich auch wachsende Freundschaften ergeben.

Apostolische Teams und ihre Rolle

Der wesentliche Unterschied zwischen der Rolle des Leiters einer einfachen Gemeinde und dem eines apostolischen Teams liegt in der Vision und der Aufgabe. Der Dienst der Ältesten in einer einfachen Gemeinde oder einem Gemeindenetzwerk besteht darin, Gemeindeglieder auszurüsten und in der Nachfolge anzuleiten. Apostolische Teams hingegen konzentrieren sich darauf, Neuland unter denen zu erschließen, die die Gute Nachricht noch nicht gehört haben. Apostolische Teams leiten diese Pionierbewegungen, und sie entwickeln und fördern die Werte, welche die innere Kraft einer solchen Bewegung ausmachen. Örtliche Älteste kümmern sich um die Herde unter ihrer Obhut; ein apostolisches Team macht dasselbe, doch vermittelt es auch eine Gemeindegründungskultur des Glaubens und der Vision für die, welche die Gute Nachricht noch nie gehört haben.

> Apostolische Teams leiten die Pionierbewegungen, und sie entwickeln und fördern die Werte, welche die innere Kraft einer solchen Bewegung ausmachen.

Apostolische Teams haben eine klare Ausrichtung. Sie begnügen sich nicht damit, nur die Angelegenheiten einer örtlichen Gemeinde zu beaufsichtigen. Sie haben das brennende Verlangen, Gemeinden zu gründen und die zu erreichen, die sich noch nicht im Einflussbereich des Evangeliums befinden, besonders solche, die noch nie von der Liebe Gottes in Christus gehört haben. Apostolische Teams sind nicht deshalb „apostolisch", weil ihre Mitglieder Propheten oder Apostel wären, sondern darum, weil sie die Vision haben, dort Gemeinden zu gründen, wo das Evangelium bislang noch nicht hingekommen ist. Vielleicht sind Sie von der Begabung her ein Apostel und verfehlen doch den Zweck Ihrer Begabung. Apostel sind berufen, Pioniere zu sein; indem sie neue Gemeinden gründen, erfüllen sie diese Berufung.

Ich habe eine sehr einfache Definition von dem, was apostolische Teams sind: Sie machen das, was die Apostel in der Apostelgeschichte taten. Sie predigen das Evangelium, machen Menschen zu Jüngern, gründen Gemeinden und setzen dort Älteste ein und schulen sie. Sie vertrauen Gott für das Unmögliche und reißen die Festungen Satans ein. Für das, woran sie glauben, leiden sie und opfern sie sich. Kurz gesagt: Sie gewinnen, sammeln und vermehren Nachfolger und Gemeinden für Jesus – vornehmlich da, wo Menschen noch unerreicht sind.

Apostolische Teams stehen üblicherweise mit einem Leiter in Verbindung, der eine apostolische Begabung aufweist, obwohl es manchmal auch die Kombination der Gaben innerhalb eines Teams ist, die es apostolisch macht. Was ein apostolisches Team im Wesentlichen ausmacht, ist, dass es das tut, was die Apostel taten! Paulus sagte: „Mein Bestreben war immer, die Botschaft da zu verkündigen, wo Jesus Christus noch nicht bekannt war" (Röm. 15,20). Wenn Ihre Mannschaft diese Zielsetzung hat, dann können Sie als apostolisches Team arbeiten.

Sie können übers Apostolischsein reden, bis Sie schwarz werden – wenn Sie keine Gemeinden gründen und vermehren, sind Sie nicht apostolisch. Wenn Sie gemeinsam anbeten und fasten, um Gottes Pläne und Strategien für die Verlorenen zu erfahren, und dann denen, die Gott aussenden will[8], die Hände auflegen – dann haben Sie die Anfänge eines apostolischen Teams (Apg. 13,1–3).

Sie können übers Apostolischsein reden, bis Sie schwarz werden – wenn Sie keine Gemeinden gründen und vermehren, sind Sie nicht apostolisch.

„Zuwendung bei Todesfall" – was es kostet, eine Armee vertrockneter Knochen anzuführen

„Zuwendung bei Todesfall", Sterbegeld. Der Begriff kam mir zum ersten Mal unter, als mir jemand eine Versicherung verkaufen wollte. Die Versicherung habe ich nicht abgeschlossen, das Konzept aber übernommen. Ich glaube daran. Sich selbst zu sterben bringt einen immensen Gewinn. Einer der besten Wege, diese Zuwendung einzustreichen, ist, anderen zu dienen. Innerhalb des Konzepts einfacher Gemeinden, das ich in diesem Buch vorgestellt habe, ist Leiten nicht schwierig.

Sie möchten hervortreten? - Dann treten Sie ab.

Leiterschaft innerhalb der „Knochen-Armee" einfacher Gemeinden ist nicht schwierig – solange wir es nicht der Anerkennung halber tun. Es geht um eine „Zuwendung bei Todesfall": Wir müssen uns selber sterben. Leiten bedeutet nicht, den eigenen Dienst zu finden, sondern anderen Leben und Hoffnung zu bringen. Gott ruft Menschen in die Leitung um seinet- und um anderer willen – und nicht um unseretwillen. Das heißt dann ganz praktisch, dass wir die, denen wir dienen, ausrüsten und zu einem qualifizierten Dienst freisetzen. Paulus verstand unter diesem Leitungskonzept eine „Zuwendung bei Todesfall". Er verglich es mit einem Todesurteil und beschrieb es folgendermaßen:

> Wir fühlten uns so, als hätte man uns in die Todeszelle gesteckt, als ob es mit uns vorbei wäre. Doch stellte sich heraus, dass es das Beste war, was passieren konnte. Anstatt auf unsere eigene Kraft und unseren Verstand zu vertrauen, um dort herauszukommen, waren wir gezwungen, uns völlig auf Gott zu verlassen – sicher keine schlechte Idee, wo er doch der Gott ist, der die Toten auferweckt (nach 2. Kor. 1,9 in *The Message*).

Wir sind berufen zu sterben. Nicht nur einmal der Sünde gegenüber, sondern als Lebensart. Indem wir „unseren" Rechten sterben, finden wir Leben. Das heißt, unseren Ansichten zu sterben, unserem Recht, verstanden zu werden, etwas darzustellen, dem Recht, geliebt und gerecht behandelt zu werden und allen weiteren unserer Rechte. Nur sehr wenige Leiter verstehen diese Wahrheit. Sie bemühen sich, ihre

Rolle zu finden, ihren Dienst, fragen sich, wie sie ins Team passen usw. Es ist traurig zu sehen, wie Menschen sich anstrengen, etwas festzuhalten, was sie loslassen müssten, wenn sie Teil von Gottes Auftrag sein wollen. Jim Elliot schrieb in sein Tagebuch: „Der ist kein Narr, der loslässt, was er nicht halten kann, um zu gewinnen, was er nicht verlieren kann."

Es wäre ein Leichtes, hier fortzufahren, ohne darüber nachzudenken, was diese Wahrheit denn bedeutet. Doch lassen Sie uns einen Moment innehalten und gemeinsam über Gottes Einladung zum Sterben nachdenken. Ja, es ist eine Einladung. Wir werden nicht gezwungen, in dieser Weise zu leben. Wir *müssen* anderen nicht dienen. Wir können in der Armee vertrockneter Knochen untertauchen, ohne uns zum Dienst zu melden. Wir können der Typ „Superstar-Leiter" sein und uns davor drücken, unserem Ich zu sterben. Wir können in den Himmel kommen, ohne auf unserem Weg mit Gott je an diesen Ort gelangt zu sein. Im Dienen liegt der Schlüssel für die neue Art, Gemeinde zu leben, während es bei der alten Weise um Rechte und Stellung geht, darum, wie man Gemeinde „in Gang hält". Indem wir jedoch Teil der Knochen-Armee werden, lernen wir, zu seiner Ehre zu leben, nicht zu unserer. Das heißt Dienst von unten, nicht von oben herab.

Paulus akzeptierte es, in den Todestrakt gesandt zu werden, weil er gelernt hatte, dass er damit an einen Ort kam, an dem er Gott vertrauen musste. Wenn Sie über den Gewinn des Sterbens bei dieser neuen Art, Gemeinde zu leben, beten, dann bedenken Sie Folgendes:

- *Sterben bedeutet, nicht mehr über die eigene Zeit zu verfügen.* Will ich mich verpflichten, jeden Tag Zeit für Bibellesen und Beten einzuplanen? Nicht nur die Zeit auf Autofahrten oder Gebetsspaziergängen ums Haus, sondern Zeit, in der ich etwas anderes aufgebe, um mit Jesus allein zu sein?
- *Sterben bedeutet Reinheit.* Möchte ich vor Gott und anderen geloben, ein Leben in sexueller und moralischer Reinheit zu führen, unter Einbeziehung der Filme, die ich mir ansehe, und der Musik, die ich höre? Will ich mich von jeder Form der Pornografie, auch der im Internet, fernhalten?
- *Sterben heißt, seinen Rechten zu sterben.* Bin ich bereit, alle meine persönlichen Rechte aufzugeben?

- *Sterben bedeutet, anderen gegenüber verantwortlich und rechenschaftspflichtig zu sein.* Bin ich willig, andere einzuladen, in den wichtigen Entscheidungen meines Lebens mitzureden, bevor ich sie treffe? Darunter fallen auch Entscheidungen, die meine Gemeinde und die Mitarbeiter betreffen. Dürfen andere mich auch auf dem Gebiet der persönlichen Frömmigkeit kennen?

- *Sterben schließt ein, sich gegenüber einer kleinen Gemeinschaft von Menschen verpflichtet und loyal zu wissen,* die sich in der Nachfolge und in gegenseitiger Verantwortlichkeit in das Leben der anderen investieren. Sind Sie bereit, diesen Preis zu akzeptieren?

- *Sterben heißt, Menschen ohne Rücksicht auf mein Ansehen von Jesus zu erzählen.* Bin ich bereit – und zwar als Lebensstil –, meinen Nachbarn, Familienangehörigen und sonstigen Menschen in meinem Einflussbereich Jesus zu bringen?

- *Und Sterben heißt auch, Opfer und Leiden anzunehmen.* Bin ich bereit, ein aufopferungsvolles Leben zu führen, für Jesus zu leiden, damit andere von ihm hören können? Darf mich das auch meine Bequemlichkeit, mein gewohntes Umfeld, alles das, was mir vertraut ist, kosten, damit andere Jesus kennenlernen können?

Meinen Dienst finden?

Als junger Mann war ich einige Jahre damit beschäftigt herauszufinden, was mein Dienst sein sollte. Die meiste Zeit stellte ich die falschen Fragen, suchte nach der falschen Sache und hielt mich an die falschen Leute.

Die falschen Fragen zu stellen kann einen beim Finden des eigenen Platzes ganz schön ablenken. Wenn wir die Art und Weise, wie wir Gemeinde leben, ändern wollen, wenn wir Leiter in der einfachen Armee Gottes sein wollen, dann fängt das damit an, dass wir unser Leben niederlegen – und nicht, dass wir danach streben, es zu finden. Aber ich greife vor.

Anmerkungen

1 Neil Cole, *Organic Church*, a.a.O., S. 124.

2 in Anlehnung an Cole, a.a.O., S. 126.

3 Dieses Konzept lernte ich von Tom und Betty Sue Brewster, deren Sprachlern-programm auf der Verbindung zu Menschen in der Gastkultur basiert.

4 Neil Cole, *Organic Church*, a.a.O.

5 Tom Marshall, *Understanding Leadership*, Regal 1998.

6 Dick Iverson, *Team Ministry*, City Bible Publishing 1989, S. 40.

7 Patrick Lencioni, *The Five Dysfunctions of a Team*, Jossey-Bass (Wiley) 2002, S. 30.

8 Wenn man die Missionsreisen des Apostels Paulus studiert, wird einem sehr schnell deutlich, dass er beständig daran arbeitete, das Evangelium zu predigen und neue Gemeinden zu gründen.

4

EIN NEUER BONO – ODER EHER BILLY GRAHAM?

Als ich jünger war, fragte ich verzweifelt, was ich mit meinem Leben anfangen sollte. Wenn ich über die Phase meines Lebens nachdenke, muss ich zugeben, dass ich ganz schön mit mir selbst beschäftigt war. Ich schwankte zwischen verschiedenen großartigen Dingen, die ich mir vorstellen konnte für Gott zu tun. An einem Tag wollte ich der neue Billy Graham sein, das Stadion voller verlorener Sünder, die begierig waren zu hören, wie ich die Gute Nachricht verkündete. Ich bin sicher, dass ich, hätte es Bono und *U2* schon gegeben, davon geträumt hätte, die größte Rockband aller Zeiten anzuführen. Doch tatsächlich ist alles, was Bono und ich gemein haben, unsere irische Abstammung.

Zu anderen Zeiten hegte ich in meiner messianischen Wahnvorstellung die Überzeugung, als der neue John Stott meine wahre Bestimmung finden zu sollen – John Stott war einer der großen Bibellehrer meiner Tage. Als Student an der Uni nahm ich mir vor, ein Märtyrer im Amazonas-Dschungel zu werden, so wie Jim Elliot. Ich bin mir nicht sicher, ob man sich tatsächlich aussuchen kann, zum Märtyrer zu werden, doch ich dachte mir das so und betete dafür.[1]

Während meiner Billy-Graham-Phase hörte ich mir alle seine Predigten an, derer ich habhaft werden konnte. Ich schaute ihm im Fernsehen zu, sah, wie die Menschen darauf ansprachen, wenn er sie einlud, sich von ihren Plätzen zu erheben und nach vorne zu kommen. Während George Beverly Shea „So wie ich bin" sang, strömten die Menschen zu Tausenden nach vorne, um Jesus anzunehmen. Wenn Billy Graham das kann, kann ich es auch. Wir dienen doch demselben Gott, oder? Ich stellte mir vor, dass es vielleicht hilfreich sein könnte, die Bibel so zu halten wie Billy Graham, wenn er predigte. So hielt ich sie aufgeschlagen vor mir in der Hand, zeigte – wie er – mit dem Finger darauf und proklamierte: „Die Bibel sagt …" Ich predigte und schritt das Podium auf und ab, so wie er es tat. Und dann machte ich den Altarruf. Ich trat ein paar Schritte zurück und beugte mein Haupt, kreuzte die Arme vor der Brust, eine Hand am Kinn, und betete leise. Ich versuchte so demütig und erwartungsvoll zu sein, wie ich nur konnte. Und raten Sie mal, was passierte? Nichts. Niemand kam. Nun, tatsächlich kamen manchmal einer oder zwei, doch strömten die Menschen nicht zu Tausenden, so wie nach Billy Grahams Predigten. Es ist schon ein bisschen peinlich entdecken zu müssen, dass man wohl doch nicht der nächste Billy Graham ist.

Wie viele junge Erwachsene meines Alters hatte ich geistlichen Ehrgeiz. Aber mir fehlte die richtige Perspektive – und auch ein wenig die Demut. Ich wusste, dass Gott mich zum Leiten berufen hatte, doch war mir nicht klar, wie es dazu kommen sollte und was es kosten würde. Zu der Zeit hatte ich ganz eindeutig kein Interesse an dem „Sterbegeld" des Reiches Gottes. Schon in meiner Kindheit war ich ganz natürlich der Anführer gewesen. Ich trommelte andere Kinder auf dem Spielplatz zusammen, wo wir dann Mannschaften wählten und Matches austrugen. Zu ihrem Leidwesen ernannte ich mich selbst zum elterlichen Aufpasser meiner Geschwister. Ich war Mannschaftskapitän im Highschool-Basketballteam, bewarb mich an der Uni um das Amt des Studentenschaftsvorsitzenden – und gewann. Mit sechsundzwanzig hatte ich in Afghanistan eine Reha-Einrichtung geleitet.

> Ich wusste, dass Gott mich zum Leiten berufen hatte, doch war mir nicht klar, wie es dazu kommen sollte und was es kosten würde.

Immer schon, mein Leben lang, haben meine Leute auf mich gesehen, wenn es irgendeine Entscheidung zu treffen galt. Ich war zwar ein Leiter, doch beklagenswert unwissend im Blick auf Gottes Sicht von Leiterschaft. Mir fehlte das Verständnis dafür, wie Gott Leiter beruft und diese dann weiterentwickelt. Ich wusste nicht, auf welche Weise er Leiter erprobt. Bisweilen war ich im Blick auf das Maß der mir gegebenen Verantwortung meiner charakterlichen Entwicklung voraus. Mir fehlte es an Weisheit, das zu erkennen.

Die Suche nach einem geistlichen Vater

In der Zeit sehnte ich mich nach einem geistlichen Vater oder einer Mutter, die mich verstehen, mir Anleitung und Blickrichtung verschaffen und die mich in dem Prozess begleiten würden, durch den ich meine „Salbung" von Gott herausfinden wollte. Ich wusste wirklich nicht, wie diese Salbung aussah, doch hatte ich davon gehört, als es von der Kanzel gepredigt wurde, und angenommen, dass sie etwas mit dem Ruf Gottes zur Leiterschaft in meinem Leben zu tun haben musste.

Glücklicherweise hat Gott einige ganz erstaunliche Menschen in mein Leben gestellt, die mir auf meinem Weg der Nachfolge halfen und mich anleiteten. In einer Zeit des Fragens – wir lebten in Afghanistan – schickte Gott mir genau im richtigen Moment eine Frau, die ich sehr schätzte. Schon auf die Ferne war sie mir eine Mentorin und geistliche Mutter gewesen, doch brauchte ich jemanden in der Nähe, den ich fragen und mit dem ich die Dinge durchsprechen konnte. Ich ließ sie an meiner Sehnsucht, Gottes Weisung für mein Leben zu erlangen, teilhaben. Würde ich ein Evangelist wie Billy Graham werden? Ein Missionar wie Jim Elliot? Ein Bibellehrer wie John Stott, vielleicht Pastor? Verständnisvoll hörte sie zu, wie ich von meinen Sehnsüchten und Frustrationen erzählte, sie stellte viele Fragen hinsichtlich meiner Träume und meiner Leidenschaft. Dann beschrieb sie mir die besonderen Merkmale der fünf Leiterschafts-begabungen, die Paulus in Epheser 4 nennt: Hirte, Lehrer, Evangelist, Prophet und Apostel. Sie sagte mir nicht, welche meine Begabungen waren, doch wies sie mir die Richtung, um selbst die Antworten finden zu können. Weise wie sie war, erzählte sie mir nicht, wo ihrer Meinung nach mein lebenslanger Dienst stattfinden würde, doch wies sie mich auf die Gaben hin, die einen zu einem Dienst motivieren.

Während ich Paulus' Beschreibung dieser fünf Leiterschaftsfunkti-onen sowie andere Bibelstellen zum Thema las, wuchs meine Einsicht darüber. In einigen der Gaben, die Paulus beschrieb, fand ich mich selbst wieder. Wirklich erfrischt wurde mein Herz, als ich in der Apos-telgeschichte von den Pionier-Heldentaten des Apostels las. Mit diesem Paulus, der von Ort zu Ort reiste, predigte und neue Gläubige sammelte, konnte ich mich identifizieren. Sein Mut, voranzugehen, den Istzustand herauszufordern und neue Brückenköpfe für das Reich Gottes zu errich-ten, weckten in mir die Begeisterung, selber mutig zu leiten.

Lange war meine Einstellung der Gemeinde und ihren Problemen gegenüber kritisch gewesen. Aber nachdem Gott mich in eine Pionierarbeit unter jugendlichen Aussteigern hineingeworfen hatte, schaltete ich vom „Klage-" in den „Aktions-Modus". Ich musste aufhören zu jammern, ich musste leiten. Wenn nichts passierte, konnte ich nicht andere dafür verantwortlich machen: *Ich* war der Leiter! Also betete ich viel und arbeitete hart, so dass ich darauf ausgerichtet blieb, Gott zu vertrauen: Er würde einen Durchbruch geben im Leben derer, die wir erreichen wollten. Ich erfuhr den Segen Gottes in meinem Leben. Kleine Siege in unserem Dienst ermutigten mich, größere Herausforderungen anzunehmen. Wie David, der, bevor er auf Goliath stieß, Löwen und Bären besiegt hatte, gab Gott mir meine eigenen Löwen und Bären, denen ich gegenüberstand und die ich besiegen musste. In den meisten Schlachten, die wir schlugen, ging es um Menschen, die von Sünde und geistlicher Gebundenheit freigemacht werden mussten. Wir fasteten und beteten und widerstanden im Glauben für die Drogenabhängigen und für andere, die verwundet und verloren waren, häufig weit weg von ihren Familien und ihrer Heimat. Wie Hesekiel streckten wir uns zu den jungen Männern und Frauen aus, die eigentlich sagten: „Unsere Knochen sind vertrocknet, für uns gibt es keine Hoffnung mehr" (Hes. 37,11).

Eine Armee vertrockneter Knochen – die jungen Leute, die wir bei uns aufnahmen, waren wirklich verletzt, viele von ihnen stammten aus kaputten Familien. Die meisten hatten schon als junge Teenager weitreichende sexuelle Erfahrungen gesammelt. Früh im Leben hatten sie bereits mit Drogen und Alkohol herumexperimentiert. Über ihrem Leben hing eine Wolke von geistlichem Tod, von Leblosigkeit. Doch langsam, einer nach dem andern, kamen sie zu Jesus, und er hauchte ihnen Leben ein. Sie liebten die Gemeinschaft und hörten gut zu, als wir über die Gemeinde der Apostelgeschichte lehrten; sie brachten das, was in der ersten Gemeinde geschehen war, mit dem in Verbindung, wie wir lebten. Sie sprachen auf meine Leiterschaft an und vermittelten mir Selbstvertrauen.

Man könnte sagen, Gott habe uns ausgetrickst: Er brachte uns dazu, die Gemeinde zu lieben, indem er uns lehrte, die Menschen zu lieben, die wir bei uns zu Hause aufnahmen. Wir stellten fest, dass wir für sie Gemeinde waren.

Es war schon hart, mit desillusionierten Jugendlichen zu arbeiten, doch hatten wir Spaß daran. Regelmäßig kamen Menschen zu Jesus. Ihr Leben wurde verwandelt und wir entdeckten eine neue Art, Gemeinde zu leben. Wir entdeckten die Gemeinde als Gemeinschaft – so, als wäre es eine erweiterte Familie. Man könnte sagen, Gott habe uns ausgetrickst: Er brachte uns dazu, die Gemeinde zu lieben, indem er uns lehrte, die Menschen zu lieben, die wir bei uns zu Hause aufnahmen. Wir stellten fest, dass wir für sie Gemeinde waren. Und während wir sie liebten, entwickelten sich unsere Leiterschaftsgaben.

In den Tagen wurde mir klar, dass ich Pionierarbeit und Gemeinschaft liebte, doch blieben viele unbeantwortete Fragen. Mir war Erfolg beschert, wenn ich Herausforderungen annahm, die andere Menschen für unmöglich hielten. Wo andere Unmöglichkeiten sahen, sah ich Gelegenheiten. Mir wurde bewusst, dass ich die Fähigkeit hatte, in den Menschen Vision und Glauben für das zu erwecken, was Gott mir aufs Herz legte. Während ich unsere Gemeinschaft leitete, auf die Fragen meiner Mentoren einging und Gottes Wort studierte, kam ich zu dem Schluss, dass die apostolische Leiterschaft die Gabe war, mit der ich mich am klarsten identifizieren konnte. Ich fand es aufregend zu lesen, wie die Apostel Gemeinden gründeten und neue Wege fanden, Menschen von Jesus zu erzählen. Doch gleichzeitig irritierte mich der Gedanke. Irgendwo hatte ich gelesen, dass es heutzutage keine Apostel mehr gäbe, dass die Gabe des Apostels mit der ersten Generation von Christen geendet hätte.

Ich gehe auf diesen Teil meiner Geschichte ein, weil ich glaube, dass es viele Leiter gibt, die ähnlich irritiert sind im Blick auf ihren Dienst und auf die Frage, wie er zu dem Leben in konventionellen Gemeinden passen könnte. Für mich kam der Moment, wo mir klar wurde, dass meine Gaben nicht in eine „normale" Gemeinde passten, doch bedurfte es einer langen Zeit, bis ich mir dessen wirklich sicher war. Wenn auch Sie verwirrt sind oder Ihnen das Zutrauen in sich selbst und die Art, wie Sie Gemeinde bauen und leben, mangelt, dann hoffe ich, dass Ihnen meine Geschichte hilft, alles das zu sein, zu dem Gott Sie berufen hat. Vielleicht sind nicht Sie selbst das Problem, sondern die Art und Weise, wie man Ihnen Gemeinde und Leiterschaft beigebracht hat.

In einem sehr wesentlichen Punkt identifiziere ich mich nicht mit den frühen Aposteln, am wenigsten mit Paulus, eher mit Barnabas oder Timotheus. Im Blick auf meine Begabung und Berufung überwog die Unsicherheit gegenüber der Zuversicht. Mir fehlte die Zuversicht des Paulus, wiewohl ich mich nach denselben Zielen verzehrte. Meinem Ringen bei der Suche nach meiner Begabung hätte geholfen werden können, wenn ich ein gutes Buch zum Thema „Alternative Gemeinde" oder „Missionarische Leiterschaft" gefunden hätte, nicht über konventionelle Gemeinde, sondern über Gemeinde als Bewegung und als eine radikale Gemeinschaft. Tatsächlich las ich alles, was mir in die Hände fiel, über die Böhmischen Brüder, die Anfänge der Methodisten und die Täuferbewegung. Ich spürte, dass ich eher ein geistiger Nachfahre von Zinzendorf, Menno Simons oder John Wesley war als einer von Calvin oder Luther.

Epheser 4 beschreibt, dass Jesus Hirten, Propheten, Lehrer, Evangelisten und Apostel gegeben hat, um andere zum Werk des Dienstes auszurüsten. Unglücklicherweise wird der Begriff „Apostel" innerhalb der Gemeinde mit einer besonderen Aura und Stellung in Verbindung gebracht. Ohne Zweifel liegt das daran, dass Jesus seine ursprünglichen zwölf Jünger mit diesem Begriff bezeichnet hat. Sie vollbrachten Wunder, sahen Jesus in seinem Auferstehungsleib, trieben Dämonen aus und heilten die Kranken. Sie waren machtvoll von Gott gesalbt worden. Ich kann schon verstehen, warum heutzutage mancher, der sich in den apostolischen Dienst gerufen sieht, versucht ist, Anleihen bei der Autorität dieser ersten Apostel zu machen. Vielleicht meint er, es würde helfen, wenn er sich selbst die Bezeichnung Apostel zulegt. Aus meiner Sicht überbeanspruchen die Leute den Begriff „Apostel", um sich selbst Auftrieb zu verschaffen, anstatt darin zu ruhen, was sie selbst sind. Ich bin zu dem Schluss gekommen: Je mehr jemand seinen Dienst bekannt machen muss, desto weniger sicher ist er sich darüber. Es geht nicht darum, dass es unangemessen sei, um seine Gaben und Berufung zu wissen. Das Übertreiben mit den Titeln und Ankündigungen stellt das Problem dar. Ein Bibellehrer, der seine Berufung kennt und dem die Zuversicht eines Mannes Gottes innewohnt, der den Segen Gottes auf seinem Leben genießt, der muss sich nicht „Bibellehrer" auf seine Visitenkarte drucken lassen und nicht darauf bestehen, mit „Apostel Meyer" angeredet zu werden.

Definitiv wollte ich nicht „Apostel McClung" auf meiner Visitenkarte stehen haben! Abgesehen davon besaß ich zu der Zeit gar keine Visitenkarten. Ich wollte lediglich meinen Platz im Leib Christi kennen. Zum Teil war das, was ich durchlebte, in Unsicherheit begründet, auf der anderen Seite war da das ernsthafte Verlangen, zu erkennen, was ich mit meinem Leben anfangen sollte. Es war ein recht einsames Ringen. Keines der gängigen Bücher beschäftigte sich mit der Frage, und abgesehen von den paar Mentoren, denen gegenüber ich mich öffnen konnte, mochte ich mit niemandem darüber reden.

Man braucht schon Mumm, um die Art, wie man Gemeinde lebt, zu ändern

Was hat das mit der Art und Weise, wie wir Gemeinde leben, zu tun? Wir brauchen Menschen, welche das „So haben wir es schon immer gemacht" herausfordern. So lange nicht einige Männer und Frauen aufstehen, die genug Mumm haben, die Art, wie wir Gemeinde bauen und leben, zu verändern, werden wir nicht wissen, wie es sein könnte. Das bedeutet experimentieren, innovativ sein, sich mit Jesus und ein paar Freunden auf eine Reise ins Unbekannte begeben. Es heißt ausprobieren und Risiken eingehen bei dem, wie wir Gemeinde leben.

Es bedeutet auch, dass einige von uns irgendwo zwischen dem Alten und dem Neuen zu leben haben. Und vermutlich beinhaltet das auch, so lange mit einigen Widersprüchen zwischen Alt und Neu leben zu müssen, bis sie einen neuen Weg nach vorn gefunden haben. Während ich nach neuen Wegen für die Gemeinde suchte, lebte ich etliche Jahre mit dieser Spannung. Ich machte mich auf eine Reise, auf der ich einen neuen, besseren Weg finden wollte, Menschen zu erreichen. Ich war überzeugt, dass es in Gottes Herzen eine nahtlose Verbindung zwischen der Gemeinde und ihrem Auftrag gab, doch war ich mir nicht sicher, wie das aussehen könnte.

Also startete ich durch und erfuhr einiges an Verkennung und Ablehnung. Wir versuchten (immer noch) unterschiedliche Ansätze, fragten uns: „Sind wir eine Missionsgesellschaft? Eine Organisation? Was sind wir?" Ich bin bei der Bezeichnung „Bewegung" gelandet, wiewohl uns manche wegen der Verwendung des Begriffs belächeln. Aber niemand kann in Frage stellen, dass wir eine Bewegung sein wollen. Ich habe erkannt, dass ich mich nicht von Menschen eingrenzen lassen darf, die meinen Traum von der Berufung der Gemeinde nicht teilen. Ich wage zu träumen, weil Gott eine Portion Mut in meinem Herzen hinterlegt hat. Das ist seine Gnade mir gegenüber – und ich empfange diese Gnade, um meinem Traum zu folgen.

Bestimmte zentrale Werte helfen Ihnen bei der Orientierung auf Ihrer Suche, wie Sie vorwärts gehen, das Gute aus der Vergangenheit festhalten und den neuen Weg in die Zukunft herausfinden können. So gelangen Sie zum Ziel: Gemeinde anders zu leben. Sie müssen die Zukunft mit „apostolischen Augen" sehen – wie es ein junger Leiter einmal ausdrückte. Bei einer Vision geht es oft darum, wohin wir zukünftig gehen werden. Das Problem mit einer Vision, die noch nicht ganz deutlich ist, ist eben, dass sie noch nicht deutlich ist! Was uns in der Zwischenzeit Sicherheit gibt, sind Kernwerte, innere Überzeugungen, die uns motiviert und mit Jesus verbunden halten.

Während ich das Alte in Frage stellte und nach Neuem Ausschau hielt, waren es solche Kernwerte, die ich anstrebte und die mich motiviert hielten. Als ich darüber nachdachte, wie eine apostolische Berufung aussehen mochte und wie das die Art und Weise, wie ich Gemeinde verstand und lebte, beeinflussen würde, wurde mir eine Sache klar: Die ersten Apostel hatten Mut, sie waren für ihre Unerschrockenheit bekannt (vergl. Apg. 5,13.23–30). Obwohl sie dafür geschlagen und bedroht wurden, dass sie Jesus predigten und den neuen Weg, den er sie gelehrt hatte, weigerten sie sich nachzugeben. Als Entgegnung auf das Drohen der Anführer, Ältesten, der Schriftgelehrten und des Hohepriesters beriefen sie eine Gebetsversammlung ein und erhoben ihre Stimmen im Gebet und baten um mehr (Apg. 4,5)!

Vor einigen Jahren stieß ich auf folgende Definition von „Apostel":

Ein Apostel ist ein Bote, jemand, der im Auftrag eines anderen gesandt wurde, ausgestattet mit der Kraft und Autorität dessen, der ihn gesandt hat.[2]

In diesem Buch sagt Dick Iverson, dass das Wort *apostello* im klassischen Griechisch einen Botschafter bezeichnete, der in eine neue Kolonie geschickt wurde, zumeist begleitet von einer Gruppe neuer Siedler. Damit haben wir, wenn wir diese Definition auf unsere Bemühungen, Gemeinde zu verändern, anwenden, einen guten Präzedenzfall! Genau das tat die erste Gemeinde. Sie waren gezwungen, die Weise, wie die Dinge zu tun waren, zu verändern – nicht um der Veränderung willen, sondern weil ihre Liebe zu Jesus und die Leidenschaft, anderen von ihm zu erzählen, sie auf unbekanntes Terrain geführt hat. Wenn wir motiviert sind, es wie sie zu machen, dann gibt es keinen Grund, warum wir nicht auch genau so radikal sein könnten!

Wollen wir die Art, wie wir Gemeinde sind und leben, ändern, dann muss die Motivation dafür tiefer gegründet sein als nur in einer Abneigung gegen die alte Weise. Sie muss apostolisch im biblischen Wortsinn sein. Wir müssen zutiefst überzeugt sein, dass die Gemeinde beauftragt wurde, sich ins Unbekannte zu bewegen, dass wir eine lebensverändernde Botschaft haben, gute Nachricht für die, welche sie noch nicht gehört haben, und dass wir, wo immer wir auch hingehen, Vorposten des Reiches Gottes zu errichten haben.

Im Blick auf den Mut, Veränderungen zu bewirken, ist uns Jesus das Vorbild schlechthin. Bei der Definition des Begriffs „apostolisch" hilft die Orientierung an Jesu Leben und Dienst. Letztlich bedeutet es: Mut haben, mit dem Alten zu brechen und dem Neuen Bahn zu machen. Der Vater hatte Jesus gesandt, damit er durch die Gemeinde einen Vorposten des Himmels auf der Erde errichten sollte. Als *der* Wegbereiter unseres Glaubens war Jesus gesandt, den Weg zum Vater zu weisen. Er war auserwählt, den verlorenen Menschen die Botschaft der Liebe zu bringen, und dafür litt er und gab sich zum Opfer. Er gab sein Leben, um aus den Feinden Gottes seine Freunde und Mitarbeiter zu machen. Er war beauftragt, sein eigenes Leben und seinen Dienst auf Erden zu vervielfältigen, indem er andere erweckte und aussandte (Jh. 3,17.34; 5,36–38; 8,42; 30,21; Mt. 28,19–20). Jesus zahlte einen hohen Preis dafür, der „Apostel des Glaubens" zu sein. Er verließ sein Heim, gab seine Rechte auf, lebte als Diener unter den Menschen und erfuhr Verkennung und Zurückweisung. In allem, was Jesus tat, findet sich kein Glamour, kein Glanz. Wenn Apostel sein heißt, zu tun, was Jesus tat, dann gehört dazu auch Einsamkeit, Verfolgung, in letzter Konsequenz der Tod. Diesem Beispiel zu folgen erfordert Mut.

> Jesus zahlte einen hohen Preis dafür, der "Apostel des Glaubens" zu sein. Wenn Apostel sein heißt, zu tun, was Jesus tat, dann gehört dazu auch Einsamkeit, Verfolgung, in letzter Konsequenz der Tod.

Die Autoren der Evangelien beschreiben die apostolische Sendung Jesu in inspirierenden Details. Ein Aspekt apostolischer Berufung ist besonders beeindruckend hinsichtlich seiner Wirkung auf andere. Es ist sicherlich eine Berufung, die es wert ist, dass wir unser Leben dafür geben, vorausgesetzt, wir verstehen sie korrekt und unsere Motive sind richtig. Als Apostel unseres Glaubens hatte Jesus starken Einfluss auf die Menschen.

Er wurde zum Freund der Ausgestoßenen, stellte sich gegen ungerechte Führungsstrukturen, behandelte Frauen respektvoll, lehrte Staatsdiener Gerechtigkeit, verbrachte Zeit mit Menschen, die am Rande standen, und trat der scheinheiligen Frömmigkeit der religiösen Führer entgegen. Es waren drei starke Jahre – bis die Sache dann unangenehm wurde. Über Jesus als den Apostel unseres Glaubens zu lesen, inspiriert mich, doch gleichzeitig rührt sich Furcht in mir. Aus mir selbst – das weiß ich – bin ich der Sache nicht gewachsen. Ich muss zu dem Schluss kommen, dass ich es auf mich selbst gestellt nicht schaffen kann, aber ich sehne mich danach, es trotzdem zu tun. Etwas in mir kann nicht von dem Verlangen lassen, dem radikalen, herrlichen, edlen und selbstlosen Vorbild Jesu nachzueifern.

Ein Aspekt des apostolischen Dienstes ist das Einflussnehmen auf Menschen, eventuell sogar auf sehr viele Menschen. Das ist in Ordnung so – wenn wir es für Jesus tun. Irgendwann in seinem Leben fing Jesus selbst an, von einer Bewegung zu träumen, die sich aus Menschen jeglicher Gesellschaftsschicht, jeden kulturellen Hintergrunds, aus jeder Rasse und Sprache zusammensetzte. Doch obwohl selbst Jesus von einer weltumspannenden Bewegung träumte, ging er die Sache doch in einer persönlichen, beziehungsorientierten Weise an. Er träumte groß, aber er baute im Kleinen. Er machte sich daran, die Welt zu verändern, doch immer Mensch für Mensch, einen nach dem anderen.

In Kapstadt, wo wir arbeiten, versuchen wir das auf dieselbe Weise. Wir haben uns entschieden, unsere Bemühungen für den Moment auf zwei kleine Townships zu konzentrieren. Wir träumen davon, eines Tages Hunderte von Mitarbeitern aus diesen armen Gegenden hinaus in alle Länder zu senden. Aber im Moment besteht Bedarf nach Gebet für den Einzelnen und Einsatz für das Leben der Menschen. Es geht um ein ganzheitliches Modell von Gemeinde, das die Schaffung von Jobs für die Armen mit Anbetung, Drogenreha mit Bibellehre verbindet. Wir sind nicht die Ersten, die dort dienen und helfen. Viele andere waren vor uns da, doch sehen wir die Not, und wir haben uns verpflichtet, einen neuen Weg, Gemeinde zu leben, zu beschreiten.

Afrikanische Gläubige aller Herkunftskulturen können Nachfolgern Jesu aus dem Westen viel über Opfer, die Überwindung von Ungerechtigkeit und den Eifer für den Herrn beibringen. Was oft fehlt, ist eine unreligiöse Sicht von Jüngerschaft. Die Gemeinde in Afrika ist eifrig, doch ist sie mit der Zeit auch sehr religiös geworden, eingeschnürt von Regeln und Traditionen, die die Gemeinde hindern, ihre Kultur umzugestalten.

Um Afrika umzugestalten, muss sich die Gemeinde ändern! Neue "Gemeinde-Weinschläuche" müssen erschaffen werden.

Das Afrika südlich der Sahara wurde oftmals evangelisiert, doch wurden die Menschen nicht zu Jüngern gemacht. Korruption, Unmoral, despotische Herrscher und Misstrauen zwischen den Stämmen und Rassen ist in der Gemeinde genauso verbreitet wie im Rest der Gesellschaft. Die Gemeinde in Afrika hat eine Leidenschaft für Evangelisation, doch tut sie sich schwer mit alltäglicher Nachfolge. Um Afrika umzugestalten, muss sich die Gemeinde ändern! Neue „Gemeinde-Weinschläuche" müssen erschaffen werden, gefüllt mit dem neuen Wein eines umgestalteten Charakters, veränderter Werte und neuer Verhaltensweisen. „Business as usual" bringt es in Afrika nicht, die Nöte sind zu groß. Kriege, HIV/Aids, Korruption und sexuelles Fehlverhalten erinnern uns ständig an die Notwendigkeit, neue Wege zu finden, um das Leben der Menschen wirkungsvoller zu beeinflussen. Sonntagschristentum ist der alte Weg, davon bin ich überzeugt. Wir brauchen neue Überzeugungen und neue Handlungsweisen, die Nachdruck auf ein Alltagschristentum legen – und nicht nur auf eine gute Zeit am Sonntagmorgen.

Wie ich schon weiter oben sagte, ist Jesus das Vorbild im Verlassen der alten Wege. Er brach mit der jüdischen Art und Weise, Dinge zu tun, die er selbst einmal eingeführt hatte. Und wenn er das mit den Juden machte, was gibt uns dann Anlass zu denken, dass er nicht auch die Gemeinde, die er vor 2000 Jahren selbst angefangen hat, verändern wird? Der Bedarf für eine radikale Reformation ist heutzutage genau so groß wie seinerzeit, viel größer, als gemeinhin gelehrt und betont wird.

So hat zum Beispiel Jesus, obwohl er vom Vater gesandt wurde, um eine weltweite Bewegung zu starten, die meiste Zeit damit verbracht, sich in einige wenige Menschen zu investieren, zumeist an den Rand gedrängte und kaputte Leute. In den afrikanischen Städten und Dörfern gibt es Tausende von Gemeinden, aber zu wenige bauen nach einem ganzheitlichen, jüngerschaftsorientierten Modell, so, wie es Jesus in Palästina tat. Die meisten der Männer und Frauen, mit denen Jesus den Großteil seiner Zeit verbrachte, waren nicht mächtig, berühmt oder als Leiter anerkannt. Jesus wählte sich zwölf Männer und einige Frauen zu den ersten Anführern seiner Bewegung. Er investierte in sie, leitete sie an und lehrte sie, wie man das Leben anpackt. Unter seinem Einfluss änderten Männer die Art, wie sie ihre Frauen behandelten, wie sie ihre Geschäfte tätigten und ihre finanziellen Angelegenheiten abwickelten. Er beauftragte sie, andere in der Weise zu Jüngern zu machen, wie er es mit ihnen getan hatte, und diese lehrten wieder andere (vergl. 2. Tim. 2,2 – Paulus folgte demselben Beispiel). Jesus begann ganz klein und persönlich, doch hatte er etwas Weitreichendes, Weltumspannendes im Sinn.[3] Der Auftrag, den Jesus seinen ersten Jüngern gab, spiegelt die Größe dessen wider, der ihn gesandt hat. Er wirkte auf einer persönlichen Ebene, weil der Vater zutiefst um den Menschen besorgt ist, und doch gab er den Jüngern einen weltweiten Auftrag, weil er sich zugleich um „alle Völker" kümmert (Ps. 96).

Ich wende diese Lektionen auf mein Leben und das derer, die ich leite, an, und bin entschlossen, die Vision, die in meinem Herzen ist, zu allen Nationen und Völkern zu tragen, ungeachtet ihrer Hautfarbe, ihres Standes oder ihres wirtschaftlichen Vermögens. Auf meiner Reise bin ich oft entmutigt worden, doch das Nachdenken über das Vorbild Jesu vermittelt mir frischen Mut, um weiterzumachen. Sein Vorbild ist mir wirklich Inspiration. Jesus brachte eine Bewegung ins Rollen, indem er sich auf die einfachen Menschen konzentrierte, nicht auf die großen und berühmten.

> Jesus begann ganz klein und persönlich, doch hatte er etwas Weitreichendes, Weltumspannendes im Sinn.

Ich bin überzeugt, dass die Möglichkeit, ein Apostel zu sein, sich nicht nur auf jene Menschen mit der ausdrücklichen Gabe des Apostolats beschränkt. Die Evangelien zeigen uns, dass sich Jesus eine Bewegung einfacher Menschen wünschte, die als seine Botschafter dienen sollten (Apg. 4,13; Mt. 4,18; 28,19–20). Die Wichtigkeit ihres Auftrags unterstrich Jesus dadurch, dass er ihnen eine eigene Bezeichnung gab: „Er wählte zwölf von ihnen aus, die er *Apostel* nannte" (Lk. 6,13). Anders gesagt: Wiewohl Jesus einige wenige auswählte, um mit der Gabe des Apostels zu dienen, berief er jeden, der ihm ganz hingegeben war, *apostolisch zu sein*. Er installierte keine Hierarchie – er mobilisierte eine Armee.

Ich glaube, dass alle, die heutzutage Ja zu Jesus sagen, dieselbe Beauftragung wie die zwölf Apostel erhalten. Wir sind vielleicht nicht alle der Begabung nach Apostel, aber wir alle haben den Auftrag, Teil der apostolischen Sendung der Gemeinde zu sein. Wenn Sie sich entschieden haben, Jesus zu folgen, dann haben Sie sich in die lange Prozession der Männer und Frauen eingereiht, die für etwas leben, was weit größer ist als sie selbst, ihr Job, ihre Karriere oder ihr Besitz. Die Herausforderung liegt darin, unserem Ruf gemäß zu leben und zu handeln, und das braucht Mut!

Schon als junger Mann verstand ich, dass Gott mir helfen würde, wenn ich einem apostolischen Ruf nachkäme. Ich las von Jesu Verheißung, mit seinen Jüngern zu sein, wenn sie seinem Auftrag Folge leisten würden (Mt. 28,20; Jh. 20,22; Apg. 1,8). Ich kam zu der Überzeugung, dass der Befehl, in alle Welt zu gehen, eine Verheißung in sich trug. Und diese Verheißung gilt heute – Ihnen und mir.[4]

Gleichzeitig warnte er die Zwölf, dass sie mit Verfolgung, Widerstand und viel Leiden zu rechnen hatten. Auch wir können Verfolgung und Leiden erwarten, wenn wir seine Botschafter, seine Apostel werden. Jesus zeichnete ein Bild der großen Belohnung, die wir erhalten werden, wenn wir ihm treu bleiben, doch war er auch brutal ehrlich, wenn es darum ging, welchen Preis wir zu zahlen haben, wenn wir seinen Fußstapfen nachfolgen (Mt. 10,16–22; Jh. 15,18; Lk. 21,16; Mt. 16,27; 1. Kor. 3,8).

Stark und doch schwach

Sind Sie zum Pionier berufen? Was mich betrifft, so schrecke ich öfter, als ich sollte, vor Risiken zurück – aus Angst, Fehler zu machen. Vermutlich habe ich vor Gott häufiger versagt als mich bewährt. Ich sage das, um klar zu machen, dass die Mitgliedschaft in einer apostolischen Armee nicht heißt, dass man immer vor Mut strotzt. Tatsächlich ist es ziemlich normal, sehr menschlich, wenn wir darüber besorgt sind, was andere über uns denken und reden, wenn uns der Gedanke an Verlust und Ablehnung in Schrecken versetzt. Einige von uns mögen äußerlich stark erscheinen, doch innen drin sind wir ziemlich schwach.

Mir sind schon viele starke Leiter über den Weg gelaufen, wissen Sie, die Sorte, die so „gesalbt" daherkommt, wenn sie öffentlich reden, Leute, die als visionär und wagemutig verehrt werden. Aber wissen Sie was? Sie haben genauso ihre Durchhänger wie wir alle. Das ist zwar keine Überraschung, doch ist es wichtig, das mal zu sagen. Wir können das nicht oft genug hören. Für mich ist es ein echter Trost zu wissen, wie menschlich „große" Leute sein können. Tatsächlich mache ich mir um die, die meinen, sie fürchteten nichts und würden niemals durchhängen, die meisten Sorgen. Das sind solche, die so tun, als ob sie immer alles geregelt bekommen und keine Probleme kennen würden. Um solche Menschen mache ich mir Sorgen.

Vielleicht sehen Sie sich nicht als den mutigen Anführer, als einen, der große Risiken einzugehen bereit ist und es wagt, den Istzustand herauszufordern. In der Gemeinde finden sich viele treue Menschen, die sich auch nicht so sehen können, die aber große Dinge für Gott tun. Groß in den Augen Gottes zu sein, kann bedeuten, jeden Morgen aufzustehen und zur Arbeit zu gehen. Oder den Ehepartner zu lieben. Seine Rechnungen zu bezahlen, Jesus auf der Arbeit zu bezeugen, in der Beziehung zu seinen Freunden echt zu sein – alles das können große Dinge für Gott sein. Oder es kann heißen, als Student hart zu arbeiten, so wie Jesus es tat.

Wir wissen, worauf es bei einem mutigen Leiter *nicht* ankommt. Es geht nicht darum, einen riesigen Kreis von Spendern zu haben, die zu ihrem großen Glaubenshelden aufblicken. Es geht nicht darum, dass ein Buch über einen geschrieben wurde oder dass man als charismatische Persönlichkeit bekannt ist, die die Menschen von den Füßen fegt. Es geht darum, dass man von Gott gehört hat und dann im Glauben hinausgeht, das zu tun, was er einem als Nächstes geheißen hat. Es geht darum, von ganzem Herzen für Jesus zu leben, Gott zu sagen: Als dein Bote und durch deine Gnade werde ich deine Botschaft hintragen, wohin immer du willst.

Mutig sein heißt, glaubensvoll das zu tun, was Gott einem aufgetragen hat. Es bedeutet nicht, dass Sie alles auf einmal tun müssen oder dass Sie immer den Glauben haben, der Berge versetzt, aber es heißt, Gott im Glauben für den nächsten Schritt zu vertrauen, den er von Ihnen erwartet. Dabei ist es egal, ob Sie zwanzig sind und erst ein paar Jahre mit Gott gehen oder ob Sie Christus schon seit Jahrzehnten kennen. Eines der Probleme, wenn wir uns selbst nicht als mutig genug ansehen, ist, dass wir dann nicht die Herausforderungen annehmen, die Gott für uns hat. Wir entschuldigen uns, lassen uns gewissermaßen selbst vom Haken. Wenn wir sagen, dass wir Jesus mutig nachfolgen wollen, dann haben wir uns festgelegt, verantwortlich in dieser Weise zu leben.

Mutig sein heißt, glaubensvoll das zu tun, was Gott einem aufgetragen hat.

Heute – nachdem ich als junger Mann nach meiner Berufung suchte, dann entdeckte, dass sie in risikobereiter Leiterschaft liegt, und nachdem ich inzwischen nun über vierzig Jahre in dieser Wcisc lcbc – heute kann ich sagen: Ich bin entschlossen, mein Leben in noch leidenschaftlicherer Weise zu Ende zu führen, als ich es begonnen habe. Ich möchte es brennend beschließen, noch entschlossener darauf konzentriert, Jesus zu folgen und für seine Ziele auf Erden zu leben, denn als Zwanzigjähriger, als ich herauszufinden versuchte, wo mein Dienst sein sollte. Nebenbei gesagt: Ich habe gelernt, dass Gott mehr an meiner Leidenschaft als an meinem Dienst liegt. Wenn ich mein Herz für ihn brennend halte, wird er sich um meinen Dienst kümmern.

Ich bin leidenschaftlich. Ich träume davon, wie die Nationen für Christus gewonnen werden. Doch mittlerweile habe ich den Vorteil eines lebenslangen Dienstes für den Herrn. Als ein Vater in Christus träume ich jetzt davon, Söhne und Töchter im Herrn heranzuziehen, die wiederum ihre eigenen geistlichen Kinder haben werden.

Aus dem Grund sind Sally und ich nach Kapstadt gezogen. Wir geben unser Leben an die nächste Generation von „Risk-Takers" weiter. Unser Programm nennen wir CPx – *Church-Planting Experience*. Menschen, die lernen möchten, ihren Glauben auf eine neue Weise unter den Armen, Entrechteten und Unerreichten zu leben, bieten wir dazu Gelegenheit – aus erster Hand. Seite an Seite begleiten wir die, welche sich uns zugesellen, und helfen ihnen, kleine, einfache, leicht fortzupflanzende Gemeinschaften anzufangen, die sich aus den Menschen zusammensetzen, denen sie Jesus bezeugen und denen sie praktische Hilfe leisten. Wir haben hier in Kapstadt angefangen, doch ist es unser Ziel, Arbeiter in *alle Nationen* zu senden.

Wir helfen den Menschen dabei, ganz neu über Gemeinde zu denken und dann damit zu experimentieren, wie man das in einer einfachen, fröhlichen Gemeinschaft umsetzen kann, eine Gemeinschaft, die jeden Beteiligten ermutigt, seine Leidenschaft und Gaben einzubringen, andere zu erreichen. Wir arbeiten daran herauszufinden, wie man einfache Gemeinden bauen kann, die ganzheitlich und nachhaltig sind und in der Lage, sich zu vermehren. Wir machen Fehler – doch wir haben Spaß dabei!

Ein apostolisches Volk werden

Beim Apostolischsein geht es um eine Pionier-Einstellung, darum, Gott neue Dinge zuzutrauen, egal, in welchem Lebensabschnitt man sich befindet. Ich bin über sechzig und Sally hinkt nicht weit hinterher. Die meisten Menschen unserer Altersstufe planen ihre Rente. Wir machen uns auf zu unserer neuen Bestimmung.

Während ich Schritte in diese Richtung unternahm, dachte ich noch mal über die frühere Sehnsucht nach, zu erfahren, was mein Dienst sein sollte. Dabei wurde ich daran erinnert, wie ich als junger Mann verzweifelt darum gerungen hatte, Gott zu hören, seine Richtung für mein Leben zu erkennen. Schon früh hatte ich entdeckt, dass Gott, wenn ich es ernst mit ihm meine, mein Rufen hört und antwortet. Ich weiß, dass wir an Gott keine Forderungen stellen können, doch können wir über das, was wir nicht haben, traurig sein und in unserer Verzweiflung für das, was wir von Gott haben möchten, beten und fasten. Gott verheißt, dass er uns hören und antworten wird, wenn wir zu ihm rufen.

In 2. Mose 3,7 wird uns berichtet, dass Gott das Schreien seines Volks hörte, als sie in Ägypten gefangen waren. Er hörte auch das Rufen der Hannah (1. Sam. 1,10), eines David (2. Sam. 22,7; 1. Kön. 8,28) und des Mordechai (Est. 4,1). In Jeremia 33,3 wird uns die Verheißung gegeben, dass Gott uns hört und antwortet, wenn wir zu ihm rufen, und 5. Mose 4,29 ergänzt, dass wir von ganzen Herzen rufen sollen. Gott sehnt sich danach, dass wir ihn verzweifelt suchen.

Die Suche geht weiter

Als Sally und ich uns im Glauben aufmachten und eine Bewegung einfacher Gemeinden, die wir *All Nations* nannten, ins Leben riefen, nahm ich einen Ruf auf, den ich von Gott erhalten hatte, als wir frisch verheiratet waren. Ich war einundzwanzig gewesen und wir hatten bei einer Pastorenfamilie im Hinterland von New York gewohnt. Wir reisten umher und sprachen in den Ortsgemeinden, um Mitarbeiter für Kurzzeiteinsätze zu gewinnen. In den Tagen las ich ein Buch, als ich eine unerwartete Begegnung mit Gott hatte. In dem Buch ging es um das Leben von General Douglas MacArthur, der Titel lautete *American Caesar*, verfasst von William Manchester. MacArthur führte während des 2. Weltkriegs die amerikanischen Truppen auf den Kriegsschauplätzen im Pazifikraum. Sehen wir mal von seinem stolzen Gehabe ab, inspirierte mich seine Begabung als strategischer Denker und Planer sehr, auch, wie gut er seine Männer auf die Schlacht vorbereitete. Ich erfuhr, dass er während der Jahre, in denen er die Truppen im Pazifik befehligte, weniger Männer verlor, als etwa während einer einzigen Schlacht in Europa fielen (bei der Ardennen-Offensive; die Zahl der Gefallenen, Vermissten und Verwundeten dort wird auf etwa 87 500 beziffert, Anm. d. Üs.).

Während ich las, schickte ich ein stilles Gebet gen Himmel, in dem ich Gott sagte, dass ich dasselbe wie MacArthur tun wollte. Ich sagte ihm, dass ich für ihn eine Armee von Männern und Frauen ausbilden wollte. Ich wollte sie für die Schlacht vorbereiten, sie ausrüsten und anleiten, erfahrene Krieger für Gott zu sein. Seinerzeit war mir das nicht klar, doch heuerte ich bei der Armee an, von der wir in Hesekiel 37 lesen.

Während ich das Buch las, sah ich vor meinem geistigen Auge auf einmal Menschen, die zu den verschiedenen Kontinenten der Welt gingen. Ich sah, wie sie predigten und Menschen zu Jüngern machten – und ich sah, wie sie, bevor sie hinausgingen, für den Dienst vorbereitet wurden. Ich spürte, wie sich Gottes Geist auf mein Herz legte, weinte vor Freude und vor Erregung in der Hoffnung auf das, was ich da sah. Neben der Couch, auf der ich saß, ging ich auf die Knie und betete.

Auf einmal sah ich vor meinem geistigen Auge Menschen, die zu den verschiedenen Kontinenten der Welt gingen.

Dieses Erlebnis hatte für mich einen Wendepunkt dargestellt. Es hatte mich so tief getroffen, dass jede Entscheidung, die ich seitdem fällte, im Licht dieser Begebenheit fiel. Alles, was ich tat, sollte dazu beitragen, das Bild, das Gott mir gezeigt hatte, Realität werden zu lassen – eine Armee aus Männern und Frauen, die Gott unter den Nationen dienen würden. Das Bild begleitet mich mein ganzes Leben. Wenn mich der Mut verlassen sollte, wenn ich meinen Kurs in Frage stelle, dann begebe ich mich zurück in die Zeit, als Gott zu mir sprach, zu diesem Bild, das er mir zeigte. Seit der Zeit brennt in mir das Verlangen, Menschen aus den Nationen für Jesus gerettet zu sehen.

Jahre danach, Sally und ich beteten wieder mal über den Weg, den wir gehen sollten, erinnerte ich mich daran, was Gott mir als jungem Mann gesagt hatte. Wir waren zu der Zeit sehr entmutigt. Ich unternahm lange Spaziergänge, auf denen ich betete und über die Isolation, die wir empfanden, nachdachte. Ich verspürte ein Sehnen nach einem frischen Wort vom Herrn. Auch wenn ich von Leuten umgeben bin, die mich lieben, kann ich mich isoliert und alleine fühlen, Sally und ich empfanden beide so. Wir leiteten ein wundervolles Dienstteam, hatte großartige Freunde, wohnten an einem sehr schönen Ort – trotzdem fehlte etwas. Ich habe die Erfahrung gemacht, dass Gott solche Zeiten vorgesehen hat, damit wir *ihn* suchen. Auf diesem Weg pflanzt er ein verzweifeltes Verlangen nach ihm in unser Herz, um uns auf sein neues Reden vorzubereiten. Diese Art Erfahrung machen wir häufig im Vorfeld einer wesentlichen Entscheidung, die in unserem Leben ansteht. Wie ich schon sagte: Das ist Gottes Weg, uns vorzubereiten; er bewegt unsere Herzen, mit ihm alleine zu sein, um seine Stimme hören zu können.

Während der Zeit kam es mir so vor, als ob mir immer, wenn ich die Bibel aufschlug, Verse entgegensprangen, die von den Nationen handelten. Wiederholt gab mir Gott Abschnitte, die die Ausdrücke „alle Nationen" oder „alle Völker" zum Inhalt hatten. Ich fing an darüber nachzudenken, was wir noch mehr tun könnten, um Gemeinden unter den Nationen zu gründen. Dann, eines Morgens, während ich betete und über Psalm 96 nachdachte, las ich diese Worte: „Erzählt den Völkern von seinen Taten, sagt *allen*, welche Wunder er tut!" (Ps. 96,3). Das war innerhalb weniger Tage das dritte oder vierte Mal, dass mich der Ausdruck „alle Völker" aus den Seiten der Bibel ansprang. Als ich noch las, erreichte mich ein Anruf von einem unserer Mitarbeiter: „Kannst du rüberkommen, Floyd, und an der Lobpreiszeit der Studenten heute Morgen teilnehmen? Und hier ist eine Frau – ein echtes Original! –; sie meint, sie hätte ein Wort für dich." Vorsichtig sagte ich zu.

Die Frau erwies sich als jemand, den ich kannte und dem ich vertraute; unter Tränen teilte sie mir das Wort mit, das sie mir sagen wollte. Es handelte sich um Psalm 96, den Abschnitt, den ich früher am Morgen gelesen hatte! Sie bestärkte mich in der Annahme, dass der Herr zu mir redete. Ich wusste genau, Gott wollte, dass ich einen Schritt im Glauben tat; ich sollte die Verheißung, die er mir mit einundzwanzig gegeben hatte, noch einmal in Anspruch nehmen. Er forderte mich heraus, ihm für Teams von jungen Leuten zu vertrauen, die jeden Kontinent bereisen, dort predigen und Jünger „unter allen Völkern" machen würden.

Der Weg auf unserer Reise hat seitdem so manche verrückte Wendung genommen, doch war Gott bei jedem Schritt des Wegs bei uns. Der Dienst, den wir *All Nations* nennen, hilft bis heute dabei, Teams zu mobilisieren und in alle Welt auszusenden. Jedes Jahr nehmen neue Studenten an *CPx* teil, den Jüngerschaftstrainingsprogrammen unter dem Schirm von *All Nations*.

Wie sieht mutige
Leiterschaft in Ihrem Leben aus?

Wenn Sie Ihre Freunde und die Menschen um sich herum inspirieren und dazu anreizen können, den Geboten Jesu zu gehorchen, und dieser Gehorsam auch in Ihnen selbst Gestalt annimmt, dann sind Sie mutig. Wenn Sie dann noch einen Schritt weitergehen und sich bewusst in diese Menschen investieren, auch den großen Sendungsauftrag Jesu zu befolgen, dann rüsten Sie sie zu einem mutigen Dienst aus. Das Wort „ausrüsten" wird von Paulus in Epheser 4,12 gebraucht. Ursprünglich war das ein medizinischer Begriff, der den Vorgang beschreibt, wenn ein gebrochenes Körperglied zurechtgerückt, geschient und geheilt wird. Jemanden ausrüsten heißt, das, was in seinem Leben zerbrochen ist, zu heilen, damit er dann für Jesus voranschreiten kann.

Beim Mutigsein geht es in diesem Zusammenhang darum, andere dazu anzureizen, Gottes Partner auf seiner Mission für den Planeten Erde zu sein. Wir schließen uns seiner Mission an, indem wir einen Lebensstil der persönlichen Evangelisation und des Gebets praktizieren, andere zu Jüngern machen und sie einladen, dasselbe zu tun. Apostolische Menschen haben einige Geschichten zu erzählen. Sie inspirieren andere, Gott zu vertrauen, dass er sie gebraucht, um in der Welt einen Unterschied zu machen. Durch mutige, apostolische Menschen spornt Gott die Gemeinde an, die Welt mit der guten Botschaft von Jesus zu erreichen.

Mutige Leiter setzen mutige Menschen in Bewegung

Wenn wir unsere Sicht dafür verlieren, warum Gott uns auf die Erde gestellt hat, dann brauchen wir Leiter, die für Gott das Wort ergreifen und uns erinnern, dass wir für Gott und seine Zwecke hier sind. Im Mittelpunkt der Absichten Gottes mit der Gemeinde und mit jedem von uns steht, die Armen und Verlorenen dieser Erde zu erreichen. Um es mit einer biblischen Wendung zu sagen: Wir sind „nach außerhalb des Tores" berufen (Hebr. 13,12). Als Jesus gekreuzigt werden sollte, führte man ihn vor die Stadttore Jerusalems. Apostolische Menschen folgen dem Vorbild Jesu und begeben sich auch nach außerhalb der Tore. Wir gehen dahin, wo es nicht angenehm ist. Wir nehmen Risiken auf uns. Wir verlassen das bequeme, gewohnte Gemeindeleben und begeben uns unter die Menschen.

Für apostolische Menschen spielt dabei die jeweilige Begabung und Berufung keine Rolle. Es ist egal, welcher Beschäftigung sie nachgehen. Menschen in der Geschäftswelt sind in gleicher Weise gerufen wie die, welche die letzten Stämme am Amazonas erreichen wollen. So wie Jesus, als er als Zimmermann arbeitete, sind manche in ganz alltägliche Jobs berufen. Die Tatsache, dass Jesus achtzehn Jahre lang als Zimmermann gearbeitet hat, ist von Gott als Vorbild für die vorgesehen, die im Geschäftsleben ihrer Arbeit nachgehen. Sie sind genauso zum Dienst berufen und beauftragt wie solche, die in andere Länder gehen. Indem er als Zimmermann arbeitete, wollte uns Jesus zeigen, wie die Gemeinde jeden Bereich des Lebens durchdringen soll.

Die Strategie, die Jesus im nächsten Abschnitt seines Lebens verfolgte, die drei Jahre der sehr bewussten Heranbildung der Zwölf zu Jüngern, zeigt uns die Ziele und Methoden, die wir verfolgen sollen – ganz unabhängig davon, welche Berufung Gott uns gegeben hat. In den zwei großen Lebensabschnitten hat Jesus den Wert und die Bedeutung des ganz normalen Lebens bestätigt und zugleich ein Vorbild gegeben, wie wir, in eben diesem „ganz normalen Leben", sehr zielgerichtet Jünger heranbilden können.

> Die Ozeane zu queren macht einen
> nicht zum Missionar, zielgerichtet
> für Gott zu leben schon.

Jesus hingegeben sein heißt nicht, Missionar oder Pastor zu sein, sondern bewusst und im Gehorsam Menschen zu Jüngern zu machen. Sie können Pastor sein und trotzdem nicht hingegeben oder ein Ingenieur, der sich mit Haut und Haaren Gott ausgeliefert hat. Wenn man sich der Mission Gottes anschließt, spielen Geografie oder Beruf keine Rolle, es geht um leidenschaftlichen Gehorsam. Die Ozeane zu queren macht einen nicht zum Missionar, zielgerichtet für Gott zu leben schon. Wir sind in „Vollzeit" berufen, ob in Canterbury oder Canberra, ob als Buchhalter oder als Entwicklungshelfer. Wir sind berufen, Jesus nachzufolgen, indem wir andere zu Jüngern machen, die ihrerseits Jesus lieben und gehorchen.

Apostolische Männer und Frauen wurden von Gott bevollmächtigt, die Gemeinde dahin zu bringen, das zu tun, was Jesus tat, während er auf der Erde war. Als Boten sind sie zu jenen gesandt, die Jesus nicht kennen, und sie sind berufen, andere auszurüsten, dasselbe zu tun. Das geschieht, indem sie dem Vorbild Jesu folgen: Jünger machen und sie sammeln.

Apostolische Menschen bringen die Gemeinde in die Welt; sie warten nicht, bis die Welt zur Gemeinde kommt. Gottes Absicht ist immer, dass die Frucht des apostolischen Dienstes in Jesus gegenüber gehorsameren Jüngern mündet. Das heißt, sie in kleinen, einfachen Gemeinschaften zu sammeln und sie dann auszurüsten und zu ermutigen, Jesus in allem, was er uns gelehrt hat, zu gehorchen. Wenn dann der Heilige Geist auf solch eine missionarische Gemeinschaft fällt und sie außer Kontrolle gerät, dann ist eine Gemeindegründungsbewegung geboren.

Apostolische Menschen bringen die Gemeinde in die Welt; sie warten nicht, bis die Welt zur Gemeinde kommt.

Gott benutzt die, welche als Apostel begabt sind, dazu, die ganze Gemeinde zu bewegen, apostolisch zu sein. Er hat Apostel derart mit einer Ruhelosigkeit und einer Unzufriedenheit mit dem Gewöhnlichen programmiert, dass sie nur zufrieden sind, wenn sie auf mutige Weise die Verlorenen erreichen – und andere motivieren können, es ihnen gleichzutun. Sie haben nicht vor, sich mit dem Istzustand zufriedenzugeben. Ihre Berufung ist es, den Blick über den Horizont zu erheben, dorthin, wo die Gemeinde noch nicht ist – und dann dorthin zu gehen. Während andere auf das schauen, was geschafft wurde, und dankbar dafür sind, sehen apostolische Menschen, was noch nicht getan wurde, und sehnen sich nach mehr.

Ohne ihre Apostel verkrustet die Gemeinde hoffnungslos und wird letztlich dem Befehl Jesu, alle Nationen zu Jüngern zu machen, ungehorsam. Wenn Ortsgemeinden, christliche Organisationen und Ausbildungseinrichtungen Menschen mit apostolischer Leidenschaft an den Rand drängen oder ausschließen, können sie nicht mehr davon ausgehen, Jesus ganz gehorsam zu sein.

Wenn Ortsgemeinden, christliche Organisationen und Ausbildungseinrichtungen Menschen mit apostolischer Leidenschaft an den Rand drängen oder ausschließen, können sie nicht mehr davon ausgehen, Jesus ganz gehorsam zu sein.

Achtung: Gefahr voraus!

Ihrer Leidenschaft treu bleibend, schauen mutige apostolische Leiter ständig über den Horizont hinaus, immer auf der Suche nach neuen Herausforderungen. Doch müssen sie vorsichtig sein. Sie müssen lernen, Unterscheidungskraft mit ihrem Eifer Hand in Hand gehen zu lassen. Sie können es sich nicht erlauben, auf jedweden Zug aufzuspringen, der etwas Neues mit sich bringt, oder jeder „Vision" nachzugehen, die ihnen in den Sinn kommt. Apostolische Leiter sind damit begabt, neue Visionen zu entwickeln. Aber die Gefahr einer ungerichteten, unfokussierten Vision liegt darin, dass man dann schnell die eine Sache aus den Augen verliert, die wir vor allen anderen Dingen tun sollten.

> **Effektive apostolische Leiter wissen, dass sie ihre Zeit mit dem Segnen von allem Möglichen verschwenden können, ohne an einer einzigen Sache dranzubleiben und diese gut zu machen.**

Apostolische Leiter sollen mit anderen im Geist der Einheit zusammenarbeiten, doch sollten sie nicht von einer Konferenz zur anderen rennen, nur um das neueste „Wort des Herrn" zu erhaschen. Während sie prophetisch *zuhören*, müssen sie apostolisch *denken*. Sie sollen das segnen, was andere für den Herrn tun, doch müssen sie immer daran denken, an dem zu bauen, was Gott ihnen gegeben hat, und sich darauf zu konzentrieren, die Verlorenen zu erreichen. Sie sollen die Partnerschaft mit anderen pflegen, jedoch ohne ihre „Pionier-Salbung" dabei zu opfern. Sie haben die Berufung zu bauen. Effektive apostolische Leiter wissen, dass sie ihre Zeit mit dem Segnen vom allem Möglichen verschwenden können, ohne an einer einzigen Sache dranzubleiben und diese gut zu machen. Apostolische Leiter sollen ihre eigenen Gaben und Energien und die derer, die sie leiten, darauf konzentrieren, andere zu gewinnen, und ihnen helfen zu reifen und sich zu vermehren, damit neue Gemeindegründungsbewegungen entstehen. Und das kann im Berufsleben und unter den Nationen geschehen. Indem sie dem gewissenhaft nachkommen, sind sie „weise Baumeister" (1. Kor. 3,10).

Wenn Sie dem apostolischen Dienst zugetan sind, Sie das Sammeln und die Vervielfältigung neuer Jünger für Jesus jedoch eher kalt lässt, dann ist die Wahrscheinlichkeit groß, dass Sie zum Kreuz zurückgehen müssen. Sie müssen sich wohl ganz neu in Jesus verlieben, um eine neue Sicht davon zu bekommen, warum Gott Sie so gemacht hat, wie Sie sind. Effektive Jünger Jesu wissen, wozu sie berufen sind, und gehen dem zielstrebig nach. Der Ruf Jesu erfolgte gewiss nicht zu ihrer eigenen Erfüllung oder Unterhaltung. Gott hat sie nicht mit seinen Gaben betraut, damit sie von einem visionären Unterfangen zum nächsten springen. Sie sollen Gottes Gemeinde bauen – egal in welchem Beruf.

Apostolische Menschen haben eine Leidenschaft für Jesus und für seine Ziele auf Erden. Jesus hat sie zum Bauen berufen, zum Bau der Gemeinde. Wenn Sie zu diesen Leuten gehören und die Sicht dafür verloren oder sie überhaupt noch nie gehabt haben, dann kann es sein, dass Sie Ihrer Bestimmung nicht nachkommen.

Mutige Menschen, die ich kenne

Es kann hilfreich sein sich klarzumachen, dass der Geist Gottes einige von uns in einen apostolischen Dienst gerufen hat, ohne dass wir Apostel im Sinne der speziellen Begabung sind. Er hat uns vielleicht berufen, einen neuen Dienst ins Leben zu rufen oder eine Gemeinde zu gründen, obwohl Vorkämpfer und Wegbereiter sein eigentlich nicht die Regel in unserem Leben ist. Paulus bezeichnet das den Korinthern gegenüber als „verschiedene Aufgaben" (1. Kor. 12,4–6):

> Nun gibt es verschiedene geistliche Gaben, aber es ist ein und derselbe Heilige Geist, der sie zuteilt. In der Gemeinde gibt es verschiedene Aufgaben, aber es ist ein und derselbe Herr, dem wir dienen.

In diesem Vers erinnert uns Paulus daran, dass Gott unterschiedlichen Menschen verschiedene Gaben und Tätigkeiten zugeteilt hat, um das Evangelium zu verbreiten und seine Gemeinde zu bauen (Apg. 1,25; 13,1–3; Röm. 1,5; 16,7; Gal. 2,8; 2. Tim. 1,11). Wenn Sie von Gott in eine Gemeindegründungsarbeit berufen wurden, kann es dienlich sein, mit Menschen verbunden zu sein, die eine apostolische Gabe haben. Und wenn Sie Teil einer Gemeinde oder Bewegung sind, die bereits eine apostolische Kultur entwickelt hat – umso besser.

Während alle heutigen Apostel die Gabe des Apostolats empfangen haben, sind nicht alle mit apostolischer Beauftragung auch Apostel.

Verwirrung um den Begriff „Apostel" kommt dann auf, wenn wir keine Unterscheidung machen zwischen den ersten Aposteln, einer apostolischen Beauftragung, die an jedermann ergehen kann, und Einzelnen, denen die Gabe der Apostelschaft für die heutige Gemeinde gegeben wurde. Zusammengefasst:

- *die ersten Apostel* – die, welche den auferstandenen Jesus gesehen haben, und die berufen wurden, die Gemeinde in ihrer allerersten Phase voranzutreiben
- *apostolische Beauftragung* – kann jedem zuteil werden, den der Heilige Geist auswählt, um dieselben Dinge zu tun, die auch die ersten Apostel taten
- *die Gabe der Apostelschaft* – wird Einzelnen in der heutigen Gemeinde gegeben, um Nachfolger Jesu zu gewinnen, zu sammeln und zu vermehren

Die ersten zwölf Apostel, die mit dem Fleisch gewordenen Jesus zusammen lebten, waren Apostel mittels der ihnen verliehenen Gabe. Sie waren einzigartig in der Hinsicht, dass sie Jesus in seinem Auferstehungsleib gesehen und den Missionsbefehl als Erste erhalten haben. Paulus erlangte dasselbe Amt und dieselbe Stellung aufgrund seiner persönlichen Begegnung mit Jesus auf der Straße nach Damaskus. Paulus sah Jesus in seiner Auferstehungsherrlichkeit und wurde dadurch geblendet. Während dieser Begegnung wurde er von Jesus in gleicher Weise beauftragt wie die Jünger, die mit ihm gewesen waren (Apg. 9,3ff).

Eines der eindrücklichsten Beispiele aus meinem persönlichen Erleben, wie Gott jemanden zu apostolischen Tätigkeiten gebraucht, der aber kein Apostel ist, ist die Geschichte von Lura Garrido. Gott benutzte Lura, um Gemeinden unter den Prostituierten in Amsterdams berüchtigtem Rotlichtviertel zu gründen. Zu der Zeit war Lura meine persönliche Assistentin. Sie bat mich um einen halben freien Tag in der Woche, um unter den Prostituierten evangelisieren zu können. Gerne willigte ich ein, erfreut, dass jemand von unseren Büromitarbeitern bereit war, mehr Zeit damit zu verbringen, Menschen von Jesus zu erzählen. Kurze Zeit drauf bat sie mich um einen weiteren halben Tag, und dann noch um einen ganzen, um dem Büro fernbleiben zu dürfen. Ich verfolgte Luras Aktivitäten sehr genau und war begeistert, wie Gott diese kleine, zweiundsechzigjährige Frau gebrauchte, eine Vielzahl von Straßenmädchen für ihn zu gewinnen und zu Nachfolgerinnen zu machen.

Lura rief eine Bibelstudiengruppe für ehemalige Prostituierte ins Leben, die auf über 150 Bekehrte anwuchs. Heute zählen sich zu der Gemeinde, die Lura gestartet hat, über 800 Menschen, es finden Gottesdienste in vier verschiedenen Sprachen statt. Als ich ihr sagte, dass sie nicht nur einen Bibelkreis leiten würde, sondern Hirte einer Gemeinde sei, lachte sie und wandte ein, sie sei doch kein Pastor! Hinsichtlich des üblichen Verständnisses des Begriffs hatte sie Recht. In der Terminologie der geistlichen Gaben ausgedrückt, war sie eine Lehrer-Evangelistin, die die Frauen von der Straße liebte.

Luras Dienst weitete sich auf andere Städte aus, und es dauerte nicht lange und meine liebe, großmütterliche Assistentin war ein umherreisender, Gemeinden gründender „Apostel" für die Prostituierten Hollands geworden. Das war vor vielen Jahren; Lura ist immer noch am Dienst an den Frauen im Rotlichtbezirk beteiligt. Mittlerweile ist sie Ende siebzig. Wer sagt, Gott könne keine Frauen gebrauchen, um Gemeinden zu gründen? Und wer behauptet, Gott könne nicht irgendeine Person, die er erwählt hat, gebrauchen, um für ihn einen apostolischen Auftrag zu erfüllen?

Luras Auftrag war langfristig angelegt und weitreichend. Ein Grund, warum ich das eher als Auftrag denn als Gabe bezeichne, ist einfach der: Lura war kein Apostel in dem Sinne, wie dieser Begriff heute normalerweise gebraucht wird, auch war sie nicht berufen oder ausgerüstet, Gemeinde außerhalb ihres besonderen Dienstbereichs zu gründen.

Es gibt andere in unserer kleinen Bewegung, die mich inspirieren und von denen ich erzählen könnte: David und Anna mit ihrem „Marktplatz-Projekt" in Indien, Mikes und Domnicas Erzählungen über die Jugendgemeinde in Rumänien lassen mich immer noch schmunzeln, Bill, Norren, Babu Kaji und Goma haben alles verlassen, um eine ganzheitliche Gemeindegründungsarbeit in Kathmandu voranzutreiben. Bo, Sonam, Maika und Heather müssen nicht lange überlegen, dass die wahren Helden in ihrer Arbeit die Bekehrten aus Hindus und Buddhisten mit ihrem kindlichen Glauben sind, Blake und Tracy haben mich tief beeindruckt mit ihrem Durchhaltevermögen und Gebetsleben und wie das zu einer neuen Offenbarung über den „uralten Gott" und seine Liebe zum Akha-Volk geführt hat.

Ich bin überzeugt, dass es nicht die Berühmten und Wichtigen sind, die im Himmel die prächtigsten Kronen bekommen werden, sondern die Treuen. Solche wie Bill und Julie Ross mit ihrer Gemeinschaft, die sie auf der Farm von Julies Mutter in Süd-Dakota gegründet haben. Oder Mark und Sarah Rife und die *Elevate*-Gemeinschaft in Hilo, Hawaii. Sie wären die Ersten, die sagen würden, dass Pionierarbeit nicht leicht ist; manchmal ist es allein ihr Mut, der sie durchhalten lässt.

Auch Walter Snyman ist in meiner „Galerie der Tapferen". Schon 1982, lange, bevor so etwas politisch korrekt war, öffnete Pastor Walter die Türen der *Lighthouse Church* in Kapstadt für Menschen aller Kulturen und Hautfarben. Und mit demselben Mut sind jetzt sein Sohn Peter und andere voranstrebende Leiter in Walters Fußstapfen getreten. Jetzt haben sie ihren Blick fest darauf gerichtet, eine apostolische Bewegung zu werden, welche einfache Gemeinden gründet, die ihr Land für Jesus erreichen.

Zehn Merkmale mutiger apostolischer Menschen

- *Vision.* Apostolische Menschen sehen Dinge, die andere nicht sehen. Sie leben tendenziell schon in der Zukunft, denken schon an den nächsten Berg, den sie erklimmen können. Sagen Sie so jemandem nie, etwas sei unmöglich – das spornt ihn nur an, der Erste sein zu wollen, der es schafft!

- *Glauben.* Apostolische Menschen vertrauen Gott für das Unerreichbare. Der Heilige Geist verleiht ihnen Glauben, das Unmögliche in Angriff zu nehmen.

- *Bauen statt segnen.* Apostolische Menschen bekommen die Dinge „gebacken". Sie gründen neue Gemeinden, starten neue Unternehmungen und sammeln und vereinen Menschen um eine gemeinsame Vision und Werte.

- *Wunderbare Versorgung.* Der Geist segnet sie mit vielen Zeichen und Wundern; Gott in seiner Güte ermutigt sie, während sie die vernachlässigten und unerreichten Völker der Erde zu erreichen versuchen.

- *Neue Gemeinden ins Leben rufen.* Apostolische Menschen sammeln die Leute. Der Zweck des apostolischen Dienstes liegt darin, Menschen, die Jesus noch nicht nachfolgen, anzuziehen, damit neue Gemeinden gegründet werden und sich die Anbetung Jesu auf immer mehr Leute und Orte erstreckt.

- *Meinungsverschiedenheiten beilegen und Disziplin durchsetzen.* Wer in den apostolischen Dienst gerufen ist, muss in Auseinandersetzungen zwischen Mitarbeitern vermitteln und wo nötig, Disziplin einfordern können. Er wurde von Gott autorisiert, gesunde, fortpflanzungsfähige Gemeinschaften zu bauen. Gemeindezucht soll dazu dienen, die Gefallenen wiederherzustellen und die Gemeinde rein und auf ihre Bestimmung, das Evangelium zu verbreiten, ausgerichtet zu halten.

- *Leiter von Ortsgemeinden ernennen und anleiten.* Während seiner Missionsreisen hat Paulus in den Gemeinden, die er gegründet hatte, Älteste eingesetzt.

- *Verfolgung und Drangsal erleiden.* Eine der Auswirkungen des apostolischen Dienstes ist, dass verschlossene Länder oder Gegenden „geknackt" und Brückenköpfe des Evangeliums errichtet werden. Es liegt im Wesen einer Berufung zum Pionier, dass apostolische Menschen Verkennung, Ablehnung und Verfolgung erleben. Je feindlicher die Überzeugungen derer sind, die erreicht werden sollen, desto größer ist die Chance von Verfolgung.

- *Werte und Vision vermitteln.* Tapfere Leiter befähigen das Volk Gottes, auf seine Berufung ausgerichtet zu bleiben, indem sie eine unwiderstehliche Vision und die Werte des Reiches Gottes vermitteln.

- *Bewegungen und Netzwerke.* Paulus vernetzte Gemeinden miteinander (Ephesus, Kolossä und Laodizäa in einer, die römischen Hausgemeinden in einer anderen Gruppe). Das geschah mit dem Ziel, die Verbreitung des Evangeliums zu erleichtern und die Einheit unter den Gläubigen zu fördern (vergl. Röm. 15,7). Viele der heutigen apostolischen Leiter haben damit angefangen, diese biblische Strategie einzusetzen, indem sie lose verbundene Gemeindegründungsbewegungen ins Leben riefen, welche die Gemeinden mobilisieren, mehr Menschen mit dem Evangelium zu erreichen. Bewegungen *bewegen* Menschen!

Mutige Leiter gehen aus dem Feuerofen des Widerstands hervor

Leitern mit Vision wird in unserer modernen Gesellschaft zusehends mit Zynismus begegnet. Aber eigentlich muss man kein ausgesprochener Zyniker sein, wenn man jemandem, der eine große Vision verkündet, skeptisch gegenübertritt. Die meisten Menschen haben wenigstens einen

Anführer gehört, der von der großen Vision gesponnen hat, die Welt zu verändern. Selbst wenn wir überzeugt sind, dass die Welt einer Veränderung bedarf, und Gott zutrauen, sie eines Tages tatsächlich zu ändern, bleibt es immer noch schwierig, einem Leiter, der seine kühne Vision ausbreitet, von ganzem Herzen zu trauen.

So abschreckend die Herausforderung auch sein mag, geht es bei Führerschaft doch um genau das. Um widerstrebende Menschen zu führen und ihnen beim Überwinden ihrer Einwände und Ängste zu helfen, wird sich ein Leiter nah zu Gott halten – und unverzichtbare Leitungskompetenzen erwerben. Wenn geistliche Leiter diesen Herausforderungen in Demut begegnen, verschafft ihnen das im Gegenzug Glaubwürdigkeit und Einfluss. Geistliche Autorität lässt sich nicht von der Fähigkeit trennen, Menschen auf nicht-manipulative Art und Weise zu beeinflussen. Leiten heißt dienen, Dienen verschafft Einfluss, und Einfluss bringt die Frucht wahrer geistlicher Autorität mit sich.

> Um widerstrebende Menschen zu führen und ihnen beim Überwinden ihrer Einwände und Ängste zu helfen, wird sich ein Leiter nah zu Gott halten.

Der eine, alles überragende Zweck

Gott hat der Gemeinde die visionären Leiter zu einem alles überragenden Zweck gegeben: die Herrlichkeit Gottes in jedem Viertel, in jedem Gesellschaftsbereich, in jedem Staat der Erde zu sehen, zu schmecken und zu verbreiten. Wenn die letztliche Bestimmung des Menschen ist, Gott zu verherrlichen und ihn auf ewig zu genießen, dann liegt die letztliche Bestimmung eines mutigen Leiters darin, Gottes Volk zum Sehen, Schmecken und Verbreiten der Herrlichkeit des Herrn anzuleiten. Er wurde in die Gemeinde gestellt, um das brennende göttliche Verlangen, seine Herrlichkeit in seinem Volk und durch es zur Geltung zu bringen, zu verstärken und zu vergrößern.

> Gott gab der Gemeinde Leiter, um seine Herrlichkeit zu verbreiten, nicht, damit sie in den Augen der Menschen als berühmt und wichtig erscheinen.

Apostel zu sein ist nicht die höchste Stufe, die man innerhalb der Gemeindehierarchie erreichen könnte – über allem steht Gottes Herrlichkeit. Bei mutiger Leiterschaft geht es nicht um einen hohen Bekanntheitsgrad, es geht um Gott und seine Herrlichkeit. Couragierte Leiterschaft ist nur Mittel zum Zweck. Geistliche Leiterschaft wird irgendwann vergehen, doch Gottes Schönheit und strahlende Herrlichkeit wird auf ewig Bestand haben. Gott gab der Gemeinde Leiter, um seine Herrlichkeit zu verbreiten, nicht, um sie in den Augen der Menschen herrlich erscheinen zu lassen.

Ein Leiter ist zunächst ein Botschafter. Die Herrlichkeit liegt in der Botschaft, die wir weitertragen, nicht in der Beredsamkeit oder dem Auftreten des Boten. Wenn wir am Ende des Zeitalters mit den Erlösten aus allen Stämmen, Völkern und Sprachen versammelt sind und auf unser Angesicht fallen und das Lamm, das allein würdig ist, anbeten: Wer wird dann überhaupt bemerken, dass es Leiterschaft, wie wir sie kennen, gar nicht mehr gibt? Es ist nur eine zeitlich begrenzte Gnade. Das Lamm allein bleibt ewig.

Die Herrlichkeit Gottes ist das Endgültige und Höchste, nicht die Gaben, die er uns zur Verbreitung dieser Herrlichkeit gibt. Wenn dieses Zeitalter vorbei ist, wenn wir in seiner Gegenwart knien, dann kennen wahre Apostel nur eine Sehnsucht: in Jesu Augen zu sehen und darin die Freude zu erkennen, die ihm der zunehmende Lobpreis bereitet. Dafür strengen sich echte Apostel an: Sie wollen Jesus und seine Freude genießen; die Freude, die er hat, wenn wir ihm mehr Anbetung darbringen, indem wir mehr Menschen zu Jüngern und somit zu Anbetern machen. Letztlich geht es uns nicht darum, wie viele Gemeinden wir gegründet, wie viele Leiter wir ausgebildet oder wie viele Aktionen wir ins Leben gerufen haben. Wir träumen davon, am Ende der Zeiten in seine herrlichen, durchdringenden Augen zu schauen und zu wissen, dass wir ihn erfreut haben, dass er von denen, die wir zu ihm bringen konnten, angebetet, genossen und geliebt wird. Das ist unser Lohn. Das reicht. Mehr wollen wir nicht.

Das ist die Krone, die alle echten Leiter ihm zu Füßen legen wollen. Die Wahl, lieber Freund, haben Sie zu treffen: am Ende mit leeren Händen vor Gott zu stehen oder mit Kronen, die Sie vor ihm niederlegen können. Ihre Bücher, CDs, Radioprogramme oder welche menschliche Errungenschaft auch immer – alles das eignet sich nicht dazu, vor seine Füße gelegt zu werden. Erlöste Menschen, danach sehnt er sich, das sind

die Kronen, die wir niederlegen können. Der letztendliche Siegespreis
für jeden mutigen Leiter ist nicht, was er hier auf Erden, sondern die
Belohnung, die das Lamm im Himmel empfängt. Paulus sagte:

Denn seid ihr nicht unsere Hoffnung und Freude und unser Stolz,
wenn Jesus, unser Herr, wiederkommt und wir vor ihm stehen
werden? (1. Thes. 2,19)

Die Ehre Gottes, die ihm durch die Anbetung der Erlösten zukommt,
ist für den Leiter beides: Treibstoff und Ziel. Treibstoff deshalb, weil
es das ist, was alle Glaubenspioniere mit der Kraft zum Weitermachen
ausrüstet. Wir sehnen uns danach zu sehen, wie das Lamm den gerechten Lohn seiner Leiden empfängt. Und unser Ziel ist es, weil wir beim
Leiten und Durchkämpfen nur eines im Sinn haben: die Freude zu
sehen, wie die Armen und Verlorenen in die Erfahrung seiner Güte und
Barmherzigkeit kommen. Die immerwährende Freude des Lammes über
die, welche wir mit der guten Botschaft erreichen sollen, ist, was uns
antreibt und motiviert.

Du bist würdig, o Herr, Herrlichkeit und Ehre und Macht zu empfangen, denn du hast alle Dinge geschaffen, und zu deiner Freude
wurden sie geschaffen (Offb. 4,11; nach der *King James*-Üs.)

John Piper erinnert uns daran, dass das Genießen Gottes in der
privaten Anbetung der in der Öffentlichkeit, im großen Gottesdienst,
vorausgehen muss. Wir können nicht etwas anpreisen, was wir nicht
selber wertschätzen. Apostolische Leiter werden niemals aus der Tiefe
ihres Seins ausrufen: „Würdig ist das Lamm!", wenn sie ihn nicht ganz
alleine, in ihrem „Kämmerlein", angeschaut und genossen haben.

Wenn im Herzen und in den Prioritäten der Gemeinde das Streben
nach Gottes Herrlichkeit nicht dem nach dem Wohl des Menschen
übergeordnet wird, dann ist dem Menschen nicht wirklich gedient
und Gott wird nicht angemessen geehrt.[5]

Abgelenkte Leiter?

Wie ich zu Ende des letzten Kapitels sagte, wollte ich, als ich jünger
war, verzweifelt in Erfahrung bringen, welches mein Dienst war – und
das könnte das Problem gewesen sein: Ich wollte *meinen* Dienst ken-

nen. Ich lief Gefahr, vom Wesentlichen abgelenkt zu werden, nämlich für Gott zu leben und nicht für mich selbst. Damit beschäftigt zu sein, „meinen Dienst" oder „meine Berufung" zu finden – egal, wie natürlich das sein mag –, kann eine gefährliche Ablenkung bedeuten. Es ist recht wahrscheinlich, dass wir, die wir der Gemeinde dienen, dahin kommen, von dem Gott, den wir lieben, abgelenkt zu werden, wenn wir nicht Tag für Tag Gottes Herrlichkeit anschauen und genießen. Als Mose mit seinem Leiter-Sein am Ende war, rief er aus: „Lass mich deine Herrlichkeit sehen!" (2. Mo. 33,18). Wenn sich Ihr Mut verflüchtigt hat und Ihre Leidenschaft vertrocknet ist, dann gibt es nur einen Ort, den es aufzusuchen gilt: den verborgenen Platz bei Gott, ganz alleine. Auch jetzt sollten Sie innehalten und auf die Knie gehen; bitten Sie Gott um eine frische Offenbarung seiner Herrlichkeit, seiner Schönheit, wie sie in Jesus offenbart ist.

Wenn wir seine Herrlichkeit aus den Augen verlieren, dann wird die Botschaft von der Größe Gottes gemindert – sowohl in unseren Augen als auch in den Augen derer, die wir leiten. In dem Fall lassen wir Gott klein und unscheinbar aussehen, wie einen eingeschränkten Gott, der sich über den Ausgang seiner Unternehmungen Sorgen macht. Wir werden ihn in der Öffentlichkeit immer nur so präsentieren können, wie wir seine Gegenwart alleine erfahren haben.

Mutige Leiterschaft wird geboren und speist sich aus einer unverbrauchten, frischen Offenbarung Gottes in der Person Jesu. Mose begegnete Gott in der Wüste, Abraham traf ihn am Opferaltar, David auf den Hügeln Palästinas, als er vor Saul floh, und Paulus begegnete ihm auf der Straße nach Damaskus. Wie lange ist es her, seit Sie seine Herrlichkeit gesehen haben? Mose schwor, ohne Gottes Gegenwart nicht einen Schritt zu gehen. Würden Sie denselben Schwur leisten? Hier und jetzt? Ich appelliere an Sie, vor dem Herrn des Himmels und der Erde niederzuknien und ihm zu geloben, ihn nicht eher anderen vorstellen zu wollen, bis Sie ihn nicht für sich selbst gesehen haben. Versprechen Sie Gott, keinen Dienst tun zu wollen, wenn Sie nicht Tag für Tag in seiner Gegenwart sind, sein Angesicht suchen und sein Wort lesen. Dann werden Sie ihn mit neuen Augen sehen und den Weg vor sich mit neuem Mut beschreiten.

Anmerkungen

1 Die Lebensgeschichte von Jim Elliot beeindruckte mich nachhaltig. Seine Frau Elisabeth Elliot erzählt sie in dem Buch *Im Schatten des Allmächtigen*.

2 Dick Iverson, *Building Churches That Last*, City Christian Publishing 1995, S. 58.

3 Forscher gehen davon aus, dass es etwa 700 Millionen Nachfolger Jesu gibt, die ihn persönlich kennen; diesen stehen ca. 1,3 Milliarden gegenüber, die nur dem Namen nach Christen sind.

4 Als er ihnen in Matthäus 28,19–20 den Missionsbefehl gab, wies Jesus seine Jünger an: „Lehrt sie zu halten, was ich euch geboten habe." Diese „Weitergabe-Klausel" macht klar, dass Jesus beabsichtigte, dass dieser Auftrag von Generation zu Generation weitergegeben werden sollte.

5 John Piper, *Let The Nations Be Glad*, IVP 2003, o. S.

TEIL 3

ZIELGERICHTETER GEHORSAM

5

ACHTUNG, KAMELE!

Ein Kamel mitten auf der Straße nicht zu sehen ist fast unmöglich, doch genau das passierte. Wir tuckerten die Landstraße entlang, und es lief genau vor uns. Der Abend dämmerte, die Sonne ging über den Bergen des Hindukusch unter, und wir waren erleichtert, endlich unterwegs zu sein. Wir hatten einige Wochen gebraucht, den alten österreichischen Reisebus, den wir einem jungen Touristen abgekauft hatten, wieder flott zu machen. Es war eine Hippiebehausung auf Rädern, mit Etagenbetten, Dusche und so weiter, nicht besonders toll, aber uns gefiel das. Wir luden alle unsere irdischen Besitztümer auf, umarmten jeden, der uns unter die Augen kam, mummelten unsere neugeborene Tochter Misha warm ein und machten uns auf den Weg.

Knapp drei Jahre hatten wir in Kabul gelebt und unsere Reha-Einrichtung für westliche Aussteiger betrieben. Aber dann waren in der afghanischen Regierung neue Leute ans Ruder gekommen, und die Hardliner unter ihnen entschieden, dass wir packen sollten. Keine Visa mehr für Leute, die der sogenannten dekadenten westlichen Jugend helfen wollten. Aus Sicht der Regierenden war es eben Pech, wenn man mit Drogen erwischt wurde oder sein Geld verloren hatte. Sie wollten nicht, dass wir den Leuten in ihren Problemen dort halfen.

Es machte uns traurig, das Land verlassen zu müssen, das wir lieben gelernt hatten, selbst wenn wir mit unseren langen Haaren und unserer unkonventionellen Art nicht dahin passten. Afghanistan war ein unfruchtbares, gebirgiges Land, eines der ärmsten der Welt. Aber die Afghanen sind für ihre großzügige Gastfreundschaft bekannt, und nachdem die Menschen erst einmal herausgefunden hatten, dass wir für sie keine Bedrohung waren, begegneten sie uns freundlich.

Doch jetzt war es Zeit zu gehen; wir beluden den Bus und zogen los. Wir hatten gerade die Außenbezirke Kabuls hinter uns gelassen, als ich eine Gruppe beduinischer Nomaden bemerkte, die ihr Lager am Straßenrand aufgeschlagen hatten. Ich ging kurz auf die Bremse, um einen letzten Blick auf diese zähen Menschen zu tun, die von Tal zu Tal zogen, bevor sie sich einmal im Jahr zur Kamelauktion nach Kabul aufmachten. Der Wohlstand eines Beduinen bemisst sich in Kamelen, nicht in Geld.

Hunderte von Beduinen lebten in den schwarzen Zelten dort am Straßenrand, gruppiert in den jeweiligen Sippen. Überall Schafe und Kamele. Ich versuchte, mit einem Auge die Straße im Blick zu behalten und mit dem anderen noch etwas von der Kamelherde zu sehen zu bekommen. Kamele sind faszinierende Tiere, hässlich, wenn man ihnen in die Augen sieht, aber wackere Lastenträger – und zudem ein lustiger Anblick. Im Vorbeifahren versuchte ich auch, die Männer zu erspähen, die die Herde bewachten – mit ihren langen Hemden, die bis zu den Knien reichten, darunter die weiten Pumphosen, die sich im Wind bauschten.

Ich bemerkte ein einzelnes Kamel, das sich von der Herde löste und ansetzte, etwa hundert Meter voraus die Straße zu queren. Ich drosselte das Tempo, als plötzlich ein großer Tanklastzug an uns vorbeizischte – mit gut und gerne 120 Stundenkilometern. Der Fahrer sah zu mir herüber und fuchtelte mit den Armen, um mir zu bedeuten, dass ich ihm Platz machen sollte. Ganz sicher ärgerte er sich, weil ich so langsam wurde. Die Fahrer dieser dicken Tanklaster, die Öl aus dem Iran nach Kabul brachten, waren für ihre rücksichtslose Raserei berüchtigt.

Ich stieg in die Eisen und hoffte, der Trucker würde das Kamel sehen, das nun mitten auf der Straße stand.

Ich stieg in die Eisen und hoffte, der Trucker würde das Kamel sehen, das nun mitten auf der Straße stand.

Dann krachte er hinein. Das arme Vieh hatte keine Chance. Der Truck walzte es platt, es war auf der Stelle tot. Ich wurde noch langsamer und zirkelte um den behaarten Kadaver herum. Der Fahrer sprang aus seinem großen, glänzenden Tanklastzug und scheuchte, ein Drahtseil schwingend, unseren Bus die Straße runter; dabei schrie er uns nach, dass wir anhalten sollten. Das totale Chaos. Beduinenfrauen heulten laut und eine Horde aufgebrachter Männer kam aus ihren Zelten. Eine meiner letzten Erinnerungen an Afghanistan ist die Szene, die ich im Seitenspiegel beobachtete: Der dicke iranische LKW-Fahrer zeigte auf uns, schrie und schimpfte inmitten der Beduinengruppe, die sich um ihr totes Kamel geschart hatte.

Auf keinen Fall würde ich anhalten und versuchen, meine Version der Begebenheit zu schildern. Das Letzte, was ich wollte, war, meinen Kopf für den rücksichtslosen iranischen Trucker hinzuhalten und in einem afghanischen Gefängnis zu landen. In solch einer Situation hatte ein langhaariger Hippie in jedem Fall die schlechteren Karten. Der Gegenwert für das Kamel entsprach in etwa einem afghanischen Jahreseinkommen, Geld, das wir nicht erübrigen konnten.

Die Erinnerung an das zermatschte Kamel, der plötzliche Adrenalinstoß und die Angst, dazu das Schreckgespenst eines Gefängnisaufenthalts ließen mich äußerst konzentriert weiterfahren. Sie glauben mir sicher, dass für den Rest unserer etwa 8000 Kilometer langen Reise meine Augen förmlich auf der Straße klebten. Ich war entschlossen, ans Ziel zu gelangen, und wenn man verzweifelt ist, bleibt man konzentriert.

Wenn man verzweifelt ist, bleibt man konzentriert.

Konzentriert auf etwas ausgerichtet bleiben – das bedeutete für mich als Heranwachsenden eine Herausforderung. Meine Aufmerksamkeitsspanne war nicht sehr groß, immer hielt ich nach neuen Abenteuern Ausschau. Meine Mutter musste mich fast an meinem Schreibtisch festbinden, damit ich meine Hausaufgaben gemacht bekam. Eines der Dinge, vor denen mir noch als Erwachsenem am meisten graut, ist Langeweile. Die Eigenschaft, an etwas dranzubleiben, bis es fertig ist – und zwar *gut* fertig ist –, ist ein Charakterzug, der mir von Natur aus nicht gegeben ist. Ich liebe die Vielfalt und schaue immer nach etwas Neuem aus.

Natürlich ist es nicht nur schlecht, so gestrickt zu sein. Gott schuf mich so, dass ich den Wechsel mag, dass ich es genieße, neue Dinge zu lernen. Er hat mich mit einem Sinn für Abenteuer geschaffen. Ich mag die Herausforderung, eine neue Fertigkeit zu meistern oder etwas über das Leben zu entdecken, was ich noch nicht wusste. Das ist tatsächlich

Bestandteil meines Mix an Geistesgaben. Von Natur aus bin ich visionär veranlagt, ich träume davon, für Gott Neues zu tun. Ich sehe die Nöte um mich herum, und täglich kommen mir drei bis vier Ideen, wie man diesen Nöten begegnen könnte. Das Schwierige daran ist für mich nicht, die neuen Dinge, die getan werden müssen, zu sehen – mir fällt es schwer, an etwas, was ich einmal angepackt habe, auch dranzubleiben.

Ich erzähle dies nicht, weil ich mir deshalb minderwertig vorkomme, sondern weil ich überall auf der Welt Leiter getroffen habe, die derselben Herausforderung gegenüberstehen, das Thema betrifft uns alle. Träumer oder nicht – wir alle sind berufen, den Aufgaben Gottes gegenüber treu zu sein. Sind Sie selbst kein visionärer Leiter, so wird Ihr Leben höchstwahrscheinlich von einem beeinflusst.

Einige solcher Leiter haben verstanden, wie Gott sie gemacht hat, und Fertigkeiten und Charaktereigenschaften entwickelt, die es ihnen ermöglichen, ein Leben des konzentrierten, zielgerichteten Gehorsams zu leben. Andere jedoch verhaspeln sich, weil sie ständig ihre Vision wechseln. Die Vision wird zum Selbstzweck, anstatt ein Mittel zu sein, um den letzten Auftrag Jesu zu erfüllen: zu gehen, zu lehren, zu taufen und Jünger zu machen (Mt. 28,19–20).

Drei Wege, auf denen man Treue lernt

Konzentriert auf eine Sache ausgerichtet bleiben – das ist nicht nur für die visionären Leiter eine Herausforderung. Man kann das auch mit dem Begriff „Treue" beschreiben. Treue – mein Vater sprach immer vom „Dranbleiben" – ist eine Eigenschaft, an der wir alle arbeiten müssen. Das zu sein, was die Bibel als „treuen Knecht" bezeichnet, ist eine Eigenschaft, mit der man Gott erfreut und die uns hilft zu tun, wozu er uns berufen hat. Jesus gab die Verheißung, dass derjenige, der in kleinen Dingen treu ist, über Vieles gesetzt werden wird (vergl. Lk. 16,10–12). Im selben Zusammenhang lehrte Jesus, dass der Diener, der über dem „Mammon" treu ist, also über materielle Dinge, sich das Recht erwirbt, geistliche Dinge verwalten zu dürfen. Anders gesagt: Wenn Sie Ihre Rechnungen nicht bezahlen und Ihr Wort nicht halten, dann ist das Bekenntnis, Gott gehorsam sein zu wollen, nicht viel wert. Jemandem, der in den praktischen Angelegenheiten des Lebens nicht treu ist, kann Gott auch nicht die geistlichen Schätze anvertrauen.

Im gleichen Zusammenhang macht Jesus klar, dass jemandem, der nicht gelernt hat, mit fremdem Eigentum treu umzugehen, nichts Eigenes anvertraut wird (vergl. Lk. 16,12). Damit wollte Jesus zum Ausdruck bringen, dass zu lernen, der Vision einer anderen Person hilfreich zu sein, zu lernen, den eigenen Dienst auch unter der Leitung eines anderen treu zu tun, die Voraussetzung ist, von Gott mit der Leitung anderer betraut zu werden. Indem wir Menschen dienen, lernen wir die Lektionen, die uns vorbereiten, unseren Platz im Reich Gottes zu finden.

Achte auf die großen, zotteligen Kamele!

„Pass auf die Kamele auf!" – das ist eine andere Art auszudrücken, wie wichtig es ist, treu zu sein, an einer Sache dranzubleiben. Das Leben bietet viele Ablenkungen, und manches ist sehr ansprechend. Doch nur derjenige, der weiß, was Gott ihm anvertraut hat, und der sich darauf konzentriert, wird am Ende eine Belohnung erhalten.

Die Definition, was es heißt, ein „fokussierter Mensch" zu sein, ist vielleicht hilfreich. Es heißt, sehr bestimmt und konzentriert Anstrengungen zu unternehmen und die volle Aufmerksamkeit darauf zu wenden, die ganz spezielle Sache zu tun, für die Gott einen berufen hat, etwa ein klar umschriebener Verantwortungsbereich oder die Verpflichtung zu einer ganz bestimmten Sache. Fokussierung ist die Fähigkeit zur Konzentration, dem, was Gott Sie zu sein und zu tun geheißen hat, ungeteilte Aufmerksamkeit zukommen zu lassen. Es geht um klare, entschlossene Zielstrebigkeit, an etwas dranzubleiben, bis es abgeschlossen ist.

Ein derart ausgerichteter Mensch kann eine Not wahrnehmen und diese eine Sache im Blick behalten. Er hat einen klar umrissenen, auf einen Punkt scharfgestellten Blick. Dabei geht es nicht nur um das, was wir außerhalb von uns wahrnehmen. Ein fokussierter Mensch hat auch in sich einen festen Bezugspunkt im Sinne seiner Wertvorstellungen und Standards. Er besitzt innere Stärke. Mancher mag einen solchen Menschen als etwas starrsinnig ansehen, ich würde jedoch sagen, dass er verlässlich ist, dass man auf ihn zählen kann. Solche Menschen ändern ihre Botschaft oder ihr Verhalten nicht, um der Menge um sich herum zu Gefallen zu sein.

Jemand, der derart unverwandt auf das Ziel oder die Aufgabe schaut, lässt sich durch mangelnde Anerkennung nicht erschüttern. Solche Menschen haben eine tiefe innere Überzeugung, die es ihnen ermöglicht, ihre Aufmerksamkeit auf die eine Sache gerichtet zu halten, die Gott ihnen anbefohlen hat. Jesus hatte das Kreuz fest im Blick. Weder Freund noch

Feind hätten ihn davon abbringen können, den Weg nach Jerusalem zu nehmen, als die Zeit für ihn gekommen war zu sterben. Auch Paulus hatte so einen „Tunnelblick"; den Philippern schrieb er: „*Eins* aber tue ich …" (Phil. 3,13), und David schrieb in den Psalmen: „*Eins* habe ich vom Herrn erbeten, danach trachte ich" (Ps. 27,4).

Jemand, der derart unverwandt auf das Ziel oder die Aufgabe schaut, lässt sich durch mangelnde Anerkennung nicht erschüttern.

Achten Sie auf das Unnachgiebige im Geist des Paulus, die eindeutige Festlegung und Zielgerichtetheit seiner Hingabe, die sich in den Worten zeigt, die er zum Abschied an die Ältesten von Ephesus richtet:

Aber ich achte mein Leben nicht der Rede wert, damit ich meinen Lauf vollende und den Dienst, den ich vom Herrn empfangen habe: das Evangelium der Gnade Gottes zu bezeugen (Apg. 20,24).

Fokussieren heißt, den Blick zu justieren, damit man klar und scharf sehen kann. Wir sprechen etwa vom Scharfstellen eines Kameraobjektivs. Fokussieren ist kein Vorgang, der an uns geschieht, wir müssen es selber tun. Es ist ein Tätigkeitswort, beschreibt eine Handlung, die wir vollziehen müssen. Fokussierung ist das Ergebnis geistlicher Konzentration, des Auswählens und Nährens der Werte und Visionen, die Gott uns gegeben hat. Ich kenne einige Menschen ohne ein Gefühl für die klare Ausrichtung ihrer Werte und Visionen. Leben und Energie eines Menschen oder einer Bewegung von Menschen, deren Werte und Visionen klar ausgerichtet sind, können wie folgt illustriert werden:

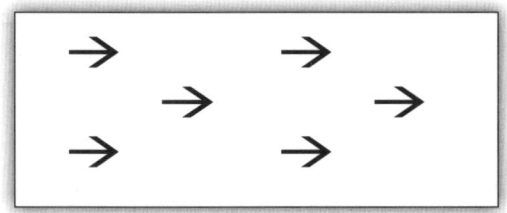

Wenn das nicht der Fall ist, sieht das so aus:

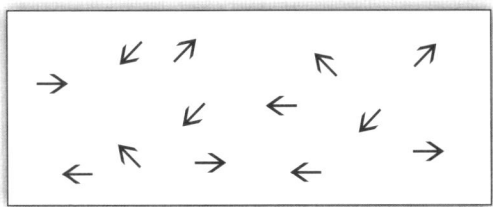

Stimmige Werte und Visionen geben uns Energie, die Kraft, dranzubleiben. Ausrichtung erlaubt es uns, Kurs zu halten, die Reise zu Ende zu bringen, ohne Ausrichtung verlieren wir das Ziel aus dem Blick. Eine unfokussierte Vision lässt uns die Nebenstraßen des Lebens nehmen – die wir dann als Hauptstraße ausgeben.

Paulus stellten sich viele Dinge in den Weg, aber er ließ nicht zu, dass sie ihn von diesem Weg abbrachten: lebensbedrohliche Situationen, Inhaftierung, von Freunden verlassen und von Feinden angeklagt zu werden. Leiden und Härten erwarteten ihn, wenn er den Weg nach Jerusalem fortsetzen würde. Das war das, was ihm die Propheten gesagt hatten und was ihm auch der Geist selbst bezeugt hatte. Aber Paulus machte weiter, entschlossen, an den Werten und Visionen, die sein Leben leiteten, festzuhalten. Paulus machte seine Entscheidungen nicht von den zu erwartenden Konsequenzen abhängig, sondern von dem, was er für richtig hielt.

Eine unfokussierte Vision lässt uns die Nebenstraßen des Lebens nehmen – die wir dann als Hauptstraße ausgeben.

Man kann schnell abgelenkt werden. Überlegen Sie mal, wie aufgesplittert unser modernes Leben ist. Ganz natürlich gehören wir zu den verschiedensten Beziehungsgeflechten und werden darum in die unterschiedlichsten Richtungen gezerrt: Arbeitskollegen, Nachbarn, Gemeinde, Familie, Eltern, die, mit denen wir über die Schule zu tun bekommen, Sport- und Freizeitbekanntschaften. Und dann ist da die Zeit, die es alleine braucht, zur Arbeit zu kommen. Wenn wir dann noch authentische Freundschaft mit einigen anderen aus unserer einfachen Gemeinde bauen und pflegen wollen, dann bleibt uns nichts übrig als *nein, nein, nein* zu sagen. Wenn Sie darauf brennen, mit anderen in einer organischen Gemeinde auf Ihre Kultur Einfluss zu nehmen, dann müssen Sie manchen guten Dingen des

Lebens eine Absage erteilen. Sie werden Ihre „Lebensradien" einschränken müssen, die Bereiche von Aktivität, die Sie davon abhalten, dem treu zu sein, woran Sie glauben und dem Sie sich verpflichtet wissen. Einfache Gemeinde verlangt von uns, das Leben zu vereinfachen.

Die moderne Welt mit allen ihren schönen Seiten bringt auch Nachteile mit sich, die dazu führen, dass wir unser Leben als zerrissene und gehetzte Wesen führen müssen. Wir leben üblicherweise in einem hektischen, viel zu schnellen Takt, der dem entgegensteht, was organische Gemeinde, die Ekklesia, sein soll. Sie müssen gar nicht bewusst in Sünde oder Versuchung einwilligen, um durch den üblichen Lebensstil kompromittiert zu werden, sich einfach mit dem Strom treiben lassen reicht. Tun Sie das, was von Ihnen erwartet wird – und die Schlacht um den zielorientierten Gehorsam ist verloren.

Ein Mensch, der weiß, wo es hingehen soll, und sich dann entschlossen dorthin auf den Weg macht – auf so jemanden kann man zählen, so jemand lebt ein zielorientiertes, fokussiertes Leben. Zielgerichtetheit hilft uns, dieses Ziel auch zu erreichen, es erhält uns auf unserer Reise die klare Sicht. Viele blieben irgendwo auf der Strecke, verwirrt und enttäuscht, weil sie das Ziel, die Bestimmung aus den Augen verloren haben. Man kann so leicht abgelenkt werden, auf dem Weg finden sich viele Versuchungen und Umwege.

In diesem Kapitel möchte ich etwas über diese Ablenkungen mitteilen, eben das, was ich als „Kamele auf der Straße" bezeichne. Das sind die Dinge, die uns davon abhalten, klar auf das Wesentliche ausgerichtet zu bleiben. Kennen Sie das Wichtigste in Ihrem Leben und sind Sie darauf fokussiert?

Paulus erzählte von den Dingen, die ihn hätten hindern können, dem Ruf Gottes für sein Leben gehorsam zu sein. Jeder von uns hat eine Berufung und wir alle stehen in der Versuchung, uns davon ablenken zu lassen. Es gibt Dinge im Leben, die „Kamele", seien sie klein oder groß, die dazu in der Lage wären, uns abzubringen, wenn wir sie ließen. Weiter oben habe ich zwei erwähnt: die Geschäftigkeit und das Zerstückeltsein unseres modernen Lebens. Andere Dinge, die uns ablenken können, sind etwa das Hintergangenwerden durch einen Freund, familiäre Tragödien, die „einmalige Chance", eine Menge Geld machen zu können, der Verlust des Arbeitsplatzes, Scheidung oder Auseinandersetzungen mit jemandem, den wir lieben. Mittels dieser Lebensumstände versucht der Feind, uns aus dem Rennen zu werfen.

Gott wünscht sich für jeden von uns, dass wir dahin kommen, seinem Charakter zu trauen, damit wir seine Gnade empfangen können, die es uns ermöglicht, in Prüfungen, durch die wir gehen müssen, durchzuhalten und den lauernden Versuchungen zu widerstehen. Paulus beschreibt seinen Schiffbruch, die Schläge, Gefängnis, persönliche Angriffe und körperliche Mühsal und sagt, dass er sich darin wie „unter einem Todesurteil" stehend empfand. Als Leiter oder Mitarbeiter seiner Gemeinde dem Herrn zu dienen, kann eine derartige Prüfung sein – und in der Tat ist das für manchen geistlichen Leiter so.

Jedoch sah Paulus die schwierigen Umstände, durch die er zu gehen hatte, als von Gott verordnet an. Er begriff, dass Gott nicht der Urheber der Ablenkungen war, denen er sich ausgesetzt sah, sondern diese lediglich benutzte. Hören wir noch einmal, wie Paulus den Zweck dieses „Todesurteils" sah, unter dem er stand:

> Wir selbst aber hatten in uns selbst schon das Urteil des Todes erhalten, damit wir nicht auf uns selbst vertrauten, sondern auf Gott, der die Toten auferweckt (2. Kor. 1,9).

Eugene Peterson umschreibt diesen Vers so:

> Wir fühlten uns so, als hätte man uns in die Todeszelle gesteckt, als ob es mit uns vorbei wäre. Doch stellte sich heraus, dass es das Beste war, was passieren konnte. Anstatt auf unsere eigene Kraft und unseren Verstand zu vertrauen, um dort herauszukommen, waren wir gezwungen, uns völlig auf Gott zu verlassen – sicher keine schlechte Idee, wo er doch der Gott ist, der die Toten auferweckt (nach *The Message*).

Paulus schreibt, dass er sich „gezwungen sah, sich auf Gott zu verlassen". *Gezwungen*, Gott zu trauen, sich auf ihn zu verlassen? Fühlten Sie sich je wie von Gott in die Ecke gedrängt? Gott führt uns in derartige Situationen, doch haben wir immer eine Wahl. Die besteht jedoch nicht darin, ob wir aus der Ecke herauskommen oder nicht, sondern ob wir ihm vertrauen oder nicht. Die Gnade, Gott vertrauen zu können, ist jederzeit verfügbar, doch müssen wir die Wahl treffen, ob wir sie ergreifen und zum einfacheren Leben Ja sagen. Das heißt, Verpflichtungen aufzukündigen, die uns nur im Kreis laufen lassen, ein bescheideneres Heim beziehen, das uns weniger kostet, und in enger Weise mit einigen Freunden zusammenzuleben, so dass wir die Welt gemeinsam beeinflussen können. Etwas weiter in seinem Brief an die Korinther, nachdem er ihnen von dem Todesurteil erzählt hat, ermahnt Paulus sie, die Gnade Gottes an sie nicht zu verschwenden:

> Wir bitten euch, nicht ein Stückchen dieses wunderbaren Lebens, das Gott uns gegeben hat, zu verschwenden. Gott erinnert uns: „Ich hörte euch im richtigen Moment, am Tag, als ihr mich brauchtet, kam meine Hilfe" (2. Kor. 6,1.2; nach *The Message*).

Es gibt Gnade, um mit den Kamelen fertig zu werden! Als ich in Afghanistan war, hörte ich einen Fluch, den die Einheimischen gegen Feinde auszustoßen pflegten: „Mögen die Flöhe von tausend Kameltreibern dich und deine Familie auf ewig heimsuchen!" Kamele sind schmutzige Tiere: Sie spucken, beißen, sie haben Flöhe und sie pinkeln dich an, wenn du ihnen den Rücken zukehrst. Nur einer ist schmutziger als ein Kamel: der Kameltreiber!

Es gibt Gnade genug von Gott, um auf die Kamele und ihre Treiber zu reagieren! Nach einer kürzlich durchlebten Zeit der Prüfung kam ich zu dem Schluss, dass Gott die Entscheidungen, die Menschen um mich herum trafen, benutzte, um einige wichtige Entscheidungen, die wiederum für mich anstanden, zu beeinflussen. Gottes Güte stand für mich außer Zweifel. Meine Prüfung bestand darin, dass ich mich zwar Gott fügte, aber dennoch den Menschen gegenüber, die er benutzte, Zorn hegte. Ich sage nicht, dass sie die richtigen Entscheidungen trafen, doch benutzte Gott die Entscheidungen, um mich zu führen. Es war umso ärgerlicher für mich, als sie ihr Verhalten der Führung Gottes zuschrieben. Als ich über meine Reaktion gegenüber diesen Menschen betete, wollte ich Gott ganz fromm erzählen, dass er größer sei als die Menschen, dass ich ihn liebte, dass er alle Dinge zu meinem Besten führe usw. usf., dabei konnte ich es nicht erwarten, mich hinzusetzen und denen, die mich verletzt hatten, so richtig die Meinung zu sagen. Im Geiste ging ich die Unterredung durch, machte klar, was ich von ihnen hielt. Ich fühlte mich richtig gut! Ganz bestimmt gibt es einen Ort, um mit Ärger klarzukommen – alleine mit Gott. Aber auch wenn man Gott gegenüber aufrichtig ist, ist es uns nicht gestattet, beleidigt zu sein oder Verbitterung im Herzen zuzulassen. Gott gab Gnade und ich nahm seine Führung an und konnte in der richtigen Herzenshaltung reagieren. Um nicht von Gottes Plan und seiner Bestimmung für mich abgelenkt zu werden, musste ich seine Gnade festhalten und zur Wirkung kommen lassen.

Wie gehen Sie mit den Kamelen und den Kameltreibern in Ihrem Leben um? Darf ich Ihnen einen Vorschlag machen? Das wichtigste Wörtchen, das Sie Ihrem Wortschatz im Blick auf den Umgang mit Kameltreibern hinzufügen müssen, ist „nein". Sagen Sie „nein" – zu Verbitterung, zu Geschäftigkeit, dazu, auf zu vielen Hochzeiten tanzen zu wollen, sagen Sie „nein" zu immer mehr und größerem materiellen Besitz und auch Ihren Kindern gegenüber, wenn Sie sonst die ganze Woche über von einer Aktivität zur anderen hasten müssten. Lehnen Sie das Jobangebot ab, das Sie von Ihrer Ekklesia fernhalten könnte. Verbieten Sie es sich, nur deshalb von einer einfachen Gemeinde wegzugehen, weil Sie von jemandem aus der Gruppe verletzt wurden oder Sie all die Programme der großen Gemeinden vermissen. Und sagen Sie „ja" zu Gott. Sagen Sie „ja" zu dem Angebot, zu seiner Ehre zu leben. Sagen Sie „ja" zu Gott – sonst werden Sie zum Gefangenen der Kamele.

Sieben „Kamele", denen ich in meinem Leben begegnet bin oder mit denen andere zu tun hatten, möchte ich hervorheben. Lassen Sie sie mich beschreiben, damit Sie die Kamele identifizieren können, die Sie von einem zielgerichteten Gehorsam für Gottes Zwecke ablenken. Bevor ich fortfahre, möchte ich einen Vorschlag machen: Anstatt einfach weiterzulesen und das aufzunehmen, was ich an hilfreicher oder interessanter Information weiterzugeben habe, könnten Sie doch innehalten und Gott bitten, Sie zu alarmieren, falls Sie Gefahr laufen, in ein Kamel hineinzufahren. Vielleicht sind es auch gar nicht die Kamele, die Sie behelligen, sondern deren Treiber. Wie dem auch sei: Ich möchte Ihnen Mut machen, dieses Buch beiseitezulegen. Bitten Sie Gott, Ihr Herz bereit zu machen, damit Sie verstehen, was Sie davon abhält, ein Leben in Treue zu ihm und zu den Zwecken, für die er Sie gebrauchen möchte, zu führen.

Sieben Kamele, die uns ablenken

Kamel #1: Geistliches Herumplätschern

Plätschern Sie nur geistlich herum? Übernehmen Sie einfach nur das, was Sie sich von anderen Menschen in ihrem Wandel mit Gott abgeschaut haben? Ändert sich in Ihrem Leben ständig die Richtung, laufen Sie immer dem neuesten „Wort des Herrn" hinterher? Fällt es Ihnen schwer, in einer Gemeinschaft von Menschen emotional Wurzeln zu schlagen und tiefe Freundschaften zu schließen, die von Vertrauen und Verantwortlichkeit geprägt sind? Wenn Sie diese Fragen mit Ja beantworten müssen, dann werden Sie wohl ein Verhaltensmuster in Ihrem Leben entwickelt haben, das man als geistliches Herumplätschern bezeichnen könnte. Mit „Herumplätschern" ist das eher oberflächliche, vordergründige, beiläufige Interesse an etwas gemeint, ein bisschen herumpaddeln, spielen und mit Wasser spritzen. Das fühlt sich gut an, doch Gott hat mehr für Sie.

Mit "Herumplätschern" ist das eher oberflächliche, vordergründige, beiläufige Interesse an etwas gemeint, ein bisschen herumpaddeln, spielen und mit Wasser spritzen. Das fühlt sich gut an, doch Gott hat mehr für Sie.

Hier eine Konferenz, dort ein Büchlein, eine neue CD, die letzte Offenbarung aus einem prophetischen Newsletter ... alles das können Ausprägungen solchen Herumplätscherns sein. Warum rennen wir von einer Quelle zur nächsten, wo doch Gott alles sein will, was wir brauchen? Natürlich hat das Lernen von anderen seine Berechtigung. Aber ist *er* Ihre hauptsächliche Quelle? Ist *er* Ihre Inspiration, Ihr Trost, Ihre Führung, Ihr Lebenssinn und Ihre Sicherheit? Menschliche Hilfsmittel bringen Sie nicht weit, wenn Gott Sie prüft, auch haben sie nicht, was nötig ist, um die Ablenkungen zu erkennen, die der Feind auf unserem Weg platziert.

Jeder von uns, und gerade auch christliche Leiter und Mitarbeiter, tendiert dazu, seine geistliche Nahrung eher von anderen erhalten zu wollen als dadurch, regelmäßig ausgedehnte Zeiten alleine mit Gott zu verbringen. Der Psalmist David sagte, dass er täglich zum Herrn ruft (Ps. 88,9).

Wer nur herumplätschert, kann und wird vertrockneten Knochen kein Leben zusprechen, viel zu sehr ist er von den „guten Dingen des Lebens" abgelenkt. Ihm fehlt das, was es braucht, um Gottes Stimme zu hören und ein Leben in radikalem Gehorsam zu führen. Vielleicht waren Sie es mal, aber sind Sie jetzt, in diesem Moment, gehorsam? Wächst Ihr Glaube und hat er ein Ziel im Blick? Nehmen Sie neue Herausforderungen an, Gott zu vertrauen, dass mehr Menschen ihn kennenlernen, Menschen, durch die er verherrlicht wird? Weinen Sie über Ihre Freunde, damit sie errettet werden? Fasten Sie für Familienmitglieder, die Jesus nicht kennen? Treten Sie für die, welche Sie leiten, im geistlichen Kampf ein? Wann sind Sie das letzte Mal in Ihr Schlafzimmer gegangen, haben die

Tür hinter sich geschlossen und sich vor Gott auf den Boden geworfen und geheult vor Hunger und Verlangen nach seiner Gegenwart?

Sind Sie in dem Bestreben, als ausgeglichen und loyal zu gelten, davon abgerückt, dicht an Gott und seinen Absichten für Ihr Leben zu bleiben? Haben Sie fromme Extremisten beobachtet und dann zugelassen, dass sich eine zynische Sichtweise in Ihrem Leben breitmacht?

Wenn Sie so ein „geistlicher Plätscherer" sind, dann tun Sie jetzt Buße. Flehen Sie Gott um Leidenschaft an, wahrhaft opferbereite, radikale, aufs Ganze gehende Leidenschaft für Jesus. Wenn Sie ihn so suchen, wie Sie nach einem verlorenen Schatz suchen würden, Ihre Stimme erheben und zu ihm rufen, wenn Sie für Gott zum Äußersten entschlossen sind, wird er Sie hören und Ihnen antworten (vgl. Spr. 2,3–5). Er wird das Tal des Todes mit Leben erfüllen, den Ort, wo die trockenen Knochen in Ihrem Herzen liegen.

Kamel #2: Verflachung

Wenn wir aufhören zu wachsen, stagnieren wir, etwa so, wie wenn man nach einer Bergbesteigung auf einem Plateau landet. In einer solchen Phase weist unser Leben nur wenig Wachstum und Steigerung auf. Das ist ein Lebensabschnitt, der eigentlich dafür gedacht war, persönlich zu wachsen und sich zu entwickeln, in dem wir aber kaum vom Fleck kommen. Gott lädt uns ein, das ganze Leben über zu lernen und geistlich zu wachsen. Fortwährend arbeitet er an uns und macht uns seinem Sohn Jesus ähnlicher.

In Psalm 103 wird uns gesagt, dass Gott den Kindern Israel *seine mächtigen Taten zeigte*, den Mose jedoch *seine Wege lehrte* (Ps. 103,7). Gott mag es, uns seine Wege zu lehren. Er lädt uns ein, seine Partner zu sein und sehnt sich nach der Freundschaft mit uns. Manche Menschen wachsen ihr Leben lang, entsprechend sagt man von ihnen, dass sie „lebenslang lernen". Das hat darin seinen Grund, dass sie die Wege Gottes kennen. Andere kommen an den Punkt, wo das Wachstum aussetzt, weil sie nicht mehr länger geistlich lernen. Sie stagnieren und trocknen innerlich aus. Um ein anderes Bild als das des Plateaus zu gebrauchen: Ihr Herz gleicht einem Tal voll vertrockneter Knochen.

Geistliches Wachstum kann nicht von den Prüfungen Gottes losgelöst werden. Gott prüft die, welche er liebt (5. Mo. 8,2; 1. Mo. 22,1; Ps. 11,14; 105,19; Jer. 17,10). Wenn nicht wir selbst oder die Menschen um uns für die Umstände sorgen, die uns zu Prüfungen werden, dann können wir sicher sein, dass Gott das macht. Er liebt uns zu sehr, als dass er uns uns selbst überließe. Wenn wir in den Prüfungen versagen, in die uns Gott führt, verflachen wir.

Ich habe nichts gegen große Gemeinden, doch können geistlich abgeflachte Menschen es sich dort leicht gemütlich einrichten, der Pastor und die Mitarbeiter eingeschlossen. Sie können „in die Gemeinde gehen" und sich dort verstecken. Trifft das auf Sie zu, dann müssen Sie sich Zeit nehmen und ernsthaft einiges an geistlichen Hausaufgaben machen, wenn Sie das Plateau verlassen und sich wieder zu Höhen aufschwingen wollen.

Wenn wir in den Prüfungen versagen, in die uns Gott führt, verflachen wir.

Auch deshalb finden wir in der Bibel so viele Lebensbeschreibungen, damit wir erkennen, wie Gott seine Nachfolger schult und prüft, insbesondere die, welche andere anführen. Er prüfte David, indem er ihn zum König berief, dann jedoch zuließ, dass er noch viele Jahre unter Sauls Herrschaft leben musste. Mose wurde geprüft, indem er ein Volk anzuführen hatte, das sich als störrisch und unbelehrbar erwies. Oder Abraham: Seine Prüfung bestand darin, seinen Sohn opfern zu sollen. Gott ließ Josef davon träumen, über seine Brüder zu herrschen – und erlaubte dann eben diesen Brüdern, ihn zu verstoßen und zu betrügen. Daniel, Paulus, Johannes Markus – alle wurden geprüft, so wie wir alle durch Prüfungen und Zeiten des Lernens zu gehen haben. Das betrifft nicht nur die großen Helden der Bibel, sondern jeden von uns.

Wenn es geistlich nicht mehr weitergeht, kann es sein, dass Sie so eine Prüfung Gottes nicht bestanden oder sie gar nicht als solche wahrgenommen haben. Mose hatte, als er in der Wüste auf den Felsen schlug, bei seinem Test versagt. David schickte seine Truppen in die Schlacht, während er selbst daheim blieb und lüstern der Frau seines Nachbarn nachstellte – Prüfung nicht bestanden. Und auch Josef fiel bei der Prüfung durch, als er, unreif wie er war, großspurig kundtat, dass Gott ihn berufen habe, über seine Brüder zu herrschen. Zum Glück bedeuten nicht bestandene Prüfungen bei Gott nicht das Aus. Bei Gott gibt es keine Versager, wenn wir uns demütigen und um Gnade bitten. Gott sieht uns mit Augen des Glaubens, weiß, wie er uns durch die Prüfung hindurchbringen wird.

Was sollen wir also tun, wenn es stagniert, wenn es nicht mehr weiter aufwärts geht? Wir bitten Gott um einen neuen Anfang. Wir rufen zu

ihm, erheben unsere Stimme und bitten um seine Vergebung. Wir demütigen uns vor Gott *und Menschen.* Im Glauben empfangen wir Gnade,
unsere Prüfung durchzustehen – Gott rüstet uns mit Gnade aus, mit der
wir jede Prüfung und jede Versuchung meistern können. Wir bitten Gott
um Erkenntnis, warum es nicht weitergeht – wenn wir das nicht schon
längst wissen. Dann verpflichten wir uns, Gott zu gehorchen, koste es,
was es wolle. Bedingungsloser Gehorsam, das ist es, wonach Gott fragt,
darunter geht es nicht. Wir verbringen täglich Zeit mit Bibellesen und
Anbetung, wir bitten Gott um einen Neuanfang – und unternehmen die
entsprechenden Schritte, wenn er es schenkt. Wir nehmen jedes Risiko
in Kauf, um nur wieder „klettern" zu können.

Wenn es Ihnen ernst damit ist, die Art und Weise, wie Sie Gemeinde
leben, zu verändern, dann braucht es schon etwas Mut zuzugeben, dass
Sie sich schon länger im Flachen aufgehalten haben und es nötig ist,
wieder aufzusteigen. Sie werden wieder einige Muskelpartien trainieren
müssen, die schon länger nicht mehr in Gebrauch waren. Aber besser,
Sie tun es jetzt, bevor der endgültige Muskelschwund einsetzt.

Ist vielleicht die Art und Weise, wie Sie Gemeinde leben, *als solches*
eine der Ablenkungen in Ihrem Leben? Wenn ja, dann wird es Zeit für
eine neue, ernsthafte Bewertung.

> **Gott führt jeden von uns durch das Tal der
> vertrockneten Knochen, um uns zu zeigen, dass
> wir in uns nicht das vorfinden, was es braucht,
> um in Gottes Armee Dienst zu tun.**

Gott führt jeden von uns durch das Tal der vertrockneten Knochen,
um uns zu zeigen, dass wir in uns nicht das vorfinden, was es braucht,
um in Gottes Armee Dienst zu tun. Leidenschaft bewährt sich in Zeiten
der Prüfung. Leidenschaft hat mit „Leiden" zu tun, und die innigste und
echteste Leidenschaft für Gott wird in den Feuern größter Trübsal ge-
läutert. Einige der leidenschaftlichsten Menschen, die ich kenne, haben
Zeiten der Niedergeschlagenheit, schreckliche Angstattacken, das Gefühl,
gänzlich von Gott verlassen zu sein, schwerste körperliche Leiden und
die Ablehnung seitens anderer zu gewärtigen gehabt. Doch am anderen
Ende der Prüfung kamen sie mit einer größeren Leidenschaft für Gott
wieder heraus. Sie überwanden das Plateau, obwohl sich das so schwierig
gestaltete, als wenn sie eine Gebirgswand zu meistern gehabt hätten.

Diese Menschen sind es, die am stärksten fokussiert sind. Sie haben den höchsten Preis gezahlt, um ihre Blickrichtung und ihre Leidenschaft wiederzugewinnen. In der verzweifelten Entschlossenheit, zu dieser Leidenschaft zurückzugelangen, haben sie diesen Ort wiedergefunden.

Wenn Sie sich in Ihrer Beziehung zu Gott in solch einer verflachten Plateau-Phase befinden, dann denken Sie daran, dass es nicht nur um Sie geht. Gott prüft uns, damit wir ihn verherrlichen. Er ist Quelle und Ziel unseres Lebens, aus ihm und für ihn kommt uns die Kraft zu, diese Phase hinter uns zu lassen und an einen Ort zu gelangen, wo uns größere Gnade und Gott größere Ehre zuteil wird.

Kamel #3: Innere Festlegungen

Eine innere Festlegung ist ein Versprechen, das wir uns selbst geben, üblicherweise als Entgegnung auf einen Schmerz oder eine Schwierigkeit, die wir innerhalb unserer menschlichen Beziehungen erfahren. In Worte gefasst klingt eine solche Festlegung meist so: „Das werde ich niemals wieder tun!", oder: „Nie wieder werde ich jemanden so nah an mich heranlassen!", oder auch: „Was es auch kosten mag – ich werde dafür sorgen, dass sich das nicht wiederholt!" Wir alle treffen derartige Festlegungen. Es liegt in der menschlichen Natur, Schmerz zu vermeiden. Charakteristisch für solche Festlegungen sind Entscheidungen, die Schwierigkeit verhindern oder Anerkennung verschaffen sollen. Wir kommen später noch auf eine Festlegung Gott gegenüber zu sprechen, doch hier geht es meist um Selbstverteidigung, darum, andere zu strafen, mit ihnen abzurechnen, jemandem etwas zu beweisen oder etwas zu tun, um sich getröstet und von anderen angenommen zu fühlen.

Das Problem mit diesen Festlegungen liegt darin, dass sie unser Herz gefangen nehmen. Sie legen uns auf eine Handlungsweise fest, die uns zu einem ganz bestimmten Verhalten zwingt. Sie bestimmen, was wir denken und was wir sehen. Eine ungöttliche innere Festlegung schließt uns in einem abergläubischen Denkmuster ein, das dann zu einem Glaubenssystem wird. Festlegungen entwickeln sich zu Werten, meist jedoch nicht zu guten. Innere Festlegungen formen unsere Entscheidungen, bestimmen den Grad an Risiko, den wir einzugehen bereit sind, und infizieren letztlich auch das Denken über uns selbst und über Gott – sie betrügen unseren Geist.

Ungöttliche innere Festlegungen rauben uns die wahre Leidenschaft.

Ungöttliche innere Festlegungen rauben uns die wahre Leidenschaft. Weil sie auf Angst, Scham, Unglauben und dem Drang, sich zu beweisen, gründen, nehmen sie uns unsere Freiheit, Gott zu gehorchen. Oder wir mühen uns aus falschen Beweggründen, ihm zu gehorchen. Mit Hilfe des Heiligen Geistes und eines guten Seelsorgers können innere Festlegungen erkannt und durch die Kraft des Kreuzes gebrochen werden.[1]

Kamel #4: Undeutliche Vision

Nichts irritiert die Menschen mehr als eine Person oder ein Leiter, der häufig die Richtung ändert. Ich nenne das „eine undeutliche Trompete blasen". Wenn der Ton einer Trompete schwankt oder sie nicht richtig gestimmt ist, wird sich niemand dafür begeistern können – und ganz bestimmt macht man damit keine gute Musik.

Eine Form der Trompete, das Signalhorn, wurde früher in der Armee benutzt, um die Truppen in der Schlacht zu verständigen. So gab es eine Tonfolge, die die Männer anwies, sich zu sammeln und gegen die feindlichen Reihen anzustürmen. Das Horn gab auch das Signal zum Rückzug, bei der Parade oder zum Essenfassen. Wenn der Befehlshaber zu Zeiten der Schlacht ein Signal nach dem anderen hätte blasen lassen, hätte das die Truppe verwirrt und demoralisiert, das Vertrauen in ihren Anführer wäre dahin gewesen.

Das gilt in gleicher Weise für geistliche Leiter. Man kann sich an Visionen berauschen, und – traurig zu sagen – sie können auch Selbstzweck sein. Es gibt ein Hochgefühl, eine Art Adrenalinstoß, der sich aus dem Hören neuer Ideen speist, die man aufregend findet – so sehr, dass einige Leiter für diesen Rausch leben, den sie durch die Verbreitung neuer Visionen erlangen und dadurch, dass alle bei diesem Rummel mitmachen. Eine neue Vision kann sich uns wie ein Kamel mitten auf der Straße in den Weg stellen und uns abhalten, das zu tun, wozu Gott uns letztlich berufen hat. Wenn Gott geredet hat – dann blasen Sie das Horn und rufen Sie die Menschen zur Aktion. Aber weisen Sie sie nicht in die eine Richtung, um kurz drauf das Signal zu geben, in die andere Richtung zu stürmen. Wenn Sie die Richtung wissen wollen, dann finden Sie heraus, was Gott meint – und dann bleiben Sie dabei. Ändern Sie sie nicht deswegen, weil es vielleicht schwer wird oder es aufregender erscheinen mag, mal wieder etwas Neues zu tun.

> Treue ist das lange, gehorsame Reisen in dieselbe Richtung, gekräftigt durch die liebliche Gnade Gottes.

Göttliche Leidenschaft erwächst als Antwort auf eine klare, beständige und stimmige Schau der Herrlichkeit Gottes, die unseren Planeten durchtränkt – durch Bewegungen organischer und gehorsamer Gemeinden. Werden Sie sich klar, welchen Platz Gott Ihnen in dieser weltweiten „Bewegung der Bewegungen" zugeteilt hat, und reihen Sie sich ein. Und wenn es schwierig wird, dann bleiben Sie fest und schauen Sie sich nicht nach einer anderen Wegweisung um. Machen Sie sich eins mit dem, was Gott sagt. Es mag Jahre des beständigen Gehorsams bedürfen, um alles das zu erkennen, was Gott durch Ihr Leben zur Realität werden lassen will. Treue ist das lange, gehorsame Reisen in dieselbe Richtung, gekräftigt durch die liebliche Gnade Gottes.

Kamel #5: Materielle Sicherheit

Es findet sich nichts Falsches daran, in die Zukunft zu investieren und zu planen, doch ist unsere westliche Gesellschaft besessen davon, Reichtum anzuhäufen und zukünftige Sicherheit zu garantieren. Diese Besessenheit ist völlig überzogen und raubt uns die Leidenschaft. Finanzberater tun einen guten Dienst an denen, die Planungshilfe benötigen, doch sprechen sie nicht für Gott. Ich habe nie eine Versammlung zum Thema Finanzen besucht, die Gott mehr verherrlicht hätte als eine namens *„Generous Giving"* – „Großzügiges Geben". Der Name sagt alles. Bei guter Verwalterschaft geht es nicht um Ansammeln, sondern um Geben, nicht um das Horten, sondern ums Teilen. Gott erwartet von uns, dass wir weise Verwalter sind, und das beinhaltet Investieren und Gewinn machen. Doch die Schätze, die sich auf immer genießen lassen, sind die, welche aus dem Investment in das Leben der Menschen für die Ewigkeit resultieren, nicht die, welche in der *Wall Street* gehortet werden.

> Die Schätze, die sich auf immer genießen lassen, sind die, welche aus dem Investment in das Leben der Menschen für die Ewigkeit resultieren, nicht die, welche in der Wall Street gehortet werden.

Gott braucht nur ein wenig daran zu zupfen, schon wird der weltweiten Wirtschaft der Teppich unter den Füßen weggezogen. Alle unsere Ersparnisse können sich über Nacht verflüchtigen. Setzen Sie Ihr Vertrauen darum nicht auf Reichtümer. Erwarten Sie keine Sicherheit von Menschen oder den von ihnen erschaffenen Finanzsystemen. Fallen Sie nicht auf den ganzen Rummel herein. Wenn Sie meinen, dass Gott will, dass Sie in Altersvorsorge und in Sparpläne investieren, dann los! Aber investieren Sie zuvörderst in die Verbreitung des Evangeliums. Das Einzige, was Sie, abgesehen von Ihrem eigenen Herzen, mit in den Himmel nehmen können, sind die Menschen, die Sie für Gott beeinflussen konnten. Das ist bleibende Frucht.

Wenn Sie einen schwindenden Eifer für die Verbreitung des Evangeliums bemerken, dann mag sich das in einem direkten Verhältnis zu der Zeit verhalten, die Sie mit Ihrer Zukunftssicherung beschäftigt sind. Und wenn dem so ist, dann ist es Zeit für ein wenig ehrliche Selbstbeurteilung. Jesus sagte es sehr deutlich:

> Sammelt euch nicht Schätze auf der Erde, wo Motte und Fraß zerstören und wo Diebe durchgraben und stehlen; sammelt euch aber Schätze im Himmel … Denn wo dein Schatz ist, da wird auch dein Herz sein (Mt. 6,19–21).

Kamel #6: Hektischer Lebensstil

Wer behauptet, dass wir „ein nettes Zuhause" haben müssen? Oder ein neues Auto fahren müssen? Oder dass unsere Kinder mindestens vier Sportarten betreiben müssten? Ich kenne Eltern, die sich auf ihrem Computer eine Übersicht angelegt haben, damit sie alle Aktivitäten ihrer Kinder im Blick behalten. Schenken Sie der Lüge keinen Glauben, dass Ihnen die Welt vorschriebe, mit welcher Geschwindigkeit Sie Ihr Leben zu führen haben. Und passen Sie auf, dass auch Ihre Kinder das nicht glauben.

Wenn Sie in Ihrem Tagesablauf keine Spielräume haben, dann werden Sie auch keine Zeit haben, auf Gott zu hören. Wenn es keine Freiräume gibt, keine Zeit zum Lesen und Nachdenken, wie wollen Sie dann geistlich und emotional auftanken? Eine Leidenschaft für Jesus und seine Ziele wird von denjenigen gewählt und dann genährt, die sich weigern, sich von der Welt in ihre Form bringen zu lassen. Sie haben die Freiheit, Nein zu sagen. Wenn Sie das nicht machen, wird das Kamel „Hektischer Lebensstil" Sie einholen, überrennen und letztlich auf Ihrem Grab tanzen.

Das Kamel "Hektischer Lebensstil" wird Sie einholen, überrennen und letztlich auf Ihrem Grab tanzen.

Kamel #7: Konventionelle Kirchlichkeit

Die übliche Weise, wie wir Gemeinde leben, ist in vielen Fällen zu so einem Kamel auf der Straße geworden, das uns von der wahren Gemeinde ablenkt. In seinem Buch *The Present Future* äußert Reggie McNeal, was viele Menschen in ihrem Herzen schon wussten, was sie aber nicht in Worte fassen konnten: „Die gemeindliche Kultur Nordamerikas wird künstlich am Leben erhalten. Sie zehrt von der Arbeit, dem Geld und der Energie vorausgegangener Generationen." Dasselbe kann auch von der Gemeinde in Australien, Südafrika und Großbritannien gesagt werden. McNeal ist der Überzeugung, dass die Kultur, die wir als „Gemeinde" bezeichnen, entweder tot ist oder im Sterben liegt. „Diese Kultur ist mit biblischem Christentum verwechselt worden – sowohl innerhalb als auch außerhalb der Gemeinde."[2] Eine postmoderne Jugend will keine Gemeinde, die wie eine Maschine funktioniert, und keine Leiter, die sich als Maschinisten verstehen, die das alles am Laufen halten. Für ihr Erleben von Gemeinde suchen sie nach etwas wesentlich Bedeutungsvollerem. Und um das zu finden, sind sie willens, die institutionalisierte Gemeinde durchzuschütteln – und sie tun gut daran.

Viele Menschen verlassen die institutionalisierte Gemeinde – und zwar nicht, weil sie nicht an die Gemeinde glaubten, sondern weil sie daran glauben.

Es ist wahr, wenn Erwin McManus sagt, dass Gott nicht abgeneigt sei, sich gegen die Gemeinde zu stellen, die er angefangen hat:

Vor zweitausend Jahren initiierte Gott einen Aufstand gegen die Religion, die er selbst einst ins Leben gerufen hatte. Gehen Sie also nicht davon aus, dass es Gott nicht zuzutrauen sei, ein Erdbeben auszulösen gegen jene Gemeinden und christliche Einrichtungen, die seinen Namen tragen. Wenn er willens war, das Judentum auf den Kopf zu stellen, dann sollten Sie nicht einen Moment annehmen, dass unsere Institutionen vor einer göttlichen

Revolte sicher seien. Ich bin überzeugt, dass es gerade in diesem Moment ganze Scharen von Nachfolgern Jesu gibt, die krank und müde angesichts einer Gemeinde geworden sind, die herum- und den Ruf Gottes herunterspielt. Meine Reisen bestätigen mir, dass überall über eine Revolution geraunt wird. Ich bin überzeugt, dass sich ein Aufstand erhebt und dass niemand Geringeres als Gott dahinter steckt.[3]

Viele Menschen verlassen die institutionalisierte Gemeinde – und zwar nicht, weil sie nicht an die Gemeinde glaubten, sondern *weil sie daran glauben*. Sie gehen nicht, weil sie ihren Glauben verloren hätten, sie gehen, *damit sie ihn nicht verlieren*. Für viele ist die Gemeinde ein Hindernis im geistlichen Wachstum geworden. David Barrett und Todd Johnson schätzen die Zahl der „gemeindelosen Christen" auf weltweit 112 Millionen. Für die nächsten zwanzig Jahre rechnen sie die Zahl auf das Doppelte hoch.[4] Und George Barna schätzt, dass jede Woche etwa 53 000 Menschen in Nordamerika ihren Gemeinden den Rücken kehren. Dasselbe Muster ließ sich über viele Jahre in Großbritannien und Australien nachweisen, und nach 1994 auch in Südafrika.

Warum haben so viele die Gemeinde verlassen? Haben sie ja gar nicht! Sie können niemals weniger Gemeinde sein, als Sie ein Nachfolger Jesu sind. Was viele Menschen entdeckt haben und worauf viele Leiter von normalen Gemeinden noch kommen müssen, ist, dass Gemeinde das ist, was Sie *sind* – und nicht, wohin Sie gehen. Im Kern ist Gemeinde, wo sich zwei oder drei treffen, die Jesus lieben und ihm gehorchen, das müssen nicht zwei- oder dreitausend sein. Leider sind viele Menschen derart von den Programmen abhängig, dass sie nicht in der Lage sind, die Schönheit einer einfachen, organischen Gemeinde zu genießen. Die institutionellen Gemeinden haben sie geschwächt, anstatt sie zu stärken. Andere müssen für sie „Gemeinde machen".

Leiter in derartigen Gemeinden lassen sich leicht von ihrer eigenen Wichtigkeit beeindrucken. Mit machtvollen Worten können sie die Massen lenken, ihre Vision kann die Menschen zu großen Opfern bewegen. Wenn die Leiter solcher Gemeinden nicht aufpassen, werden sie Menschen im Namen der Gemeinde daran hindern, Gemeinde so zu erleben, wie Gott es vorgesehen hat. Sie lassen sich leicht von ihren eigenen Programmen und Leidenschaften betören. Traurigerweise kann Gottes Ehre in ihren Herzen durch die Vorstellung ihrer eigenen Wichtigkeit ausgetauscht werden.

Wenn die Leiter solcher Gemeinden nicht aufpassen, werden sie Menschen im Namen der Gemeinde daran hindern, Gemeinde so zu erleben, wie Gott es vorgesehen hat.

Die Gemeinde braucht keine Leiter, sie braucht *demütige* Leiter. Gott hat der Gemeinde Leiter gegeben, damit sie seine Herrlichkeit verbreiten, nicht, um in den Augen der Menschen als prächtig und wichtig angesehen zu werden. Die Gemeinde braucht keine Leiter, die sich gegen neue Wege im Gemeindeleben aussprechen, oder solche, die nur die alten Wege und Methoden verteidigen. Gott ist ein Gott der Ordnung, aber das heißt nicht, dass er nicht gegen menschliche Ordnungen aufstehen und etwas heilige Unordnung verursachen würde, damit Gemeinde für die Menschen in der Weise erfahrbar wird, wie er es sich vorgestellt hat. Wer annimmt, dass Jesus als Verteidiger des Status quo gekommen sei, liest wohl eine andere Bibel als ich. Es bedarf schon einiger ernsthafter Veränderungen der Schrift, um uns einen Jesus vorzustellen, der ein Anwalt geordneter Tradition gewesen wäre. Zusammen mit der kleinen Truppe seiner Nachfolger löste er eine Revolution aus. Er setzte einen Aufstand in Gang, der in einer weltweiten Bewegung mündete, die sich auf alle Völker ausbreitete. Dieser Aufstand, den Jesus begann, fand nicht zu dem Zweck statt, die Stellung der Mächtigen zu verteidigen, sondern den religiösen Institutionen seiner Tage ein Ende zu bereiten und die Menschen in eine missionarische Bewegung einzubringen, die Kultur-, Rassen-, Generations- und Geschlechtergrenzen überschreitet.

Führer der Gemeinde sind Botschafter. Die Herrlichkeit der Botschaft, die wir weitertragen, soll die Gemeinde begeistern, nicht die beeindruckende Persönlichkeit des Überbringers. Bei der Botschaft, die wir weitergeben, geht es um eine Gemeinde für Männer und Frauen, Jungen und Mädchen. Es geht um einen Gott für die Menschen, für alle Menschen. Wenn wir am Ende der Zeitalter mit allen Erlösten das Lamm, das allein würdig ist, anbeten, wem wird dann noch auffallen, dass Gemeinde, wie wir sie kennen, nicht mehr ist? Leitungspositionen und Titel sind bestenfalls zeitlicher Natur – doch das Lamm bleibt ewig.

Viele große Führer, die den Weg vor uns gegangen sind, sahen nicht die Erfüllung der Verheißung, die Gott ihnen gegeben hatte. Hebräer 11 zeigt uns eine Parade von Männern und Frauen des Glaubens, die Gott gehört hatten, in gehorsamem Glauben voranschritten, doch die Erfüllung des Traums, den Gott ihnen ins Herz gelegt hatte, nicht erlebten. Sie waren demütig genug, nicht etwas aus Ungeduld heraus zu produzieren und es dann als Glauben zu deklarieren. Sie warteten darauf, dass Gott handelt. Der Schreiber des Hebräerbriefs sagt über sie:

> Diese alle sind im Glauben gestorben und haben die Verheißungen nicht erlangt, sondern sahen sie von fern und begrüßten sie (Hebr. 11,13).

Wir messen Größe daran, wie sich eine Gemeinde zahlenmäßig entwickelt, wie viele Bücher ein Autor geschrieben hat oder wie mitreißend ein Mensch als Redner ist. Gott hingegen misst Größe daran, wie treu wir ihm gewesen sind.

Was wir vor allem anderen im Blick haben müssen

Eines überragt alles, etwas, auf das wir vor allem anderen unser Augenmerk gerichtet halten müssen: die Herrlichkeit Gottes. Nur das zählt. Wenn wir auf seine Herrlichkeit und Ehre ausgerichtet sind und das richtige Verständnis davon haben, was das ist, dann werden wir uns nicht in fleischlicher Weise bemühen, gemeindliche Strukturen zu verteidigen, die der Ehre Gottes eher im Wege stehen anstatt sie zu fördern. Es kann sein, dass die Gemeinde, wie wir sie kennen, erst sterben muss, damit deutlich wird, was es mit Gemeinde für unsere Kultur wirklich auf sich hat. Jesus sprach von „neuen Weinschläuchen". Weinschläuche wurden aus der Haut von Opfertieren gefertigt. Neue Weinschläuche erfordern Opfer. Blut muss vergossen werden. Es ist keine geringe Sache, Platz für neue Weinschläuche zu schaffen (vergl. Mt. 9,17).

Die Herrlichkeit Gottes ist das Höchste, nicht die geistlichen Gaben, die uns Gott gegeben hat, um diese Herrlichkeit zu verbreiten. Wenn dieses Zeitalter vergangen ist und wir vor ihm niederknien, werden Nachfolger Jesu nur nach einem Verlangen haben: in seine Augen zu blicken und zu sehen, welche Freude und Gefallen es ihm bereitet, wenn wir unsere Schätze, unsere Kronen ihm zu Füßen legen. Dafür mühen wir uns: zu sehen, was für ein Entzücken Jesus überkommt, wenn wir ihm noch mehr Verehrung darbringen, indem wir unsere Kronen vor ihm niederlegen.

Letztlich ist nicht wichtig, wie eindrücklich formuliert unsere Gebete sind, wie viele Arme wir speisen, nicht die Leiter, die wir schulen und die Gemeinden, die wir gründen, nicht die Programme, die wir initiieren, nichts von all dem, was wir für ihn tun. *Dies* ist unser Traum, die eine Sache, die am Ende der Zeiten zählt: in diese wunderbaren, durchdringenden Augen schauen zu können und zu wissen, dass er von denen, die wir zu ihm geführt haben, angebetet, genossen und geliebt wird. Das ist unser Lohn. Das ist genug. Mehr wollen wir nicht. Und das ist es, was uns in allem, was wir für ihn tun, Kraft verleiht und uns ausrichtet.

Ich liebe die Gemeinde, doch ist Gemeinde nicht das Ziel dessen, was wir tun. Das Ziel ist Jesus. Ich bin im Blick auf Gemeinde nicht besonders gut, und, um ehrlich zu sein, ich kenne nicht viele Leute, die es sind. Aber das ist okay, denn es geht nicht um uns.

Letztendlich ist die Belohnung für einen wahren Jesusnachfolger nicht das, was er hier auf Erden, sondern das, was das Lamm im Himmel bekommt.

Lieber Freund, Sie haben die Wahl: Sie können am Ende der Zeiten entweder mit leeren Händen vor Gott stehen oder mit Kronen, die Sie vor ihm niederlegen können. Letztendlich ist die Belohnung für einen wahren Jesusnachfolger nicht das, was er hier auf Erden, sondern das, was das Lamm im Himmel bekommt. Paulus sagte:

> Denn wer ist unsere Hoffnung oder Freude oder Ruhmeskranz – nicht auch ihr? – vor unserem Herrn Jesus bei seiner Ankunft? (1. Thes. 3,19)

Die Ehre, die Gott durch die zuteil wird, die ihn lieben, ist für uns beides: das Ziel all dessen, was wir tun, und der Treibstoff, um dieses Ziel zu erreichen; Treibstoff deshalb, weil es uns die Kraft zum Weitermachen gibt. Ziel ist es deshalb, weil das Leiten, Vorangehen und das Dienen nur ein einziges Ziel haben kann, nämlich die Armen und Verlorenen zu einer Erfahrung von Gottes Gnade und Güte zu bringen. Die ewige Freude des Lammes ist das Einzige, was für immer bleibt, alles andere ist zweitrangig.

Zu Ende seines Lebens schrieb Johannes:

Du bist würdig, unser Herr und Gott, die Herrlichkeit und die Ehre
und die Macht zu nehmen, denn du hast alle Dinge geschaffen,
und deines Willens wegen waren sie und sind sie erschaffen
worden (Offb. 4,11).

Bevor sie ihn nicht gesehen und „genossen" haben, können hingegebene Jesusnachfolger nie aus der Tiefe ihres Herzens rufen: „Würdig ist
das Lamm." Um noch einmal mit John Piper zu sprechen:

Wenn im Herzen und in den Prioritäten der Gemeinde das Streben
nach Gottes Herrlichkeit nicht dem nach dem Wohl des Menschen
übergeordnet wird, dann ist dem Menschen nicht wirklich gedient
und Gott wird nicht angemessen geehrt.[5]

Ziemlich häufig lenkt uns die Arbeit, die wir für Gott tun, von dem
Gott, dem wir dienen, ab. Und tatsächlich kann, wenn wir nicht aufpassen,
der Dienst, den wir für Gott tun, in einem großen, hässlichen, um sich
beißenden, spuckenden und verflohten Kamel enden! Als Mose mit sich
selbst als Leiter zu Ende gekommen war, schrie er: „Lass mich deine
Herrlichkeit sehen!" (2. Mo. 33,18). Wenn Ihre Leidenschaft vertrocknet
sein sollte, dann gibt es nur einen Weg, sie wiederzuerlangen: indem
Sie sich alleine mit Gott zurückziehen. Vielleicht wollen Sie gerade in
diesem Moment auf die Knie gehen und zu Gott rufen. Bitten Sie ihn
um eine neue Offenbarung seiner Herrlichkeit.

Gottes Herrlichkeit: drei Fragen

Was ist das, die „Herrlichkeit Gottes"?

Schwierig, wenn nicht unmöglich ist es, für etwas zu leben, was wir
nicht sehen und nicht verstehen. Jahrelang war alles, was ich über Gottes
Herrlichkeit wusste, das, was ich in der Gemeinde gehört hatte – in dem
überschäumenden Lobpreis der kleinen Pfingstgemeinde, der mein Vater
als Pastor vorstand. In einer Atmosphäre emotionsgeladenen Lobpreises
aufzuwachsen, hat seine guten und schlechten Seiten. Das Gute war, die
Ernsthaftigkeit der Menschen zu sehen, die Jesus liebten und die dem
Alkohol und den Kneipenschlägereien den Rücken gekehrt hatten, um
ihm zu dienen. Zu den schlechten Seiten gehörte der Mangel an Tiefgang

und Inhalt des Lobpreises. „Ehre sei Gott!" – das war einer der üblichen Ausdrücke, den die fröhlichen Gläubigen benutzten, die in der Gemeinde meines Vaters herumsprangen, schrien und den Herrn priesen. Aber was bedeutet es wirklich, Gott Ehre und Herrlichkeit zu geben? Als ich älter wurde, stellte ich fest, dass der Ausdruck des Lobpreises bei den Gläubigen in dem Maße an Lautstärke zuzunehmen schien, wie die Authentizität und Beständigkeit in ihrem Leben abnahm. „Herrlichkeit" wurde zu einer Art frommem Slang-Ausdruck, ausgerufen in einer speziellen Tonlage und unterstrichen durch eine bestimmte Gestik. Meine Skepsis gegenüber den Leuten, die für Gott *eine* Stimme hatten und für den Rest von uns eine andere, wuchs.

"Herrlichkeit" wurde zu einer Art frommem Slang-Ausdruck.

Meine Irritation wuchs mit den Jahren, wenn ich in der Bibel Aussagen über die Herrlichkeit Gottes las. Ich liebe den Klang dieses Ausdrucks immer noch: „Die Herrlichkeit des Herrn!" Er hinterließ in mir den Eindruck von etwas Geheimnisvollem, Staunenswertem, doch hatte ich über Jahre keinen blassen Schimmer, um was es dabei ging. Ich betrieb Wortstudien, verglich die verschiedenen Verse, doch gab es kaum Offenbarung über die höchst geheimnisvolle, Furcht einflößende Bedeutung des Begriffs. Eines Tages, ich las den folgenden Vers aus dem Propheten Habakuk, wurde mir klar, dass ich noch etwas zu lernen hatte. Gottes Verheißung an Habakuk wühlte mich auf. Ich musste so lange dranbleiben, bis ich wusste, was Gott meinte, als er durch den Propheten sagte:

Denn die Erde wird davon erfüllt sein, die Herrlichkeit des Herrn zu erkennen, [so] wie die Wasser den Meeresgrund bedecken (Hab. 2,14).

Tief in meinem Inneren rührte sich etwas, als ich diese Worte las: Wenn Gott sich anschickt, die Erde mit seiner Herrlichkeit zu bedecken, dann will ich daran teilhaben. Aber woran genau? Er plant, der ganzen Welt seine Herrlichkeit zu offenbaren – doch was heißt das? Wie wird er das machen? Ich kenne Menschen, die glauben, Gottes Herrlichkeit sei das Empfinden seiner Nähe. Aber die „Herrlichkeit des Herrn" ist ganz sicher mehr als ein Gefühl für Gottes Gegenwart. Auf der Suche nach

Antworten auf diese Fragen las ich von der Leidenschaft des Paulus, zu predigen, dass die „Herrlichkeit der Gnade Gottes" auch zu denen gelange, die Gott nicht kennen. Er schrieb:

> ... damit die Nationen aber Gott verherrlichen möchten um der Barmherzigkeit willen ... ich [setze] meine Ehre darein, das Evangelium zu verkünden, nicht da, wo Christus [schon] genannt worden ist ... (Röm. 15,8b.20)

Während ich ernsthaft darüber nachdachte, welch zentrale Rolle die Herrlichkeit Gottes im Schreiben und Denken des Paulus einnahm, gewann in mir die Überzeugung Gestalt, dass es eben diese Offenbarung war, die sein Verständnis von Gemeinde formte. Wenn wir uns daranmachen, die *Art*, wie wir Gemeinde leben, zu ändern, dann müssen wir zunächst den *Grund*, warum wir überhaupt Gemeinde leben, ändern. Durch die Offenbarung des Heiligen Geistes hatte Paulus verstanden, dass die Gemeinde der Kanal sein sollte, durch den Gott die Welt mit seiner Herrlichkeit füllen will. Von dieser Offenbarung leitete sich alles andere im Leben des Paulus ab. Sollte das auf unser Leben dann nicht dieselbe Auswirkung haben? Der Geist zeigte Paulus, dass sich das Herz eines jeden Menschen nach Jesus sehnt, dem Antlitz Gottes für diese Welt. Und er wusste auch, dass wir alle vom Gott dieser Welt verblendet wurden. In ergreifenden Worten beschreibt John Piper den Kern dessen, was Paulus erfasst hatte:

> Niemand besucht den Grand Canyon, um sein Selbstwertgefühl zu steigern. Warum gehen wir dann dorthin? Weil das Betrachten der Herrlichkeit eine größere Heilung für die Seele bereithält, als es das Anschauen unseres Selbst je vermöchte. In der Tat: Was könnte in einem weiten und herrlichen Universum lächerlicher wirken als ein menschliches Wesen, das auf diesem Fleckchen namens Erde vor dem Spiegel steht und versucht, irgendeine Bedeutung in sich selbst zu finden? Es ist sehr traurig, dass dies das Evangelium der modernen Welt ist.[6]

In unserem gemeinsamen Leben als Familie Gottes muss die Herrlichkeit Gottes im Mittelpunkt stehen. Das ist das Herz, der Angelpunkt, das Zentrum unseres gemeinschaftlichen Seins. Die Herrlichkeit Gottes ist der strahlende Fixpunkt in einer chaotischen Welt. Das Westminster-

Bekenntnis stellt fest: „Des Menschen Hauptziel ist es, Gott zu verherrlichen und sich für immer an ihm zu erfreuen." Es war die Offenbarung der Herrlichkeit Gottes in Christus Jesus, die den Paulus auf dem Weg nach Damaskus umgestaltete – dieselbe Herrlichkeit, die uns umgestalten wird. Wenn seine Herrlichkeit bei uns nicht im Mittelpunkt steht, dann haben die Kamele gute Arbeit geleistet. Nicht bessere Leiter oder eine großartige Vorstellung von Gemeinde, nicht Geld, Ruhm oder Sicherheit werden unsere Leidenschaft erneuern, sondern einzig und allein eine frische Offenbarung seiner Herrlichkeit. Nichts anderes.

Dabei stand im Leben des Paulus nicht nur Gottes Herrlichkeit im Mittelpunkt, sondern Gott selbst. Gott ist seiner eigenen Herrlichkeit verpflichtet. Er inspirierte Jesaja zu folgenden Worten:

> Um meinetwillen, um meinetwillen will ich es tun … meine Ehre gebe ich keinem anderen (Jes. 48,11).

Keine Stelle in der Schrift hat mir mehr geholfen, die Herrlichkeit Gottes besser zu sehen, zu ergreifen und zu genießen, als die Begegnung des Mose mit Gott, die in 2. Mose 33 und 34 geschildert wird. Ich kann das Entzücken und die Befreiung, die ich erfuhr, als ich Gottes Herrlichkeit in diesen Kapiteln entdeckte, nicht beschreiben. Es schien, als sei ich dabei gewesen, wie Gott dem Mose seine Herrlichkeit offenbarte.

Als Mose darum bat, Gott möge ihm seine Herrlichkeit zeigen, entgegnete dieser, dass Mose ihn nicht sehen und dabei am Leben bleiben könne – Gottes Herrlichkeit würde ihn umbringen. Doch Gott sah Moses Verlangen und seine Verzweiflung, und er stellte ihn mit dem Rücken zu sich in eine Felsspalte – und ging an ihm vorüber. Er offenbarte nur einen ganz kleinen Teil seiner selbst, doch was Mose sah, war das Wunder des Wesens Gottes – seine Güte, seine Freundlichkeit, seine Gnade und seine Barmherzigkeit.

> Mose aber sagte: Lass mich doch deine Herrlichkeit sehen! Er antwortete: Ich werde all meine *Güte* an deinem Angesicht vorübergehen lassen … Ich werde *gnädig* sein, wem ich gnädig bin, und mich *erbarmen*, über wem ich mich erbarme … Und der Herr ging vor seinem Angesicht vorüber und rief: Jahwe, Jahwe, Gott, *barmherzig* und *gnädig*, *langsam zum Zorn* und *reich an Gnade und Treue*, der *Gnade* bewahrt an Tausenden, der Schuld, Vergehen und Sünde *vergibt* (2. Mo. 33,18–34,7; Herv. v. Verf.).

Gottes Herrlichkeit ist das, was er ist – mehr als seine Schöpfung, mehr als seine mächtigen Taten und Wunder, mehr als das Gefühl seiner Gegenwart in uns. Es ist Gottes Ehrfurcht gebietende, wunderbare, majestätische, blendende Schönheit. In der Grundbedeutung meint das hebräische Wort „Gewicht" oder „Wesen, Inhalt". Das Gegenteil von *herrlich* ist leichtgewichtig, oberflächlich, leer. Gott hingegen ist „schwerwiegend", real, das Wesen all dessen, was gut und wahr ist. Oder anders formuliert: Gemeinde um der Gemeinde willen ist leicht und inhaltsleer, Gemeinde um Gottes Herrlichkeit willen jedoch ist das einzig Wahre. Alles andere wird für zu leicht befunden, ist nur oberflächlich und seicht.

Lassen Sie diese Sätze in Ihre Seele einsickern. Mein Gebet ist, dass Sie sich an Gott wenden, wenn Ihre Leidenschaft erstorben ist oder in fleischlichen Ambitionen gründet, wenn sie vielleicht nur von anderen abgeschaut ist oder Sie eigentlich gar keine Ahnung davon haben, und ihn bitten, sich Ihnen zu zeigen, wie er es für Mose tat. Ich bete, dass Sie sich verpflichten, nur für diese eine Sache zu leben – dass die Erkenntnis der Herrlichkeit des Herrn die ganze Welt erfüllen soll.

> **Mein Gebet ist, dass Sie sich an Gott wenden, wenn Ihre Leidenschaft erstorben ist oder in fleischlichen Ambitionen gründet, wenn sie vielleicht nur von anderen abgeschaut ist oder Sie eigentlich gar keine Ahnung davon haben, und ihn bitten, sich Ihnen zu zeigen, wie er es für Mose tat.**

Wo ist die Herrlichkeit Gottes?

Doch halt, da ist noch mehr. Jesus sagte: „Die Herrlichkeit, die du mir gegeben hast, habe ich ihnen gegeben" (Jh. 17,22). Bei Gottes Herrlichkeit geht es um *Gott* – und nun ist sie *uns gegeben*? Jesus gab seinen Nachfolgern die Herrlichkeit Gottes? Wie ist das möglich? Wie kann es sein, dass die Herrlichkeit, die Mose getötet hätte, wenn er sie gesehen hätte, gewöhnlichen Menschen, Fischern, Zolleintreibern und Terroristen, gegeben wurde? (Simon Zelotes gehörte zu den sogenannten Zeloten, einer Gruppe, die das Land gewaltsam von der römischen Besatzung befreien wollte.) Tatsächlich ist dies Teil des sich vor seinen Augen entfaltenden Geheimnisses, das den Apostel Paulus so gefangen nahm. Gott hatte ihm offenbart, dass er uns, die gesamte Gemeinde, erwählt hat, ein lebendiger Tempel zu sein. Wir sind die Wohnstätte der Herrlichkeit Gottes auf Erden. So wie der Tempel Salomos von der Herrlichkeit Gottes erfüllt wurde, als er ihn dem Herrn weihte, so wohnt sie auch in uns, der Gemeinde, wenn wir unser Leben Gott hingeben. Darum konnte Paulus schreiben:

> … ihr werdet mitaufgebaut zu einer Behausung Gottes im Geist
> … ihm sei die Herrlichkeit in der Gemeinde auf alle Geschlechter
> hin (Eph. 2,22; 3,21).

Kein Wunder, dass Gott seine Gemeinde den einigen wenigen Führern aus der Hand nahm und seinem Volk gab. Vor einiger Zeit sprach Gott zu meinem Freund John Scholtz, leitender Pastor der *Harvest Church* in Port Elizabeth, Südafrika: „Gebt meinem Volk meine Gemeinde zurück!" Gott hatte die Gemeinde so konzipiert, dass sie einfach sein sollte, für jedermann zugänglich und verfügbar. Alle sollten miteinbezogen sein. Jeder Einzelne sollte berufen, begabt und strategisch an der Stelle platziert werden, wo er ihm am effektivsten dienen konnte. Er wählte sich nicht eine kleine Elite, um seine Herrlichkeit zu offenbaren, sondern sein ganzes Volk. Ganz gewöhnliche Menschen sollten in der ganzen Welt seine außergewöhnliche Größe zur Geltung bringen.

Dieses Geheimnis, das ich vor vielen Jahren anfing zu verstehen, hat mich wieder und wieder in seinen Bann gezogen. Gott wird diesen Planeten mit sich selbst sättigen – durch die Gemeinde. Das wird er durch Sie und durch mich und durch andere wie uns tun. Nicht durch große Treffen und Programme, durch Schulungen und Konferenzen, sondern durch Menschen, durch *seine* Menschen. Durch Menschen Gottes, die leben, lieben und manchmal sündigen, wird er seine Herrlichkeit bekannt machen – Mensch für Mensch, Familie für Familie, ein Dorf, eine Schule, ein Stamm und ein Volk nach dem anderen.

Gott wird diesen Planeten mit sich selbst sättigen – durch die Gemeinde.

Wie wird Gott das bewerkstelligen, die ganze Erde mit seiner Herrlichkeit zu erfüllen? Auf die gleiche Weise, wie Jesus die Herrlichkeit seines Vaters sichtbar und bekannt machte, als er auf diese Erde kam. Jesus arbeitete, aß und hielt sich bei den Menschen in ihren Häusern auf. Er kümmerte sich um seine Mutter, ging auf Hochzeiten, nahm an religiösen Zeremonien teil und verbrachte Zeit mit ganz normalen Leuten. Die Erde mit der Herrlichkeit des Herrn zu erfüllen, heißt, jeden Tchibo, Edeka und Obi mit einem Trupp von Jesusnachfolgern zu füllen, heißt, jede Einkaufspassage, jeden Ort, jeden Campus und jeden Wirtschaftszweig, die Nachbarschaft bis hin zur ganzen Nation mit einer Jesus-Gemeinschaft zu durchsetzen. Die Welt mit der Herrlichkeit Gottes zu füllen heißt, sie anzufüllen mit einfachen Gemeinden von Jesusnachfolgern, die in derselben Weise Zeit mit den Menschen verbringen, wie Jesus es getan hat.

Nachdem sie mich über die Herrlichkeit Gottes und seine Sehnsucht, die Welt damit zu füllen, hatte reden hören, sagte eine junge Frau zu mir: „Du willst mich doch nur überzeugen, Missionarin zu werden." Ich sprach darüber, was Gott auf der Erde tun wollte – sie hörte, dass sie als Missionarin hinausgehen sollte. Ich entgegnete ihr in etwa so: „Die Berufung, in andere Länder zu gehen, ist toll, doch spreche ich von etwas viel Umfassenderem als davon, Missionar zu sein. Ich versuche nicht, irgendjemanden irgendwohin zu bringen, doch bin ich wild entschlossen, wen immer ich kann dahingehend zu beeinflussen, sein Leben für die eine Leidenschaft zu leben, die über allem steht – und das ist die Herrlichkeit Gottes. Und dabei geht's zunächst um das, was wir sind und wofür wir leben – nicht, wohin wir gehen."

Das Problem dieser jungen Frau lag darin, dass sie in Kategorien von Geografie dachte, in der Annahme, dass für Gottes Herrlichkeit zu leben bedeute, in die Mongolei oder irgendwo anders hinzugehen, wohin sie nicht wollte. Natürlich können wir nicht zu seiner Verherrlichung leben, wenn wir uns weigern, in die Mongolei zu gehen. Doch geht es nicht darum, wohin wir für Gott gehen, sondern darum: Wenn wir seine Herrlichkeit sehen, *sind wir dann bereit, für ihn überallhin zu gehen*?

Wissen Sie, dass es zwischen Mission und Mission einen Unterschied gibt? Das eine verbinden die meisten Menschen mit der Vorstellung, als „Missionar" berufen zu sein, was im Gegenzug bedeutet, dass die, welche keine Missionare sind, nicht berufen sind. Und wenn Sie nicht berufen sind, sind Sie ein geistliches Weichei – oder würden Sie sonst in der Kneipe rumhängen, wie Sie es gerade tun? Doch dann gibt es die andere „Mission"; wenn Sie die haben, haben Sie eine Sendung, einen Auftrag. Das ist Gottes Mission, und die lautet „Gottes Herrlichkeit". Er hat sich entschlossen, seine Herrlichkeit durch die Gemeinde zu offenbaren. Jeder, der Teil dieser Gemeinde ist, ist dazu berufen, Gottes Herrlichkeit zu verbreiten. Unsere Mission lautet genauso wie Gottes Mission: seine Herrlichkeit auf Erden. Die Frage lautet nicht: „Sind Sie berufen?", sondern: „Wohin sind Sie berufen?"

Darum gibt es auch so viel Verwirrung darüber, wie man Gottes Willen erkennt. Zu viele Menschen versuchen den Willen Gottes für ihr Leben zu erfahren, indem sie die falschen Fragen stellen. Was soll ich tun? Wohin soll ich gehen? Und wann? Diese Fragen haben allesamt ihre Berechtigung, doch die wichtigste Frage muss ihnen vorangehen: „Gott, wirst du mir deine Herrlichkeit zeigen?" Dabei findet sich der Wille Gottes auf ganz natürliche Weise: wenn wir seine Herrlichkeit sehen, sie schmecken und uns ihr ausliefern. Wenn wir seine Herrlichkeit sehen, ist der Erhalt von Instruktionen darüber, was er von uns will, die unwesentlichere Angelegenheit.

Wenn wir Jesus völlig hingegeben sind, dann machen wir uns ganz selbstverständlich verfügbar dafür, andere mit ihm bekannt zu machen. Wenn uns die Leidenschaft für ihn bewegt, dann entwickeln wir auch eine Leidenschaft für die, denen seine Leidenschaft gilt. Der Hingabe an Gott folgt das Schauen Gottes. Nachdem er den Herrn gesehen hatte, war es für Jesaja die logische Folge zu sagen: „Sende mich!" Mangel an Sehen erzeugt Mangel an Gehen.

> Ohne eine Offenbarung der Herrlichkeit Gottes nach seinem Willen zu fragen führt dazu, diesem Willen zu widerstehen, sich gegen ihn zu wehren oder mit Gott darüber verhandeln zu wollen.

Ohne eine Offenbarung der Herrlichkeit Gottes nach seinem Willen zu fragen führt dazu, diesem Willen zu widerstehen, sich gegen ihn zu wehren oder mit Gott darüber verhandeln zu wollen. Solange wir uns dagegen wehren, für Gott an bestimmte Orte zu gehen, sind wir augenscheinlich nicht von Gott selbst begeistert und beeindruckt. Wir dienen immer noch einem selbstgemachten Gott. Doch wenn wir ihn in seiner Ehrfurcht gebietenden Herrlichkeit erblicken, werden wir nicht länger über seine Absichten mit unserem Leben verhandeln wollen. Wenn wir ihn sehen, uns ihm ergeben – *dann* ist die Zeit gekommen, die Detailfragen zum Wo und Wann unseres Dienstes zu stellen. Ihn nicht zu sehen, macht die Hingabe an ihn umso schwerer, doch wenn wir ihn sehen, wird uns nichts und niemand schrecken oder beeindrucken können – Gott wird allemal beeindruckender sein.

Auf welchem Weg wird Gott also die Erde mit seiner Herrlichkeit erfüllen? Indem er sie mit seiner Gemeinde erfüllt, mit Gemeinschaften von Menschen, die ihn lieben und die andere mit ihm bekannt machen. Er wies Adam und Eva an, fruchtbar zu sein, sich zu vermehren und die Erde zu füllen (1. Mo. 1,28), ein Befehl, der Gottes erste Absicht mit seiner Schöpfung widerspiegelt. Er wünscht sich ein Volk, das sich aus allen Nationen der Erde zusammensetzt, ein Volk, das seine Freude teilt, denen, die ihn nicht kennen, Barmherzigkeit zu zeigen. Er hatte immer vor, die Erde durch diejenigen, die ihn kennen und lieben, mit seiner Güte zu füllen.

Warum gerade die Herrlichkeit Gottes?

Gott wird die Erde mit seiner Güte, Freundlichkeit und Schönheit erfüllen, damit sie voll der Anbetung seines Sohnes werde. Gottes Mission zielt darauf ab, dass alle Völker der Erde seinen Sohn, das Lamm, anbeten, Menschen aus jedem Stamm, jeder Sprache, aus jeder Nation und jedem Volk. Ich bin überzeugt, dass das tiefste Sehnen des menschlichen Herzens und die tiefste Bedeutung von Himmel und Erde in dem einen Begriff zusammengefasst sind: *die Herrlichkeit Gottes*. Die Gemeinde wurde erschaffen, um sie darzustellen, und Gott hat uns gemacht, um sie zu sehen und zu schmecken. Darunter geht's nicht.[7]

Dies ist die Vision, der Brennpunkt, das Wesentliche, wofür wir leben. Lassen Sie sich von den Kamelen auf dem Weg nicht ablenken oder außer Gefecht setzen. Bleiben Sie an Gott dran! Suchen Sie ihn, um ihn zu erkennen und zu schmecken. So werden Sie wissen, dass Gott, Gott allein, Ihre Leidenschaft erneuern und Sie stark machen wird, um den vertrockneten Knochen seiner Gemeinde neues Leben zuteil werden zu lassen. Die, welche Gottes Herrlichkeit gesehen haben, sind voller Leidenschaft und Eifer. Diese Art Leidenschaft nenne ich apostolisch. Ohne sie haben wir ein großes Auto mit einem kleinen Motor, viel Blech, aber keine Kraft, um dahin zu gelangen, wohin wir wollen.

Anmerkungen

1 Mehr zum Thema „Innere Festlegungen und wie sie überwunden werden kön-nen", findet sich in dem empfehlenswerten Buch von Robert McGee *The Search for Significance*, Thomas Nelson 2003.

2 Reggie McNeal, *The Present Future: Six Tough Questions for the Church*, Jossey-Bass (Wiley) 2003, S. 1.

3 Erwin McManus, *The Barbarian Way*, Thomas Nelson 2005, S. 114.

4 Reggie McNeal, *The Present Future*, a.a.O., S. 4.

5 John Piper, *Let The Nations Be Glad*, o. S.

6 John Piper, *Seeing and Savouring Jesus Christ*, IVP 2005, o. S.

7 a.a.O., S. 19.

TEIL 4

APOSTOLISCHE
LEIDENSCHAFT

6

GROSSE AUTOS MIT SEHR KLEINEN MASCHINEN

Stellen Sie sich den gut gekleideten Geschäftsmann vor, wie er aus der Tür seines Hauses tritt, die paar Meter durch den gepflegten Vorgarten läuft und sich dann, wie fast jeden Tag, in seinen blitzenden Geländewagen schwingt, um in Richtung Büro zu fahren. Ein Anflug von Lächeln huscht über sein Gesicht, als er die Tür schließt und sie mit dem satten Geräusch, das einem sorgfältig gefertigten Automobil eigen ist, ins Schloss fällt. Mit beiden Händen umfasst er das Lenkrad, da bemerkt er einen seiner Nachbarn, der ebenfalls seine Ausfahrt verlässt, um zur Arbeit zu fahren. Freundlich grüßt er den anderen Pendler und richtet die Augen wieder auf die Fahrbahn.

Der Tag zieht vorüber, unser Geschäftsmann winkt allen, die vorüberlaufen, zu und lächelt sie an. Sein Große-Jungen-Auto zieht anerkennende Blicke auf sich, er nickt freundlich zurück. Nachdem er einen vollen Tag in seinem Wagen gesessen hat, die Fahrzeugschnauze immer in Richtung Arbeitsplatz gerichtet, steigt er aus, streckt sich und wendet sich wieder seinem Heim zu.

Was stimmt nicht an diesem Bild? Er geht nie zur Arbeit. Den ganzen Tag sitzt er in seinem Fahrersitz, Hände am Steuer, winkt den Passanten freundlich zu – und kommt nirgendwo hin. Das Fahrzeug steht in der richtigen Richtung, der Geschäftsmann hat sich für einen Arbeitstag herausgeputzt, doch der Wagen fährt niemals los. Warum? Weil das zwar ein großes Auto ist, anstelle des nötigen dicken V6-Aggregats jedoch nur ein Nähmaschinenmotörchen unter der Haube hat.

Atemberaubende Visionen und Proklamationen werden eine Gemeinde kein Stück weiter bringen als das Blatt Papier, auf dem sie skizziert wurden, wenn ihnen nicht durch eine Reihe vorgelebter apostolischer Werte Kraft verliehen wird.

Um eine apostolische Vision zu vermitteln, bedarf es apostolischer Leidenschaft. Darunter verstehe ich einen gewissen Grundbestand an Werten und Eigenschaften, die uns ermöglichen, in einer radikalen Weise zu leben, wie es uns die ersten Apostel vorgemacht haben. Gelddinge und pastorale Angelegenheiten delegierten sie, damit sie sich selbst um die Armen und die Verkündigung kümmern konnten. Sie waren standhaft, klar ausgerichtet und einem radikalen Gehorsam verpflichtet – koste es, was es wolle. Ihr Eifer galt dem, dass Menschen Jesus begegnen sollten. Für ihren Glauben wurden sie verspottet, geschlagen und verfolgt. Vielleicht erleiden einige moderne „Apostel" kein vergleichbares Schicksal, weil sie keinen vergleichbaren Lebensstil an den Tag legen.

Die Gemeinde ist in Schwierigkeiten. Wie tief wir in Schwierigkeiten stecken, mag folgender ernüchternder Blick auf einige Fakten aus den Vereinigten Staaten illustrieren. Auch wenn die Situation nicht in jedem Fall auf andere Länder zutreffen mag, die Tendenz ist vergleichbar. Führen Sie sich also folgende Fakten einmal vor Augen:

- Die größte protestantische Denomination stellen in den USA die *Southern Baptists*. Eigenen Angaben zufolge planen nur 4 % ihrer Gemeinden die Gründung einer Tochtergemeinde.
- Umfragen hinsichtlich des Gottesdienstbesuchs quer durch alle Denominationen ergaben, dass dieser in den Jahren von 1900 bis 2000 nur um 3 % zugenommen hat, obwohl die Bevölkerung im selben Zeitraum um 13,2 % zunahm. Zwischen 2000 und 2004 wuchs die Einwohnerzahl um 4 %, die der Gemeindeglieder um nur 0,8 %.
- In den vergangenen fünfzig Jahren konnten christus-gläubige Denominationen in den USA ihren Gemeinden nicht einmal 2 % der amerikanischen Bevölkerung zuführen.
- Eines der niederschmetterndsten Ergebnisse neuer Umfragen besagt, dass in den USA jedes Jahr über 4 000 Gemeinden ihre Pforten schließen, eine Zahl, der nur etwa 1 350 Neugründungen gegenüberstehen. Eine andere Statistik lässt das Bild noch klarer erscheinen: Nur 4 % derer, die zwischen 1977 und 1994

in den USA geboren wurden, sind Christen. Das ist damit die am wenigsten von der Gemeinde erreichte Generation, die es je in Amerika gegeben hat.[1]

- Die heutige Entwicklung fortgeschrieben, werden im Jahr 2020 nur noch 14 % der Amerikaner in eine Gemeinde gehen, ein Prozentsatz, der bis 2050 auf weniger als 10 % zurückgehen wird.[2]

Teil des Problems ist, dass uns das nicht bewusst ist. Wir verlieren an Boden, während um uns herum Millionen ohne Christus sterben. Wir brauchen Männer und Frauen mit apostolischer Leidenschaft. Unsere westliche Christenheit geht zugrunde und wir stehen fröhlich winkend dabei, während auch die Welt um uns stirbt.

Der Islam – Gottes Gabe, um die Gemeinde aufzuwecken?

Während die Leidenschaft in einem Großteil der westlichen Gemeinden so weit abkühlt, dass Leiden und Opfer kaum mehr ein Thema sind, wartet der Islam mit einer weltweiten Herausforderung auf, um unsere Nationen für seinen Glauben zu gewinnen. In tiefer Besorgnis um unsere westlichen Gemeinden und in der Überzeugung, dass das, was die Gemeinde retten kann, mehr ist, als einmal im Jahr ein Krippenspiel aufzuführen, sah ich mich geführt, eine Gruppe von Freunden einzuladen, mich auf eine ungewöhnliche Reise ins Herz der Sinai-Wüste zu begleiten.

Unserem ägyptischen Busfahrer muss die Gruppe wohl ziemlich seltsam vorgekommen sein. Er hatte uns tief in den Sinai gebracht, nicht weit vom Roten Meer entfernt. Wir hatten ihn gebeten, uns ans Ende der abgelegensten Straße, die sich auf der Karte finden ließ, zu fahren und uns dort abzusetzen. Uns umgaben die sonnenverbrannten, geschwärzten Berge und kilometerweite unfruchtbare Wüste.

„Hol uns in zwei Stunden wieder ab!", bat ich den Fahrer, der sich nur widerstrebend auf den Weg machte.

„Da wären wir." Ich schaute in die Gesichter von zwanzig Männern und Frauen. Es hört sich vielleicht verrückt an, aber wir waren hier im Sinai, um einen Bund mit Gott zu machen. Wir waren allesamt Leiter einer Missionsgesellschaft und zusammengekommen, um die Angelegenheiten unserer Gruppe zu besprechen.

Es hört sich vielleicht verrückt an, aber wir waren hier im Sinai, um einen Bund mit Gott zu machen.

„Lauft in unterschiedliche Richtungen, so weit, wie ihr mögt. Sucht euch einen Felsbrocken und bringt ihn in einer Stunde hierher zurück. Geht in euch und denkt nach, während ihr nach dem Stein für den Altar sucht. Bittet Gott euch zu zeigen, welches euer Teil bei diesem Bund sein soll", sagte ich. Und dann marschierten wir in die Wüste, um Steine für einen Altar zu suchen.

Die Wüste um uns war flach und unfruchtbar, mal abgesehen von ein paar dürren Büschen hier und dort. Geeignete Felsstücke waren gar nicht so einfach zu finden. Sechzig Minuten später trafen wir uns wieder. Einige brachten Steine mit, die man in einer Hand halten konnte, andere hatten Fußballgröße, während drei aus unserer Gruppe einen Mini-Findling anschleppten, den sie gemeinsam trugen.

Wir türmten unsere Brocken zu einem Behelfsaltar auf und knieten schweigend zum Gebet nieder. Jeder von uns legte eine ganz persönliche Verpflichtung ab, gerade so, wie er sich in seinem Herzen gedrängt sah. Während wir beteten, waren wir ganz still. Wir waren übereingekommen, den Wüstenaltar als Zeichen unseres Bundes mit Gott zu errichten. Später tauschten wir uns darüber aus, was wir dem Herrn versprochen hatten. Steve und Liz hatten ihre Verpflichtung erneuert, Moslems Jesus zu bezeugen – und zwar als Nachbarn, nicht als Feinde. Lynn fühlte sich bewegt, auf das, was mit Moslems und Juden während der Kreuzzüge vor tausend Jahren geschehen war, zu reagieren. Ich selbst hatte den Eindruck, Nachfolger Jesu auf der ganzen Welt zu bitten, während des Ramadan, des Monats, in dem die Moslems tagsüber fasten, ebenfalls zu fasten und zu beten.

Nachdem wir uns eine Zeit lang über unser Herzensanliegen, die Moslems, ausgetauscht hatten, beteten wir gemeinsam und schlossen unseren Bund mit Gott und untereinander. Wir wollten die Moslems lieben, anstatt sie zu hassen, im Namen Jesu zu ihnen gehen und Gott für die Millionen von Moslems überall auf der Welt vertrauen, dass sie die Schönheit Gottes in Jesus Christus entdecken. Hier, fast 3000 Jahre danach, erinnerten wir uns an den Bund, den Gott einst mit Ismael, dem verstoßenen Sohn Abrahams, geschlossen hatte:

Aber auch für Ismael habe ich dich erhört: Siehe, ich werde ihn segnen und ihn fruchtbar machen und ihn sehr, sehr mehren. Zwölf Fürsten wird er zeugen, und ich werde ihn zu einer großen Nation machen (1. Mo. 17,20).

Wir schlossen diesen Bund angesichts zunehmender Spannungen im Nahen Osten. Uns war sehr bewusst, dass es eine der größten Herausforderungen für die Gemeinde ist, eine Antwort auf den militanten Islam zu finden. Manche Christen glauben, dass Israel das erwählte Volk Gottes sei und nichts falsch machen könne. Sie argumentieren, dass Israel ein göttlich verbrieftes Recht auf das Land habe. Andere hingegen sagen, dass sich die Spannungen im Nahen Osten nicht werden lösen lassen, wenn nicht auch das Unrecht gegen das palästinensische Volk zur Sprache komme. Ungeachtet des Bundes, den Gott in früheren Zeiten mit Israel geschlossen hat, hätten sie ihr Recht auf das Land eingebüßt, weil sie ihrerseits den Bund gebrochen und den Messias Jesus verworfen hätten. – Welche Stellung wir auch immer in dieser schwierigen Angelegenheit beziehen, in Form eines militanten Islam wurde uns ein eigenartiges Geschenk präsentiert. Das ist eine Chance für die Gemeinde, aufzustehen, nicht zu einem Krieg gegen den Terrorismus, sondern zu einer massiven Liebesanstrengung, um quer durch die islamische Welt Jünger für Jesus zu gewinnen. Wir müssen den Eifer der Selbstmordattentäter mit unserer Bereitschaft, unser Leben hinzugeben, in Verbindung bringen – aus Liebe, nicht aus Hass. Wir müssen unsere Kinder aussenden, um den Moslems in Nordafrika, dem Nahen Osten und in Asien zu dienen, sie zu lieben und ihnen die Gute Nachricht zu bringen.

Eine der größten Herausforderungen für die Gemeinde ist es, eine Antwort auf den militanten Islam zu finden.

In seinem Buch *Der Kampf der Kulturen* sagt der Harvard-Professor Samuel Huntington eine Zunahme globaler Konflikte vorher, insbesondere zwischen den Hauptkulturkreisen (für ihn sind das die westliche, die orthodoxe, die chinesische, die lateinamerikanische, die islamische, die hinduistische, die japanische und die afrikanische Kultur). Er prognostiziert, dass die Auseinandersetzung zwischen dem sogenannten

„christlichen Westen" und dem islamischen Nahen Osten die Weltpolitik in diesem Jahrhundert beherrschen wird.

Huntingtons düsteres Szenario entwickelt sich vor unseren Augen. Im letzten Jahrzehnt konnten wir Zeugen dessen werden, wie sich die Spannungen zwischen dem „christlichen Westen" und den Moslems verschärft haben. Radikale Fundamentalisten brachten die Zwillingstürme in New York zum Einsturz, töteten Hunderte von Menschen bei Bombenanschlägen in Zügen und U-Bahnen in England und Spanien und sorgen im Irak für Chaos und Verwüstung. Im Gegenzug starteten Amerika und Großbritannien ihre Invasion des Irak und Afghanistans, US-Spezialeinheiten wurden auf Einsätze nach Somalia und in den Sudan geschickt. Ein amerikanischer Kongressabgeordneter schlug in einer Radio-Talkshow vor, als Erwiderung auf fortgesetzte islamische Angriffe auf die USA Mekka und andere heilige islamische Stätten nuklear zu bombardieren.[3] Diese Denkweise, zusammen mit der fortwährenden amerikanischen Militärpräsenz im Nahen und Mittleren Osten, lässt Huntingtons Sicht der Zukunft realistisch erscheinen. Doch gibt es einen besseren Weg. Gott beruft die Christen ihm ähnlich zu sein – und sein Herz streckt sich in Liebe zu den Anhängern Mohammeds aus.

Moslems sind der Überzeugung, dass Amerika einen heiligen Krieg gegen sie führt. Als Präsident Bush dann verkündete, dass der Golfkrieg ein „Kreuzzug" sei, wussten sie, dass sie Recht hatten.

Wo liegt die Antwort auf die wachsenden Spannungen zwischen dem Westen und dem Islam? Ganz bestimmt nicht in mehr Angst, Hass, Terrorangriffen, der Folter von Häftlingen oder indem wir die Augen davor verschließen, dass Hunderttausende Palästinenser in Flüchtlingslagern leben. Es gibt eine Antwort, aber die wird beide Seiten etwas kosten. Und das ist keine politische Antwort, sondern vielmehr eine mit politischen Konsequenzen. Sie liegt nicht in blinder Loyalität gegenüber Israel und nicht in einer Vormachtstellung des Islam im Westen. Ich glaube, dass sich die Antwort in den Worten Jesu findet, der von Moslems und Christen verehrt wird. Seine Worte bewegten meine Freunde und mich zu dem Bund, den wir im Sinai geschlossen haben. Jesus beruft uns, seine Gemeinde, zu einer radikalen, leidenschaftlichen Liebe für unsere Feinde, besonders für die, die wir fürchten und ablehnen. Er sagte:

> Ich aber sage euch: Liebt eure Feinde, und betet für die, die euch verfolgen (Mt. 5,44).

Jesus zeigte uns die Antwort auf Hass, Gewalt und Angst. Seine unvoreingenommene Liebe für die römischen Soldaten und die Terroristen seiner Tage, die Zeloten, und seine furchtlose Ankündigung der Herrschaft Gottes über alle Nationen zeigt uns den Weg heraus aus dem „Kampf der Kulturen". Sein kompromissloser Bußruf an die frommen Konservativen und politisch Liberalen seiner Zeit und die Aufforderung, seiner Botschaft zu glauben, sind uns ein Beispiel dafür, wie wir auf den militanten Islam reagieren sollen. Mancher wird meinen, darin eine andere Form von Fundamentalismus erkennen zu können, doch lassen Sie sich durch deren Arroganz nicht täuschen. Jesus ergreift für keine politische Richtung Partei, das hat er nicht nötig. Alle Parteien sind zu ihm und in sein Reich gerufen.

> **Jesu kompromissloser Bußruf an die frommen Konservativen und politisch Liberalen seiner Zeit und die Aufforderung, seiner Botschaft zu glauben, sind uns ein Beispiel dafür, wie wir auf den militanten Islam reagieren sollen.**

Er rief Menschen aus allen Bereichen des politischen Spektrums zur Buße, zum Aufnehmen des eigenen Kreuzes und dazu, ihm nachzufolgen. Und wir dürfen nicht weniger verlangen als Jesus. Für Israel oder für die Palästinenser Partei zu ergreifen, ist keine Antwort. Wir müssen uns auf Gottes Seite stellen.

Was brachte die Mauer zum Einsturz?

Als ich im Herbst 1989 im Fernsehen miterlebte, wie die Berliner Mauer fiel, war ich in meinem Herzen seltsam berührt. Das war ein außergewöhnlicher Augenblick. Das, von dem politische Kenner annahmen, dass es Jahre brauchen würde, geschah in Stunden und Tagen. Über Nacht warfen ganzen Staaten das schwere Joch des Kommunismus ab. Nicht eine, zwei, nein, sechs, sieben, vielleicht zehn Länder wurden in einem Moment umgewandelt. Während ich am Fernseher verfolgte, wie Geschichte geschrieben wurde, wagte ich, Gott dafür zu glauben, dass er dasselbe auch in der islamischen Welt tun könnte. Wenn das in Polen, Ostdeutschland, Rumänien, Albanien, Bulgarien und in Ungarn geschehen konnte – und selbst in der riesigen Sowjetunion … Glauben keimte in meinem Herzen, dass auch die Mauer zwischen Moslems und

Christen würde fallen können. Nicht durch Golfkriege oder die Teilnahme am Kampf gegen den Terrorismus, sondern durch die Anrufung des lebendigen Gottes, die Bitte an ihn, souverän zu handeln – so, wie er es tat, als der Eiserne Vorhang fiel.

Ich weiß, warum der Eiserne Vorhang fiel, den Grund hörte ich aus dem Mund einer jungen Frau namens Joanie Herwig. In einer Gebetsversammlung, die wir anlässlich der Vorgänge in den kommunistischen Ländern 1989 abhielten, stand Joanie auf und sagte: „Ich habe das zuvor noch niemandem gesagt, aber ich muss es einfach erzählen! Ich hatte Angst, dass die Leute mich für verrückt halten würden. Jahrelang hatte ich dafür gebetet, dass alle Regierungen in Osteuropa gleichzeitig zusammenbrechen würden, damit sich die Aufmerksamkeit der gesamten Welt auf Osteuropa richten und sie erkennen würde, dass Gott das getan hat.“

Joanie wies auf ihre Bibel und erklärte: „Schaut, hier sind die Verheißungen, die Gott mir gegeben hatte. Er versprach mir, dass alle kommunistischen Regime auf einmal zusammenbrechen würden.“ Einen nach dem anderen zeigte Joanie uns die Verse, die Gott ihr für jedes einzelne der kommunistischen Länder gegeben hatte. Joanie Herwig besaß apostolische Leidenschaft. Sie erhob sich über ihre persönlichen Belange, hörte auf Gott und handelte im Gehorsam.

Apostolische Leidenschaft muss politische Leidenschaft übertreffen, andernfalls werden wir die falschen Schlachten kämpfen. Sich auf die Seite Israels oder Amerikas zu stellen, wird weder die Probleme in Nahost noch die in irgendeiner der Krisenregionen der Erde lösen. Wir müssen auf der Seite Gottes stehen. Wir haben nicht die Herrschaft der Demokratie zu verkündigen, sondern das Reich Gottes, wo Gerechtigkeit, Freude und Frieden durch Jesus Christus herrschen. Wenn wir leben, beten und uns diesen Aufgaben leidenschaftlich verpflichten, werden wir verändert und Gott wirkt durch uns.

Einen Bund mit Gott schließen

Ich glaube an Bündnisse mit Gott. Der „Rote-Meer-Bund“ – so wurde er später genannt – war nur einer von etlichen Bündnissen, die ich im Laufe meines Lebens mit Gott geschlossen habe. Mir ist klar, dass das theologische Fragen hinsichtlich der Souveränität Gottes aufwirft, doch als ich die Geschichte Gottes las, wurde ich zuversichtlich zu glauben, dass Gott es gutheißt, wenn wir ihn suchen und ihm die Sehnsucht unseres Herzens kundtun. Ohne Frage ist es Gott, der mit denen, die er beruft, einen Bund ins Leben ruft. Aber er begrüßt es auch, wenn wir einen Bund mit ihm anregen. Jakob rang so lange mit dem Herrn, bis der antwortete. Gideon legte sein „Vlies". Jeremia reagierte auf das Wirken des Geistes Gottes in seinem Herzen und wurde ein brennender Wortführer für den Herrn. Jeremia war überzeugt, dass es der Herr war, der Könige aufstehen ließ und sie wieder stürzte. Er schrieb:

> Jederzeit kann ich mich entschließen, ein Volk oder Land mit den Wurzeln auszureißen und mich seiner zu entledigen. Wenn sie jedoch über ihr gottloses Leben Buße tun, werde ich noch mal ganz von vorne mit ihnen anfangen (Jer. 18,7–8; nach *The Message*).

Die Gnade Gottes, die seiner Bündnistreue entspringt, ermutigt und befähigt uns, einen Bund, den wir mit ihm schließen, zu halten. In Zeiten, in denen meine Hingabe schwand, halfen mir diese Bündnisse, die ich mit Gott gemacht hatte, weiterzumachen. Ein Bund ist wie ein Ehegelöbnis: Es schützt die Verpflichtung, die man eingegangen ist, in Zeiten, wo das romantische Gefühl verblasst.

Apostolische Leidenschaft ist das Ergebnis eines Bundes mit Gott. Wir weihen uns ganz bewusst einem radikalen und gehorsamen Leben für Jesus. Das ist nicht etwas, was uns passiv widerfährt, sondern das Ergebnis eines Ringens mit Gott um die Werte, die uns bestimmen sollen und für die wir zu leben und zu sterben bereit sind.

Ich weiß nicht, wie es Ihnen geht, ich jedenfalls strebe hier auf Erden nicht nach Berühmtheit, Reichtum oder Sicherheit. Mag sein, dass mich diese Dinge in schwachen Momenten in Versuchung bringen können, was ich jedoch mehr als alles andere möchte, ist, einen ewig wirksamen Einfluss auf das Leben von Menschen zu hinterlassen. Ich stelle mir vor, wie ich eines Tages im Himmel bin, wie ich vor Jesus knie und Kronen zu seinen Füßen niederlege. Ich stelle mir vor, dass diese Kronen diejenigen Menschen sind, die während meines Lebens für Jesus beeinflussen zu dürfen ich das Privileg hatte. Ich sehne mich danach, an jenem Tag die Freude in den wunderbaren Augen Jesu sehen zu dürfen.

Die Menschen, die wir zu Christus führen durften, sind, abgesehen von uns selbst, das Einzige, was wir mit in den Himmel nehmen können. Darum habe ich beschlossen, mein Leben darein zu investieren, Menschen von Jesus zu sagen und andere anzuleiten, es mir gleichzutun. Meine Kraft und Zeit soll einer Schar von Pionieren zukommen, die ihr Leben für andere hingeben. Das Erbe, das ich einmal hinterlassen möchte, sollen geistliche Söhne und Töchter sein, die ihr Leben dafür einsetzen, Jesus an Orten angebetet zu sehen, wo sein Lob noch nie erklungen ist, in Sprachen, die im Himmel noch nicht gehört wurden.

Dafür lebe ich: Ich träume davon, dass Menschen in den entlegensten Winkeln der Erde eine Gemeinde in ihrer Sprache und ihrer Kultur entsprechend haben. Ich träume von aidsinfizierten Babys in Afrika, um die sich Menschen kümmern, die ihre Karriere aufgegeben haben, um für die Sterbenden zu sorgen, und die sie lieben. Ich träume von Tausenden südafrikanischer Universitätsstudenten, die ihr Leben hingeben, damit Menschen, die bislang nicht ein einziges Mal den Namen Jesus gehört haben, das Evangelium gebracht wird, insbesondere denen, die unter der Knute von Unterdrückung und Ungerechtigkeit leben müssen. Ich träume von Indianerdörfern in Mittel- und Südamerika, die Gottes Gerechtigkeit erfahren, die Vergebung ihrer Sünden und wie ihnen das Joch der Armut von den Schultern genommen wird. Ich träume davon, wie die Menschen im Nahen Osten und in Nordafrika, in Tibet und in Nordkorea und in den Dörfern und Städten Nordindiens erreicht werden.

Die Gemeinde weltweit ist an einem Wendepunkt angelangt, an dem sich ihr die Gelegenheit bietet zu entscheiden, in welche Richtung sie gehen will. Zwar ist die *Anzahl* der Nachfolger Jesu in den letzten hundert Jahren außerordentlich gestiegen, doch blieb der *prozentuale Anteil* an Christen unverändert.[4] Woche für Woche verlieren die nordamerikanischen Gemeinden 53 000 Glieder. Die Zahl der Menschen in den Vereinigten Staaten, die zwar an Gott glauben, nicht jedoch an die Gemeinde, hat sich in den letzten zehn Jahren auf fast 80 Millionen verdoppelt. Von den 400 000 evangelikalen Gemeinden in den USA haben nur geschätzte 15 % Wachstum zu verzeichnen. „Netto" kann keiner der amerikanischen Landkreise in den letzten 15 Jahren eine Zunahme an Christen vermelden. Während wir als Evangelikale in den Medien immer stärker wahrgenommen werden, schrumpft die Größe der Gemeinden und ihr Einfluss auf unsere Kultur. Ja, sicher, es gibt wachsende Megagemeinden, doch unter dem Strich verlieren wir an Einfluss.

> Millionen von Christen haben die Gemeinde abgeschrieben – nicht, weil die Gemeinde zu viel, sondern weil sie zu wenig von ihnen erwartet.

Ich bin der Überzeugung, dass wir eine neue Art von Christentum brauchen, eines, das die Herzen und Gemüter derer, die draußen sind, gefangen nimmt, und denen, die schon drin sind, Sinn und Bestimmung vermittelt.

Millionen von Christen haben die Gemeinde abgeschrieben – nicht, weil die Gemeinde zu viel, sondern weil sie zu wenig von ihnen erwartet. Unsere westlichen Gemeinden haben sich in einem auf ihr Gebäude, den Sonntag und ihren Pastor konzentrierten Christentum festgefahren. Wenn sich das sonntägliche Gottesdiensterlebnis darauf reduziert, ein bis zwei Stunden neben einem Fremden zu sitzen, dabei einem anderen Fremden (dem Pastor) 30 oder 40 Minuten zuzuhören, um dann wieder nach Hause zu gehen, verwundert einen die Frustriertheit von 80 % der Kirchgänger nicht. Ein derartiges Christentum stellt für Pastoren einen immensen Druck dar, etwas darstellen zu müssen, und für die Leute im Kirchenschiff eine starke Versuchung, zuzuschauen und zu kritisieren. Die meisten Christen aus dem westlichen Kulturkreis, die ich kenne, sind von der Gemeinde gelangweilt, gelangweilt deshalb, weil auch viele ihrer Leiter gelangweilt sind. Die Leiter sind müde, überfordert von den Erwartungen und Anforderungen, die an sie gestellt werden. Kürzlich sagte ein jüngerer Leiter zu mir: „Als Gemeindeleiter müsstest du nicht Diplomtheologe, sondern Diplomkaufmann sein." Wir stehen mit der Gemeinde an einem Scheideweg. Die alten Methoden funktionieren nicht. Es muss sich etwas ändern.

Die Gemeinde wurde nicht zu dem Zweck auf diese Erde gestellt, um Menschen ein bis zwei Stunden die Woche zu unterhalten. Sie wurde von Gott erschaffen als fortbestehende Gegenwart seines Sohnes Jesus, mit Fleisch und Blut. Die Gemeinde wurde zur Größe erschaffen. Wenn sie jedoch die Leidenschaft für Gottes Herrlichkeit mit niedrigeren Leidenschaften vertauscht, ist sie zum Scheitern verurteilt. Und darum bin ich der Überzeugung, dass in weiten Teilen der heutigen Gemeinde apostolische Leidenschaft die fehlende Dimension darstellt. Gottes Antwort an Terroristen und islamische Extremisten ist dieselbe wie an christliche Fundamentalisten: Er ruft die gesamte Menschheit zu Buße und Umkehr zu ihm auf. Heute ergeht von Jesus der gleiche radikale Ruf, den er vor 2000 Jahren getätigt hat: „Nimm dein Kreuz auf und folge mir!" Hier findet sich die Quelle wahrer Leidenschaft. Alle anderen Passionen sind Imitate, bloßer Ersatz für die heilige Leidenschaft der Liebe Gottes. Diese Leidenschaft nenne ich „apostolische Leidenschaft".

Die Notwendigkeit apostolischer Leidenschaft

Was bedeutet „apostolische Leidenschaft"? Und warum muss sie in der Gemeinde wiederhergestellt werden? Der Begriff „Leidenschaft" wird in verschiedensten Zusammenhängen benutzt – von der romantischen Liebe bis hin zu quälendem Heißhunger. Ich weiß nicht, welche Bedeutung der Begriff für Sie hat, für mich beschreibt er alles das, für das ein Mensch zu leiden bereit ist. Und tatsächlich entspricht das der Grundbedeutung des Wortes, das vom lateinischen *patior* und *passum* abstammt, was „[er]leiden, [er]dulden" heißt. Dabei geht es um etwas, was man derart begehrt, dass man jedes Opfer bringen würde, um es zu bekommen. Zeigen Sie mir Ihr Scheckbuch und Ihren Terminkalender, und ich sage Ihnen, welches Ihre Leidenschaften sind.

Das Wort Apostel hingegen bezeichnet einen Gesandten, einen Botschafter. Apostolisch sein heißt, sich auf einer Mission zu befinden. Die apostolische Berufung der Nachfolger Jesu beinhaltet den Auftrag, neue Wege zu finden, *wie* wir Gemeinde leben, und neue Gegenden zu erschließen, *wo* wir Gemeinde leben. Apostolisch sein heißt, radikal zu sein und offen für Abenteuer.

Entsprechend bedeutet die Zusammenstellung „apostolische Leidenschaft" die willentliche Entscheidung sehr bewusst inmitten der Nachbarn und unter den Völkern für Jesus zu leben. Und das hat auch damit zu tun, eine Hingabe für die Verbreitung seiner Liebesbotschaft an den Tag zu legen, die Ablehnung oder gar den Tod bedeuten kann. Das ist die innere Qualität derer, die für Jesus brennen, die davon träumen, für ihn Jünger zu machen.

Gott befindet sich auf einer Mission, und auf alle, die sich mit ihrer Berufung und ihrer Leidenschaft einreihen, um ihn bei dieser Mission zu begleiten, trifft der Begriff *apostolisch* zu. Die Bezeichnungen „Apostel" und „apostolisch" werde ich im nächsten Kapitel noch näher erläutern, doch kann ich schon hier klarstellen, dass sie nichts mit Titeln und Ämtern zu tun haben. Bei apostolischer Leidenschaft geht es darum, sich Gottes erlösende Mission für diesen Planeten – durch seine Gemeinde – zu eigen zu machen, angefangen dort, wo man lebt, dann aber auch bis hin zu allen Völkern.

> Gott befindet sich auf einer Mission, und auf alle, die sich mit ihrer Berufung und ihrer Leidenschaft einreihen, um ihn bei dieser Mission zu begleiten, trifft der Begriff "apostolisch" zu.

Wenn die apostolische Leidenschaft
in Ihrem Herzen abgestorben ist

Ich weiß, wie es ist, wenn die apostolische Leidenschaft in einem Herzen erstorben ist. Das geschieht bei mir dann, wenn ich nicht ausreichend Zeit alleine mit Jesus verbringe, in der ich davon träume, wie er in jedem Winkel der Stadt, in der ich lebe, und überall auf dem Rest unseres Planeten angebetet wird. Ich weiß, dass es mir abhanden gekommen ist, wenn ich vom Himmel zwar singe, aber so lebe, als wäre die Erde meine Heimat. Die apostolische Leidenschaft in meinem Herzen ist tot, wenn ich mehr von Sport, Spielzeugen, von Orten, die ich sehen, und von Menschen, die ich kennenlernen möchte, träume als davon, dass jedes Volk der Erde und jeder in meiner Nachbarschaft Jesus anbetet.

Ich habe sie auch dann verloren, wenn ich meine Entscheidungen auf Grund der Gefahren treffe, die Gottes Auftrag an mich mit sich bringt, und nicht wegen der Ehre, die ihm durch meinen Gehorsam zuteil wird. Wer apostolische Leidenschaft hat, der bereitet sich darauf vor zu gehen, ist aber ebenso willens zu bleiben. Sie möchten für Gott irgendwohin gehen. Wenn Sie eine tiefe Erleichterung darüber verspüren, dass Gott Sie nicht zu einem abgelegenen Stamm oder in ein fremdes Land schickt, dann haben Sie die Leidenschaft auch verloren.

Sind Sie nicht bereit, für eine Sache zu leiden und etwas dafür aufzugeben, dann besitzen Sie dafür auch keine Leidenschaft. Wenn jemand sagt, dass er bereit sei, alles für Jesus zu tun, aber keine Opfer- und Leidensbereitschaft erkennen lässt, dann brennt er nicht wirklich für ihn und seine Ziele. Er hat sie verloren. Apostolische Leidenschaft gehört zu Ihrem Erbe, doch um das in Besitz zu nehmen, müssen Sie darum kämpfen.

Angenommen, Sie haben es nicht: Wie stellen Sie es an, dieses Ding namens „apostolische Leidenschaft" zu erlangen? Läuft das wie beim Pizza-Bringdienst – geliefert in maximal 30 Minuten, garantiert? Gibt es dafür eine 0800er-Nummer? Oder, noch besser: „Schicken Sie uns Ihre Sonderspende von 30,- Euro *(gerne mehr!)* – Leidenschaft kommt postwendend, per Express"? Ich maße mir nicht an, alle Antworten zum Thema apostolische Leidenschaft zu kennen, doch einige habe ich gefunden, und die möchte ich Ihnen gerne mitteilen.

Zu lesen, wie der Apostel Paulus seine apostolische Leidenschaft erlangte und wie er sie frisch erhielt, hat mich sehr angesprochen. Für ihn begann es mit einer Offenbarung von Jesus, die er sein ganzes Leben lang in sich trug und bewahrte. Paulus hatte nicht nur eine Begegnung mit Jesus auf der Straße nach Damaskus, er sah Jesus jeden Tag. Diese Offenbarung von Jesus und die sich daraus entwickelnde Entfaltung der Absichten Gottes brachten seine Leidenschaft hervor. Jesus zu kennen und ihn bekannt zu machen nahm in der Folge das ganze Leben von Paulus in Beschlag. Alles andere in seinem Leben war im Vergleich dazu Dreck, Unrat, religiöser Müll.

> Paulus hatte nicht nur eine Begegnung mit Jesus auf der Straße nach Damaskus, er sah Jesus jeden Tag. Diese Offenbarung brachte seine Leidenschaft hervor.

Für weniger werden Sie die apostolische Leidenschaft nicht erlangen. Wenn Sie nicht bereit sind, dafür zu fasten, Schlaf zu opfern, dafür Leid zu erdulden und Zeit mit Menschen zu verbringen, die Jesus nicht nachfolgen, werden Sie sie niemals finden.

Wollen Sie das haben, was man „apostolische Leidenschaft" nennt? Sind Sie bereit, jedweden Preis dafür zu zahlen? Ich hoffe, dass dieses Buch etwas in Ihnen weckt – doch dann wird es Zeit, etwas zu tun. Apostolische Leidenschaft bedeutet auch Verzicht, Fasten, durchwachte Nächte, in denen Sie durch die Straßen Ihrer Stadt streifen und Gott für sie anflehen. Sie könnte Sie in ferne Ländern führen und Sie mit einer Schau von der Herrlichkeit Gottes erfüllen, die Ihre Welt und Ihr Umfeld erschüttern wird.

Wenn Sie diese Leidenschaft gefunden haben, dann deshalb, weil Sie Jesus sahen und ihn schmeckten – und dann feststellten, dass Sie ihn nicht für sich behalten können. Wer eine Leidenschaft für Jesus hat, dem ist *das* ein Anliegen, was *ihm* auf dem Herzen brennt. Er sehnt sich nach dem einen: dass seine liebliche Gegenwart die Erde erfüllt. Wenn Sie sehen, wie Gott leidenschaftlich um seine eigene Herrlichkeit und Ehre bemüht ist, dann werden Sie angesichts der Vision eines Lammes, das von allen Nationen verherrlicht wird, weinen. Danach sind Sie nur zu gern bereit, alles zu tun, was er Sie heißt. Lesen Sie nur dann weiter, wenn das genau das ist, was Sie wollen und wofür Sie bereit sind zu leben und wenn nötig zu sterben. Menschlicher Enthusiasmus ist nicht in der Lage, apostolische Leidenschaft zu erhalten. Wenn Gott selbst sich mit seiner eigenen Leidenschaft in Sie investiert, dann müssen Sie auf das, was er ihnen gibt, aufbauen und es entwickeln.

Leidenschaften wählen

Wir wurden für Leidenschaft geschaffen. Darum sind Lobpreis und Anbetung so wesentlich für uns – es entspricht unserem Wesen, Gott freudig und mit Leidenschaft zu lieben. Er hat uns mit einem umfassenden Potenzial für Anteilnahme und Genuss ausgestattet. Das ermöglicht uns, Gott mit tiefen Empfindungen und mit Hingabe anzubeten und uns ihm ganz hinzugeben. Adam und Eva liebten den Garten, in den Gott sie gestellt hatte. Es bereitete ihnen außerordentliches Vergnügen, den Tieren Namen zu geben und den Garten zu pflegen. Während sie mit Gott wandelten, verspürten sie eine intensive Liebe zu ihrem Schöpfer. Traurigerweise trat dann die Sünde ins Bild und Adam und Eva verloren ihre ursprüngliche Leidenschaft. Die Möglichkeit dafür bestand noch, doch war sie unter der Last von Sünde und Scham kaum mehr zu erkennen.

Wenn wir durch Gottes Geist wiederbelebt werden, dann gibt Gott uns Adams und Evas einstiges Potenzial für Leidenschaft wieder. Genau diese Leidenschaft hat die Gemeinde so verzweifelt nötig. Nicht Leidenschaft um ihrer selbst willen, sondern mit einem Zweck. Gott bevollmächtigte Adam und Eva, die Herrschaft über die ganze Erde zu ergreifen, sie sollten fruchtbar sein, sich vermehren und die ganze Erde erfüllen. Das heißt nicht nur, für Babys zu sorgen. Vielmehr war es ein Aufruf, sich Gottes Plan anzuschließen, die ganze Welt mit seiner Herrlichkeit zu erfüllen – durch Menschen, die ihn lieben, Menschen, die jedwede Gesellschaft und Nation auf Erden durchdringen.

Der Garten Eden war von Gott nicht als kleiner Hintergarten in einer abgeschiedenen Ecke des Nahen Osten vorgesehen. Der ganze Planet sollte zu einem Garten der Freude werden, mit einer klaren Bestimmung. Für Adam und Eva sollte Eden der Ausgangspunkt sein, von dem aus sie den Garten erweitern sollten, entwickelt und gebaut unter seiner Anweisung und seinem Rat. Sie sollten an seinem schöpferischen Handeln teilhaben, so, wie es uns auch im ersten Buch Mose berichtet wird:

Wachst und gedeiht! Vermehrt euch! Füllt die Erde! Übernehmt die Führung! (1. Mo. 1,28ff, nach *The Message*)

Gott lud sie ein, sich daran zu beteiligen, dass die Erde mit Schönheit und Sinn erfüllt würde.

Jahre später wiederholte Gott diesen Auftrag an Abraham. Er gab ihm eine Schau hinsichtlich der Rolle, die er bei etwas ganz Großem, was es auf Erden zu errichten galt, spielen sollte. Er sagte Abraham, er würde ihn segnen und seinen Namen großmachen, indem er ihn zum Vater einer Nation machen würde, die dann wiederum allen Nationen der Erde zum Segen sein würde (1. Mo. 12,1–3). Dieser Ruf an Abraham regte seine Leidenschaft an, eben diese Leidenschaft, die in uns zum Leben erwacht, wenn wir zu Jesus Ja sagen. Erinnern Sie sich an den Eifer, der in Ihnen brannte, als Sie an Jesus gläubig wurden? Genau so, wie man ihn verlieren kann, kann er auch wiedergefunden und erneuert werden.

Eigentlich ist apostolische Leidenschaft eine ganze Reihe von Leidenschaften. Falsche zentrale Werte oder Leidenschaften können uns die Leidenschaft, die Gott in uns erschaffen hat, entziehen. Wir wurden mit einer Leidenschaft in unserer Seele wiedergeboren. Diese muss erhalten werden, andernfalls erlischt sie.

In diesem Zusammenhang benutze ich die Begriffe „zentrale Werte" und „Leidenschaften" austauschbar, weil ein Wert das ist, für das wir Leidenschaft aufbringen, etwas, an das wir in unserem tiefsten Inneren glauben. Zentrale Werte können gut oder schlecht sein, gegenwärtig oder angestrebt.[5] Sie können in unserem Leben bewusst oder unbewusst vorhanden sein. Man kann sich für solche zentralen Werte bewusst entscheiden, meistens werden sie jedoch einfach angenommen, ohne dass man sich dessen bewusst wäre.

Ich definiere *zentraler Wert* als innere Überzeugung, das, was die Bibel als „Herz" bezeichnet.[6] Zentrale Werte bestimmen, was ein Mensch wirklich glaubt und wie er sich in Abhängigkeit davon verhält. Unsere zentralen Werte werden aus fünf unterschiedlichen Quellen gespeist und geformt:

1. *Lebenserfahrung*: Gute und schlechte Erfahrungen lassen uns bestimmte Dinge im Leben unterschiedlich bewerten. Wiederholte Reaktionen und Entscheidungen im Leben ergeben ein tief verankertes Muster von Überzeugungen und werden so zu den Werten eines Menschen.

2. *Eigennutz*: Das menschliche Herz ist zu unbeschreiblicher Selbstsucht fähig. Die Bibel nennt das Sünde. Und Sünde ist nicht etwas, was wir ererbt hätten, wir entscheiden uns, gegen Gott zu sündigen.

3. *Religiöse Überzeugungen*: Was uns gelehrt wurde, kann und soll unseren Glauben und unser Verhalten beeinflussen. Es

besteht die Möglichkeit, bestimmte Werte/Leidenschaften in unserem Herzen zu pflegen, die sich jedoch nicht mit dem decken, von dem wir in unserem Verstand wissen, dass es richtig ist. So können wir etwa daran glauben, für unsere Überzeugungen Opfer bringen zu sollen, ohne tatsächlich opferbereit zu leben.

4. *Erziehung*: Gut oder schlecht – die Werte unserer Eltern beeinflussen die unseren. Denken Sie einen Moment darüber nach, was Ihnen von Ihren Eltern an guten oder schlechten Werten weitergegeben wurde.

5. *Unsere Kultur*: Jede Kultur besitzt einen Fundus an Kernwerten, welche die Weltsicht dieser Kultur prägen. Als aufschlussreiche Übung können Sie einmal aufschreiben, welches die zentralen Werte Ihrer Kultur sind – und sie dann mit den Werten vergleichen, die Jesus vertrat. Legen Sie die Listen nebeneinander, um Unterschiede und Ähnlichkeiten zu erkennen.

Wenn wir es unterlassen, unbiblische Werte in biblische zu verändern, wird sich ein Konflikt einstellen. Die Spannung ergibt sich zwischen dem, was wir glauben, und dem, wie wir handeln, zwischen Jesus in uns und unseren unbiblischen Überzeugungen, die uns unsere Erziehung und Kultur beschert haben. Solange dieser Konflikt nicht durch einen Wertewandel gelöst wird, werden wir in einer Täuschung enden: Wir behaupten, etwas zu glauben, in Wirklichkeit glauben und praktizieren wir etwas anderes. In dem Fall kann es passieren, dass wir dem Betrug auf den Leim gehen und unseren ungöttlichen Werten „christliche" Namen verpassen, um die Spannung zwischen Glauben und Tun zu lösen. Es ist einfach, seinen Lebensstil an alte Werte anzupassen und sie dennoch „christlich" zu nennen.

Das befreit uns von der Verantwortung, unsere Lebensweise zu ändern. Dann wird zum Beispiel eine ausgeprägte Selbstsucht als „Segen Gottes" deklariert und Kompromisse in Angelegenheiten der persönlichen Heiligung als „christliche Freiheit". Glaubensaussagen wie „Gott hat mich nicht berufen!" müssen dann zur Verteidigung eines Mangels an Anteilnahme für die Nationen herhalten.

Drei Ebenen: Hände, Kopf und Herz

Lassen Sie es mich bildlich darstellen. Im Blick auf unsere Kernüberzeugungen und -werte funktionieren wir auf drei Ebenen. Zwar ist das Leben komplexer als diese simple Zeichnung, doch zeigt sie eine Wahrheit im Blick darauf, wie Gott uns geschaffen hat. Stellen Sie sich als aus drei Ebenen bestehend vor:

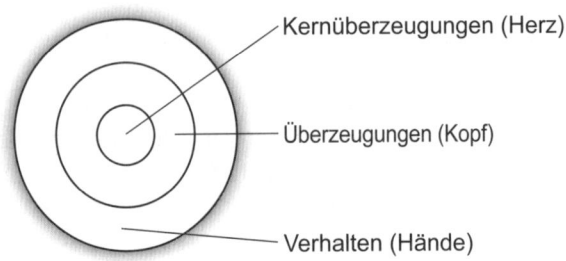

Kernüberzeugungen (Herz)

Überzeugungen (Kopf)

Verhalten (Hände)

Wenn wir eine apostolische Leidenschaft fördern wollen, müssen wir uns auf unsere Kernüberzeugungen, das, was uns wirklich wichtig ist, konzentrieren. Andernfalls stellen die beiden anderen Dimensionen lediglich Verhaltensänderungen oder kleinere Justierungen dar. Es ist zwingend notwendig, dass alle drei Dimensionen Veränderung erfahren: unser Verhalten, unsere Überzeugungen und unsere zentralen Werte. Nach meiner Erfahrung ist die größte Herausforderung für Nachfolger Jesu dabei der Konflikt zwischen ihren „echten Überzeugungen", also etwa den zentralen Werten, und den neu gefundenen Überzeugungen, die sich einstellten, als sie Jesus zu ihrem Herrn machten. Unausweichlich wird sich das Verhalten eines Menschen an dessen zentralen Werten ausrichten. Verhaltensweisen ergeben sich ganz natürlich aus dem, was wir „von Herzen" glauben.

Daraus ergibt sich die Frage: „Wie gleiche ich mein Wertesystem an meine Überzeugungen an?" Das ist ein Prozess, aber es gibt ein paar einfache Schritte, die beim Wertewandel helfen können. Bitte beachten Sie: Ich sagte *einfache* Schritte, nicht *leichte*. Und dies wären sie:

Wählen Sie Ihre Leidenschaften

Vielleicht könnten Sie, um in der Wahl Ihrer Leidenschaften weiterzukommen, sich die Zeit nehmen, das Leben Jesu oder die Reisen des Paulus zu studieren. Während ich das machte, schrieb ich das Wort „Leidenschaft" neben die entsprechenden Handlungen oder Lehren von Jesus und Paulus an den Rand meiner Bibel. Ich wollte mich in sie hineindenken und herausfinden, welche Werte hinter den jeweiligen Handlungen steckten. Ganz bewusst wähle ich hier einige dieser Leidenschaften aus meinen Studien aus. Ich tendiere im Blick auf Verpflichtungen, die ich gegenüber dem Herrn eingehen will, zu Unbesonnenheit, also möchte ich das ändern. Ich möchte mich im Gebet auf einige wenige Werte konzentrieren und diese dann wirklich ausleben. Sie sollten in einem bestimmten Lebensabschnitt nicht mehr als drei oder vier zentrale Werte auf einmal ins Auge fassen. Wenn Sie sich entschieden haben, suchen Sie einige Bibelverse heraus, um diese Werte zu untermauern. Denken Sie über die Verse nach, um sich klarer darüber zu werden, warum sie Ihnen wichtig sind. Machen Sie daraus Ihr persönliches „Mission Statement", schreiben Sie sie in Ihr Tagebuch und beten Sie regelmäßig darüber. Erwägen Sie sie wieder und wieder. Unser ganzes Leben lang entwickeln wir unbiblische Leidenschaften, darum sollten wir keine Zurückhaltung dabei üben, uns Zeit zu nehmen und apostolische Kernwerte zu nähren und zu pflegen.

> Unser ganzes Leben lang entwickeln wir unbiblische Leidenschaften, darum sollten wir keine Zurückhaltung dabei üben, uns Zeit zu nehmen und apostolische Kernwerte zu nähren und zu pflegen.

Nähren Sie Ihre Leidenschaften

Um Ihre Leidenschaften tobt ein Kampf. Sich eine Leidenschaft zu wählen ist ein Akt geistlicher Kampfführung. Wenn Ihre Leidenschaften die der Menschen in der Welt nicht überragen, werden Sie Sklave der Leidenschaften anderer Leute sein. Entscheiden Sie sorgfältig, welche Bücher Sie lesen, welche Filme und Fernsehprogramme Sie anschauen, mit welchen Menschen Sie Zeit verbringen und welchen Aktivitäten Sie nachgehen – denn alles das gibt Ihren Leidenschaften Nahrung. Mit den Leidenschaften ist es wie mit einem Holzfeuer: Sie müssen unablässig Brennstoff nachlegen, damit es weiterbrennt. Ich suche mir Bücher, Menschen, Gemeinden, Einsatzmöglichkeiten und Aktivitäten – immer im Blick, dass sich die Leidenschaften in meinem Leben auf einem hohen Niveau halten. Aus eigener Erfahrung kann ich sagen: Man kann seine Leidenschaften verlieren. Ich verlor die meinen einmal, als ich wieder in den USA lebte. Die Luft, die ich atmete, schien den Filter eines vergifteten Glaubenssystems durchlaufen zu haben.

> Um unsere Leidenschaften ist ein geistlicher Kampf im Gange. Einige wenige falsche Entscheidungen, und Sie können alles verlieren, was Sie in Jahren aufgebaut haben.

Um unsere Leidenschaften ist ein geistlicher Kampf im Gange. Einige wenige falsche Entscheidungen, und Sie können alles verlieren, was Sie in Jahren aufgebaut haben. Die uns umgebende Kultur beeinflusst uns, wir müssen uns nicht einmal entscheiden, „weltlich" zu sein – lassen Sie sich einfach mittreiben. Seien Sie einfach jemand, der sich unter die Menge mischt, dann dauert es nicht lange und Sie finden in sich nichts mehr vor, was Sie motivieren könnte, ein leidenschaftliches Leben für Gott zu führen. Wenn Sie Ihren Leidenschaften keine Nahrung geben, laufen Sie Gefahr, ohne es bewusst zu wählen, dass die Herrschaft über Ihr Herz einem anderen zufällt.

Konzentrieren Sie Ihre Leidenschaften

Geistliche Leidenschaft ist kein Selbstzweck. Sie ist dafür da, uns zu einem Leben für Gottes Herrlichkeit zu befähigen, gehorsam und gottesfürchtig. Richten Sie Ihre Leidenschaften auf das, wofür Gott selbst Leidenschaft hegt:

Konzentrieren Sie Ihre Leidenschaften darauf, Gott zu genießen. Gott jubelt und freut sich über seine eigene Größe. Die Bibel nennt das die Herrlichkeit Gottes. Beten Sie ihn an. Machen Sie eine Liste seiner Eigenschaften. Kultivieren Sie ein Leben der Freude und der Lust an Gott, mit seiner Schönheit und Güte im Blick. Studieren Sie sein Wesen und seinen Charakter. Lesen Sie täglich in seinem Wort. Entwickeln Sie die geistlichen Disziplinen Gebet, Fürbitte, Meditation, geistliche Kampfführung und Anbetung.

Konzentrieren Sie Ihre Leidenschaften auf das Wort Gottes. Lesen Sie es mit einer Zielsetzung. Beten Sie das Wort, lernen Sie es auswendig und wiederholen Sie es. Lesen Sie die Bibel Buch für Buch durch, pro Tag mindestens fünf Kapitel. Lesen und studieren Sie die Apostelgeschichte

– das ist ein Buch über Leidenschaft und leidenschaftliche Menschen. Die Männer und Frauen der Apostelgeschichte lebten mit einer apostolischen Absicht und Zielsetzung.

Konzentrieren Sie Ihre Leidenschaften darauf, von Gott geliebt zu sein. Ich weiß, es hört sich etwas seltsam an, doch Gott hat Freude und Wohlgefallen an Ihnen – geben Sie ihm also Zeit und Gelegenheit, Sie zu lieben und zu ermutigen. Nehmen Sie sich jeden Tag die Zeit, damit der Heilige Geist Ihnen immer wieder sagen kann, wie sehr der Vater Sie liebt. Erlauben Sie dem Geist, tief in Ihr Innerstes hineinzusprechen, dass Sie an Kindes statt angenommen und geliebt sind. Damit leben Sie von einem Ort der Sicherheit und des Zutrauens aus. Wer sich von Gott geliebt weiß, der ist immun gegen die Verlockungen der Welt und gegen die Versuchung, zum Zwecke der Anerkennung etwas darstellen zu wollen.

Konzentrieren Sie Ihre Leidenschaften darauf, die zu lieben, die von Gott geliebt werden. Beten Sie für Menschen, von denen Sie wissen, dass sie Gott nicht kennen. Machen Sie sich sehr bewusst daran, andere in Ihrem Umfeld anzusprechen. Schreiben Sie die Namen derer auf, die noch keine persönliche Beziehung zu Jesus haben. Beten Sie für Menschen, wenn Sie ihnen begegnen oder nachdem Sie sich von ihnen verabschiedet haben. Unternehmen Sie Gebetsspaziergänge, auf denen Sie Ihre Nachbarschaft segnen. Beten Sie darum, dass die Güte und Freundlichkeit Gottes bei den Menschen zum Tragen kommt. Bitten Sie Gott, Ihnen zu zeigen, wie sehr er sie liebt.

Konzentrieren Sie Ihre Leidenschaften auf die Nationen. Wählen Sie ein Land aus, das Jesus verzweifelt nötig hat, und beten Sie dafür. Richten Sie Ihre Aufmerksamkeit auf die Armen und Unerreichten dieser Welt. „Adoptieren" Sie eine unerreichte Volksgruppe.[7] Reservieren Sie einen Tag in der Woche dafür, für ein oder zwei unerreichte Volksgruppen zu beten, die kaum eine oder gar keine Gelegenheit hatten, von Jesus zu hören. (Eine Volksgruppe ist ein eingeborenes Volk mit einer eigenen, unterscheidbaren Sprache oder Kultur.)

Vor etlichen Jahren hatte ich meine apostolische Leidenschaft verloren. Ich hatte Jesus immer noch lieb und stand nicht in der Gefahr des offensichtlichen Abfalls. Doch erlaubte ich mir, mich von den Annehmlichkeiten und dem Komfort der westlichen Kultur versuchen zu lassen, und ließ darin nach, mich auf die Leidenschaft Gottes für die

Verlorenen zu konzentrieren. Ich dachte über meine Zukunftssicherung nach, wurde besorgt – zu besorgt – darüber, was aus Sally und mir wohl im Alter werden würde. Nach und nach machte Gottes Traum davon, die Erde zu erfüllen, dem amerikanischen Traum in meinem Herzen Platz. Ich sagte Einladungen zu Vorträgen in Ländern, in denen Krieg herrschte, ab. Ich entsagte geistlichen Herausforderungen, auf die ich früher sofort angesprungen wäre. Es war nicht so, dass ich mich jeweils bewusst dafür entschieden hätte, es war einfach die natürliche Folge davon, dass ich in Amerika lebte. Es verhielt sich etwa so wie in einem Krieg mit Chemiewaffen: Ich kämpfte gegen einen unsichtbaren Feind, der meine geistliche Sichtweise eintrübte.

> Nach und nach machte Gottes Traum davon, die Erde zu erfüllen, dem amerikanischen Traum in meinem Herzen Platz.

Nach einigen Jahren sah ich dem, was mit mir geschehen war, ins Auge. Ich übernahm die Verantwortung für den Verlust der Leidenschaft für die Verlorenen. Ich tat öffentlich Buße. Der große Durchbruch kam jedoch, als ich mich entschied, mir selbst zu sterben – und damit auch der Art zu glauben, die sich meines Herzens bemächtigt hatte. Ich ging auf die Knie und sagte Gott, dass ich lieber als Bettler mit einem leidenschaftlichen Herzen sterben wollte, als alles das zu besitzen, was einem Amerika so zu bieten hat. Das war eine Stunde des Todes – und neuen Lebens. Ich starb meinem Selbst und entschied, Jesus zu folgen, wo immer er mich hinführen würde. Nach dem Gebet erhob ich mich mit einer erneuerten Leidenschaft!

> Ich ging auf die Knie und sagte Gott, dass ich lieber als Bettler mit einem leidenschaftlichen Herzen sterben wollte, als alles das zu besitzen, was einem Amerika so zu bieten hat.

Es hört sich einfach an, vielleicht ein wenig seltsam, wenn ich es derart ausdrücke, aber was ich erfuhr, war ein Austausch der Werte. Ich hatte eine evangelikale Gesinnung gehabt und ließ zu, dass mich ein babylonischer Geist gefangen nahm. Ich traf ganz bewusst die Entscheidung, mich von dem, was sich da in meinem Herzen festgesetzt hatte, abzuwenden, und wählte fünf einfache Leidenschaften, die künftig meine Kernwerte darstellen sollten. Die Wahl fiel auf diese fünf, weil sie das waren, was hervorstach, als ich die Worte Jesu und das Leben des Paulus studiert hatte. Diese fünf Leidenschaften rührten an meinem Verlangen, für die Absichten Gottes auf der Erde zu leben – und bis heute berühren sie mein Herz. Seit der Zeit sind sie für mich zum Maßstab und Prüfstein geworden.

Apostolische Selbstaufgabe

Viel zu viele Menschen wünschen sich die Frucht, die Paulus in seinem Dienst sah, ohne den Preis zahlen zu wollen, den er zahlte. Paulus starb. Er starb allem und jedem. Er starb täglich. Er war mit Christus gekreuzigt. Dieser Mann, mit einem starken Willen und eigensinnig, wusste, dass er sich selbst sterben musste. Ihm war klar, dass in seinem Fleisch, außerhalb von Jesus, nichts Gutes war. Er erkannte, dass er aus sich keine Leidenschaft erzeugen konnte. So starb er. Er gab sein Leben auf, gab sich selbst auf. Gekreuzigt mit Christus, starb er täglich. Er sah sich selbst als der Sünde gegenüber für tot an, damit er für Gott in Jesus Christus leben konnte. Den Galatern erklärte er, dass er der Welt und die Welt ihm gestorben war (Gal. 6,14). Eine Bibelübersetzung umschreibt es so, dass Paulus „aus der erdrückenden Atmosphäre erlöst wurde, anderen zu gefallen und den Verhaltensweisen, die sie vorgeben, entsprechen zu müssen".

Wir leben in einer Welt widerstreitender Leidenschaften. Wenn wir nicht wie Paulus sterben, werden wir bei anderen Leidenschaften landen. Tatsächlich ist es möglich, uns selbst so weit zu verführen, dass wir glauben, biblische Leidenschaften zu vertreten, obwohl wir nichts weiter als eine kleine Taufzeremonie veranstaltet haben, bei der wir unseren alten Leidenschaften neue Namen verpassten. Wenn wir uns von Herzen danach sehnen, Jesus hier bei uns und überall auf der Welt angebetet zu sehen, dann – nur dann – haben wir uns wirklich für apostolische Leidenschaft entschieden. Wenn unser Herz dafür lauter schlägt als für alles andere, dann wissen wir, dass wir unser Leben gegen seines ausgetauscht haben.

Darf ich Sie, lieber Freund, dazu ermutigen, Ihr Leben aufzugeben? Wenn Sie bereit sind, Ihre Leidenschaften gegen die seinen auszutauschen, Ihr Leben gegen das, was er für Sie vorgesehen hat, dann beten

Sie doch dieses Gebet, ein Gebet, das dem ähnelt, das ich einst betete, um meine Leidenschaft wiederzugewinnen:

„Herr, wenn du mich meiner selbstsüchtigen Neigungen und meines mangelnden Willens, mir selbst zu sterben, überführst, dann schone mich nicht. Im Glauben sterbe ich heute allem, was mich ablenkt und mich davon abhält, dir mit Hingabe und Mut zu dienen. Ich tausche meine alten Leidenschaften gegen die für dich und deine Ziele aus. Heute entscheide ich mich, für deine Ehre zu leben. Lass mich sehen, was du siehst, und empfinden, was du für die Verlorenen dieser Welt fühlst. Was es auch kosten mag: Erfülle mich mit apostolischer Leidenschaft. Amen." (vgl. Röm. 6,11.)

Apostolischer Fokus

Wir haben gesehen, dass der größte Feind der apostolischen Leidenschaft eine mangelnde Fokussiertheit ist. Sie können Energie auf alle Arten von guten Diensten verwenden, ohne je einen Schritt weiter in Richtung eines Lebens mit apostolischer Zielsetzung zu gehen. Ich habe nichts gegen alle diese Projekte und Dienste, welche die Gemeinde im Namen Gottes tut. Sie werden von Menschen Gottes getan und ich stelle ihren Gehorsam ihm gegenüber nicht in Frage. Aber die Gemeinde hat eine apostolische Berufung, einen apostolischen Auftrag. Gott hat uns dazu berufen, ungeteilt für Jesus zu leben. Darauf müssen wir uns konzentrieren, andernfalls sind wir nicht gehorsam. Aber worauf konzentrieren, was soll in unserem Fokus sein? Gott wünscht sich ein Volk für sich selbst. Geschäftig für Gott sein ohne seine Leidenschaft, mehr Anbeter für seinen Sohn gewinnen zu wollen, mag gute Religion darstellen, doch ist das nicht der Auftrag Gottes. Alles, was wir tun, muss letztlich dazu führen, mehr Jesus hingegebene Nachfolger zu gewinnen, zu sammeln, zu lehren und zu taufen. Manche Menschen erliegen der Illusion, sie müssten einen besonderen Ruf erfahren, um Menschen von Jesus zu erzählen, aber das stimmt nicht. Was immer Sie für Jesus tun, muss dahin führen, dass er mehr Anbeter hat, die ihn kennen, lieben und ihm gehorchen. Nennen Sie es, wie Sie wollen. Ich nenne es „Jünger machen", andere sagen Gemeindegründung dazu. Wenn diese Begriffe Sie nicht ansprechen, dann suchen Sie sich einen anderen, aber stellen Sie sicher, dass Sie vor allem anderen *das* tun, was er uns geboten hat: gehen, lehren, taufen und zu Jüngern machen.

Das bedeutet apostolischer Fokus.

Apostolisches Beten

Einst bot sich ein junger Bibelschüler an, einem bekannten Prediger bei seinem Dienst in den Straßen von New York City zu helfen. Dieser Mann Gottes fragte ihn, wie viel Zeit er im Gebet verbrächte. Der junge Mann schätzte die Zeit auf etwa zwanzig Minuten am Tag, woraufhin der Prediger ihm entgegnete: „Gehen Sie zurück, junger Mann. Gehen Sie einen Monat zurück und beten Sie während dieser dreißig Tage zwei Stunden täglich. Und wenn Sie das gemacht haben, dann kommen Sie wieder. Kommen Sie wieder, und ich werde schauen, ob ich Sie auf die Straßen loslasse, wo Mord, Vergewaltigung, Brutalität und Gefahr herrschen. Wenn ich Sie jetzt, mit den zwanzig Minuten täglich, gehen ließe, dann würde ich einen Soldaten ohne Waffen in den Kampf ziehen lassen – man würde Sie umbringen."

Sie können, lieber Freund, ohne viel gebetet zu haben, in den Himmel kommen. Sie können eine Ein-Minuten-Stille-Zeit am Tag haben und Gott liebt Sie immer noch, doch erwarten Sie nicht, mit einer einminütigen Unterhaltung mit Gott pro Tag den Satz zu hören: „Recht so, du guter und treuer Knecht!" Und ganz sicher kommen Sie mit einem derartigen Gebetsleben in den schwierigen Gegenden nicht durch, wo Jesus nicht bekannt ist und angebetet wird. Ich habe eine Herausforderung für Sie: Lesen Sie alle Stellen nach, in denen Paulus über das Beten schreibt, und fragen Sie sich dann: „Bin ich bereit, auf diese Weise zu beten?" In den verschiedenen Passagen sagt Paulus, dass er „Tag und Nacht unter Tränen" bete, „ohne Unterlass", „dankbar im Geist", „beständig", „kühn", „mit göttlicher Betrübnis". Wenn wir die Leidenschaft eines Paulus haben wollen, dann müssen wir auch beten wie er.

> Wenn wir die Leidenschaft eines Paulus haben wollen, dann müssen wir auch beten wie er.

Apostolische Entscheidungsfindung

Wenn Sie ohne eine Schau davon leben, wie die Herrlichkeit Gottes unseren Planeten durchflutet, dann stehen Sie in Gefahr, Ihren eigenen Träumen von Größe zu dienen, während Sie darauf warten, „die nächste Sache" zu tun, die Gott Ihnen sagt. Zu viele überfütterte, schlecht motivierte Christen verstecken sich hinter der Entschuldigung, Gott hätte nicht zu ihnen gesprochen. Während sie dafür leben, Geld zu verdienen, für ihre Zukunft zu sorgen, sich schön zu kleiden und Spaß zu haben, warten Sie darauf, eine Stimme zu hören oder einen göttlichen Traum zu haben.

Der Apostel Paulus ließ sich sowohl von seiner Leidenschaft als auch durch die Eindrücke des Heiligen Geistes leiten. Apostelgeschichte 20 und 21 erzählt von seinem Vorsatz, nach Jerusalem zu gehen, ungeachtet dessen, dass ihn dort Leiden erwarten würden, trotz der Warnung echter Propheten und der Missbilligung durch seine Freunde. Warum würde Paulus entgegen seinem eigenen Gefühl und gegen die Warnungen der Propheten und dem flehentlichen Bitten der engsten Freunde dorthin gehen? Er hatte sich eine Anzahl von zentralen Werten zugelegt, die sein Leben bestimmten. Alles, was er tat, war in Werten verwurzelt. Ihm war etwas von größerer Wichtigkeit offenbart worden, etwas, was ihn stärker motivierte: die Herrlichkeit Gottes – und diese Offenbarung formte und definierte seine Überzeugungen.

Eine apostolische Entscheidungsfindung nimmt ihren Anfang in einer neuen, frischen Begegnung mit Gott und führt dann zu einer Last für verlorene Menschen. Die meisten Menschen stellen die Fragen nach dem Wo und Wann, ohne dass eine Offenbarung der Herrlichkeit Gottes in ihrem Herzen brennt. Ist es verwunderlich, dass sie nie das göttliche „Geh!" vernehmen? Sie haben keine Leidenschaft für die Leidenschaften Gottes entwickelt, Wünsche von geringerem Stellenwert halten sie gefangen.

Legen Sie Gott Ihre Gaben, Berufungen und Talente hin. Halten Sie sich nahe bei ihm – und bleiben Sie dort so lange, bis Sie sich sehnen, für ihn hinauszugehen. Harren Sie aus und nähren Sie dieses Verlangen, zu sehen, wie Menschen ihn kennenlernen und die Erde mit seinem Lob durchtränkt wird. Nur dann werden Sie Ihrem Herzen trauen können, wenn Sie Gott sagen hören: „Bleib!" Nur wer sich sehnt zu gehen, hat das Recht zu bleiben.

Apostolischer Mut

Man braucht keinen Mut um zu kritisieren, auch nicht, um anderen zu misstrauen. Eine Mauer um sein Herz zu ziehen und niemanden herein zu lassen erfordert keinen Mut. Und ganz gewiss braucht es keinen Mut, unerfüllbare Ansprüche an Gott zu stellen, um so den eigenen Ungehorsam zu rechtfertigen, weil Gott diesen Forderungen nicht entspricht. Die Weigerung, Ihren Nachbarn von Jesus zu erzählen oder in ein Land zu ziehen, wo Sie sich Armut, Aids und dem Leid dieser Welt ausgesetzt sähen, braucht auch keinen Mut. Alles, was es dazu bedarf, ist ein Haufen von Ausreden oder der Missbrauch der Gnade Gottes. Warum sollten wir warten, bis wir berufen werden? Was ist verkehrt daran, sich anzubieten? Wir bringen Gott nicht aus der Fassung, wenn wir uns freiwillig melden, er wird sich nicht über die himmlische Balkonbrüstung lehnen und rufen: „Lass das sein! Du bringst ja das ganze System von Berufung durcheinander!" Fassen Sie sich ein Herz und ziehen Sie los! Diese radikale Sichtweise vom Dienst für Gott ist es, was apostolische Zielstrebigkeit ausmacht.

> **Warum sollten wir warten, bis wir berufen werden? Was ist verkehrt daran, sich anzubieten?**

Mut ist ein Wesenszug derer, welche die Nöte der Welt sehen, derer, die sich ihrer Verzagtheit gestellt haben und sich für den Glauben anstatt für die Ängste entschieden haben. Mut bedeutet, unsere Kämpfe zu bestehen, indem wir den Lügen des Feindes, die uns gebunden hielten, die Stirn bieten. Mut ist nicht die Abwesenheit von Angst angesichts der Gefahr, es ist vielmehr die Bereitschaft, Gott trotz der Gefahr zu vertrauen. Mut zu haben bedeutet, zu glauben, dass Gottes Gnade für jedwede Situation ausreicht, und dann in diesem Glauben zu handeln. Ich bin überzeugt, dass ich, auf mich gestellt, Gott in Verfolgungszeiten verleugnen würde. Ich verlasse mich auf Gottes Gnade. Das ist für mich Mut.

Ich glaube, mutig zu sein bedeutet nicht, darauf zu warten, dass Gott einen ruft zu gehen, es ist vielmehr ein Losgehen in der Hoffnung, dass er einen berufen wird und einem dann zeigt, wohin es gehen soll. Mut heißt, sich Gott anzubieten, damit er einen dort gebrauchen kann, wofür er niemand anderen finden kann, in dem Wissen, dass Gott die Freiwilligen nicht straft, sondern belohnt.

Wer mutig ist, der wartet mit seinem Gehorsam nicht auf irgendein mystisches Erlebnis, vielmehr regt er sein Herz zum Glauben an Gott an. Von Daniel und Joseph von Arimathia wird uns berichtet, dass sie Mut „fassten". Mut stellt sich nicht willkürlich bei den ohnehin Tapferen ein, vielmehr wird er von den Gehorsamen gefasst. Er ist die Belohnung für die, welche sich weigern, Gefangene ihrer Ängste zu sein, der Lügen des Feindes und der Versuchungen der Welt.

Mut stellt sich nicht willkürlich bei den ohnehin Tapferen ein, vielmehr wird er von den Gehorsamen gefasst.

An anderer Stelle in diesem Kapitel habe ich von dem Bund erzählt, den ich und einige Freunde im Sinai geschlossen hatten. Apostolische Leidenschaft war es, die uns dazu bewegte. Ich möchte noch ein wenig davon berichten, was Gott als Entgegnung darauf tat. Steve und Liz stehen jetzt einer Gruppe von über 600 „Vollzeit-Freiwilligen" vor, die ihr Leben dafür einsetzen, Moslems die Liebe Jesu mitzuteilen. Lynn Green führte einen gewaltigen Versöhnungsmarsch an, an dem Tausende von Christen teilnahmen und der von Frankreich in die Türkei und von dort über Syrien nach Jerusalem führte. Die Teilnehmer nutzten jede sich bietende Gelegenheit, um in Moscheen und Synagogen zu sprechen. Unermessliche Heilung fand in Abertausenden von Gesprächen auf diesem Weg statt. Der Versöhnungsmarsch fand sich in den Schlagzeilen unzähliger Zeitungen und Fernsehsendungen wieder. Nachfolger Jesu baten immer wieder um Vergebung für das Morden, die Schändungen und die Plünderungen während der Kreuzzüge. Abertausende von Moslems erlebten die Liebe Jesu in Aktion.

Ich nahm mit Peter Iliyn, einem Freund, an dem Versöhnungsmarsch teil. Zusammen trafen wir uns mit einem moslemischen Anführer. Nachdem wir unser großes Bedauern darüber, was während der Kreuzzüge im Namen Jesu geschehen war, ausgedrückt hatten, fragten wir, ob wir für ihn beten dürften. Er willigte ein. Wir baten Gott darum, dass er diesem Mann, seiner Familie und allen, die er anführte, den Segen des Bundes, den er mit Abraham und Ismael geschlossen hatte, zuteil werden lasse. Zu Ende der Gebetszeit übergaben wir ihm eine kurze schriftliche Zusammenfassung dessen, was wir ihm gesagt hatten. Er studierte sie sorgfältig und fragte uns dann, ob wir etwas dagegen hätten, wenn er Kopien davon verteilen würde, die dann in den 5000 Moscheen, die ihm in seinem Land unterstanden, verlesen werden sollten!

Ein anderes erstaunliches und noch fortwirkendes Resultat des Bundes ist das 30-Tage-Gebet während des Ramadans. Nach unserem Treffen in der Wüste sah ich mich geführt, Christen in aller Welt dazu aufzurufen, während des Fastenmonats der Muslime für sie zu beten. Das taten wir nicht, weil wir mit den Moslems übereinstimmen oder sie mit uns, sondern weil wir mit Gott in seinem Wunsch, Moslems zu segnen, übereinstimmen. Der Zweck von „30 Tage Gebet für die islamische Welt", wie es dann in der Folge genannt wurde, war, ein Verständnis vom Islam zu vermitteln und eine Botschaft von der Liebe Jesu zu verbreiten. Mittlerweile wird jedes Jahr ein einfacher 30-Tage-Gebetsleitfaden gedruckt – eine Seite für jeden Tag des Ramadans –, der Christen dabei hilft, Moslems zu verstehen und für sie zu beten. Letzter Stand ist, dass der Leitfaden jedes Jahr in vierundfünfzig Sprachen gedruckt wird und dass sich 25 Millionen Christen an dieser einmonatigen Gebetsaktion beteiligen. (Mehr Informationen unter www.30-days.net.)

> Ich sah mich geführt, Christen in aller Welt dazu aufzurufen, während des Fastenmonats der Muslime für sie zu beten. Das taten wir nicht, weil wir mit den Moslems übereinstimmen oder sie mit uns, sondern weil wir mit Gott in seinem Wunsch, Moslems zu segnen, übereinstimmen.

Gott wirkt in der moslemischen Welt. Er bewegt die Herzen Tausender moslemischer Männer und Frauen, Jesus nachzufolgen. Überall auf der Welt bin ich solchen begegnet. Sie berichten davon, wie sie Jesus nachts im Traum gesehen haben. Sie reden ganz offen davon, ein „moslemischer Nachfolger Jesu" zu sein. Sie lesen die Worte Jesu und erzählen anderen davon – und riskieren dabei ihr Leben. Die Mauer, die Moslems von der Erkenntnis Jesu trennt, ist noch nicht gefallen, doch fängt sie an zu bröckeln. Eines Tages wird sie zusammenfallen, und wenn das passiert, möchte ich dabei sein. Nicht, um auf den Trümmern zu tanzen, sondern um mit meinen moslemischen Brüdern und Schwestern zu den Füßen des Jesus zu knien, den sie lieben und dem sie für die Vergebung ihrer Sünden vertraut haben.

Gefährliche Leute

Wenn Sie diese apostolische Leidenschaft besitzen, gehören Sie zu den gefährlichsten Leuten auf diesem Planeten. Ihr Herz wird nicht länger von der Welt beherrscht. Sie werden nicht mehr vom Habenwollen und Besitzen der Dinge der Welt versucht, sondern Sie haben sich dem verschrieben, die Herrlichkeit Gottes zu verkündigen und zu verbreiten. Sie leben als Pilger, frei von den Sorgen des Lebens. Sie fürchten keinen Verlust. Sie wagen es zu glauben, dass Ihnen das Vorrecht zuteil wurde, sterben zu dürfen, um seinen Ruhm auf Erden zu verbreiten. Die Leidenschaft des Vaters wurde Ihre Leidenschaft. Befriedigung und Sinn finden Sie in ihm. Sie können glauben, dass er allezeit mit Ihnen ist, bis ans Ende des Lebens. Sie haben sich an Gott verkauft und Sie leben für das Lamm. Satan fürchtet sich vor Ihnen und die Engel spenden Ihnen Applaus.

Ihr größter Traum ist es, dass sein Name in Sprachen angebetet wird, die noch niemals zuvor im Himmel zu hören waren – und in Ihrer Nachbarschaft hier auf Erden. Ihre Belohnung ist das reine Entzücken in seinen Augen, das Sie erwartet, wenn Sie zu seinen Füßen niederknien und er den gerechten Lohn seiner Leiden empfängt – die Anbetung derer, die Sie zu ihm geführt haben.

Schon alleine sind Sie gefährlich, höchst gefährlich werden Sie jedoch, weil Sie beschlossen haben, Ihre Leidenschaft an andere weiterzugeben – mit Ihrem apostolischen Anspruch fordern Sie die Dämonen der Hölle heraus. Sehr bewusst stecken Sie andere mit Ihrer Leidenschaft an, Sie begnügen sich nicht damit, sie für sich zu behalten.

Das ist das Herz all dessen, was wir in der Gemeinschaft einfacher Gemeinden tun.

Anmerkungen

1 American Society for Church Growth, „Enlarging Our Borders", 1999.

2 ibid.

3 Der Republikaner Dan Tancredo, Colorado, verbreitete seine hetzerischen Thesen in einer Talkshow in Florida am 14. Juli 2005.

4 Diese Beobachtung gründet sich auf ein Gespräch mit Todd Johnson, Mitherausgeber der *World Christian Encyclopedia*.

5 Ein erstrebter Wert ist einer, nach dem wir trachten, den wir aber noch nicht in unser Denken und Tun integriert haben. Es ist nichts Falsches daran, bestimmte Kernwerte anzustreben, die Herausforderung liegt jedoch darin, diese Art Werte zu verändern.

6 Weitere Bibelstellen, die auf das Herz als Sitz unserer Kernwerte und Leidenschaften eingehen, sind: 1. Mo. 6,5–6; Jos. 14,8; Ri. 5,15; 1. Sam. 9,19; 12,20; 17,32; Ps. 108,1; 109,22; 119,10–11.32; 139,23; Spr. 3,5; 14,13; 22,11.17; 23,7; Ob. 3; Lk. 24,25; Apg. 2,37; 4,32; 5,3; Röm. 6,17; 1. Kor. 14,25; Eph. 4,18; Hebr. 3,10; 4,12; 10,22; 1. Joh. 3,19–21.

7 Die Website www.adoptapeople.com gibt mehr Informationen darüber, wie man eine unerreichte Volksgruppe „adoptieren" kann.

Teil 5
Jünger machen

7

DAS HERZ VON ALLEM

Jesus rief eine Bewegung ins Leben. Schon die Art, wie er seine Jünger wählte und ausbildete, zeigt die Werte dieser Bewegung. Jesus begann klein und einfach, doch hatte er eine weltweite Bewegung im Sinn. Das war eine Bewegung einfacher Gemeinden, angefangen mit einem Trupp von Nobodys, die sich in der Gegenwart Jesu zu gehorsamen Jüngern wandelten. Sie lernten seine Methoden kennen und brachten das Reich Gottes voran, indem sie taten, was Jesus tat.

Um diese organische Bewegung ins Leben zu rufen und zu erhalten, brauchte Jesus keine Titel oder Stellung. Er säte die Saat der Guten Nachricht einfach überall aus, wohin er kam. Reichlich und unterschiedslos streute er den Samen auf die Herzensböden der Menschen und schaute dann, wo diese Saat Wurzeln schlug. Während er säte, hielt er nach solchen Ausschau, die Hunger hatten – und aus diesen Männern und Frauen wählte er sich seine Jünger. Von dem guten Boden sammelte er seine Ernte (s. Mk. 4,3ff).

Eine sorgfältige Lektüre der ersten vier Bücher des Neuen Testaments offenbart uns das Muster, dem Jesus folgte. Er teilte die Gute Nachricht einer großen Zahl von Menschen mit, ermutigte sie, ihm zu folgen, um mehr von ihm zu lernen, indem er ihnen Geschichten erzählte und Wunder wirkte. Die, welche sich als ernsthaft erwiesen, zog er dann als künftige Leiter heran, die seine Bewegung zu den Nationen tragen würden.

Er machte Jünger, indem er einige wenige auswählte und sich auf sie konzentrierte. Er bat sie, mit ihm zusammen Menschen erreichen zu wollen, zeigte ihnen, was die Geschichten, die er erzählte, eigentlich bedeuteten und wie sie seine Botschaft auf ihr Leben anwenden konnten.

(Übrigens brachte mich Robert Colemans Klassiker *Des Meisters Plan der Evangelisation* auf die Prinzipien, nach denen Jesus Jünger heranbildete, die seine weltumspannende Bewegung leiten sollten.)

Er sprach die Menschen seiner Zeit in einer Weise an, die für ihre Nöte und Wünsche von Belang war, in einer Weise, die in ihrer Kultur wurzelte. Die meisten hatten die Hoffnung auf jemanden, der sie von der erdrückenden Herrschaft der Römer befreien würde, aufgegeben, aber er sagte ihnen, dass die Zeit gekommen sei, ein neues Reich zu errichten (Mk. 1,14–18). Er sprach so, als würde er eine Graswurzelrevolution anzetteln, was er natürlich auch tat. Gerüchte machten sich um Jesus breit: „Ob er wohl der ist, auf den wir warten?"

Bei all dem schauten die Jünger zu und halfen Jesus. Sie waren Teil von etwas Bedeutendem, auch wenn sie nicht wirklich verstanden, um was es dabei ging. Noch bevor die Jünger wiedergeboren waren, bereitete Jesus sie vor, Leiter der organischen Bewegung einfacher Gemeinden zu sein, die er ins Leben gerufen hatte.

Zwar wurde er vom Heiligen Geist geleitet, doch hatte Jesus auch einen Plan. Er tat nicht immer nur spontan gerade das, was ihm in den Sinn kam, sondern agierte mit Plan und Vorsatz. Er setzte seine Pläne auf der Grundlage eines völlig anderen Denkmusters um. Auch wir müssen, wenn wir eine neue Bewegung ins Leben rufen und nicht nur noch mehr Treffen initiieren wollen, unser Denkmuster ändern. Versuchen Sie nicht, einen neuen Weinschlauch anzufertigen, um ihn dann mit altem Wein zu füllen. Arrangieren Sie nicht Ihren Gottesdienst um und bezeichnen das dann als Revolution. Jesus umging die schwerfälligen religiösen Strukturen und bedeutungslosen Frömmigkeitspraktiken seiner Tage und startete etwas Lebendiges, Organisches. Der Begriff „organisch" eignet sich gut zur Beschreibung einer sich spontan fortentwickelnden Bewegung einfacher Gemeinden, weil er etwas meint, was ganz natürlich wächst, ohne künstliche Zusätze. Das Ganze setzt sich aus Bestandteilen zusammen, die ganz natürlich miteinander in Beziehung stehen und so Wachstum und Vervielfältigung möglich machen.

Der Begriff "organisch" eignet sich gut zur Beschreibung einer sich spontan fortentwickelnden Bewegung einfacher Gemeinden, weil er etwas meint, was ganz natürlich wächst, ohne künstliche Zusätze.

Beachten Sie, dass Jesus die Jünger dazu brachte, ihre Leiterschaftsgabe gleich von Anfang an einzusetzen, schon bevor sie „fertig" waren. Jesus wartete nicht darauf, dass die Jünger wiedergeboren, getauft, theologisch geschult und innerhalb eines abgesicherten religiösen Systems herangewachsen waren, bevor er sie in die Leiterschaft einbezog. Schon nach einigen Wochen, die sie mit ihm verbracht hatten, ließ er sie gehen, um anderen von ihm zu erzählen (Mt. 10,1–14). Er leitete die Bewegung, die er angestoßen hatte, von unten her, übertrug die Leitung sehr schnell an die Jünger, ungeachtet irgendwelcher Positionen oder Amtsbezeichnungen. Seine Denkweise unterschied sich radikal von derjenigen der frommen Leiter seiner Zeit – und von der unsrigen ebenfalls. Wenn man mal von unserem evangelikalen Verständnis ausgeht: Er schulte sie zur Leiterschaft, bevor sie überhaupt wiedergeboren waren. Im Grunde genommen beginnt der Weg der Jüngerschaft nicht erst, wenn ein Mensch zum Glauben an Christus kommt, sondern lange vorher.

> Jesus wartete nicht darauf, dass die Jünger wiedergeboren, getauft, theologisch geschult und innerhalb eines abgesicherten religiösen Systems herangewachsen waren, bevor er sie in die Leiterschaft einbezog.

Übrigens: Haben Sie sich je gefragt, wann die Jünger tatsächlich wiedergeboren wurden? Denken Sie sich das so: Wenn Sie heute eine Bewegung in der Weise starten würden, wie Jesus es seinerzeit tat, dann würde das bedeuten, dass Sie jedem, der Ihnen über den Weg läuft, von Jesus erzählen würden. Sie würden darauf achten, wer mit begeistertem Interesse reagiert, einige auswählen, die besonders offen sind, und dann viel Zeit mit ihnen verbringen. Mit diesen Suchenden würden Sie während der Mahlzeiten diskutieren, einen von ihnen auffordern, ein paar Verse mit den Worten Jesu vorzulesen, ein weiterer würde ein Gespräch darüber leiten, wie diese Worte zu verstehen und auf das Leben anzuwenden sind, und ein dritter würde allen noch ein Lied beibringen, das er geschrieben hat.

> Haben Sie sich je gefragt, wann die Jünger tatsächlich wiedergeboren wurden?

Sie würden diese Menschen ermutigen, ihren Familien und Freunden weiterzuerzählen, was sie über Jesus gelernt haben. Treffen würden sie sich in deren Wohnungen, nicht bei Ihnen, so viele Freunde und Familienmitglieder wie möglich sollten an den Gesprächsrunden teilnehmen. Wenn Sie sich als Gruppe zu einer Mahlzeit versammeln, sorgen Sie dafür, dass es allen anderen leicht gemacht wird, Leiterschaft zu übernehmen; Sie halten sich mit Bedacht etwas zurück, um die anderen in ihrer Entwicklung zu ermutigen. Sie werden erfreut sein, wie schnell sie sich das aneignen.

Im Hintergrund würden Sie sich zu persönlichen Gesprächen treffen, in denen Sie Einzelne bitten, ihren Platz in den Gruppentreffen einzunehmen. Jedes Mitglied der Gruppe würde angehalten werden, seinen Teil auf die unterschiedlichste Weise beizutragen, Sie würden sie anleiten und versuchen, ihnen diejenigen Prinzipien und Werte von Leiterschaft beizubringen, die sie darauf vorbereiten, neu entstehende Gemeinschaften zu leiten. Sie würden ihnen Mut machen, Freunde und Familienmitglieder zu versammeln und ihnen von Jesus zu erzählen.

Um zu verdeutlichen, dass so eine Bewegung einfacher Gemeinden weitaus organischer und natürlicher funktioniert, als wir gemeinhin annehmen, möchte ich eine amüsante und zugleich erstaunliche Geschichte erzählen, die von einem meiner Freunde handelt, der unter Moslems in Nordafrika arbeitet. Mein Freund Carlos erzählte mir von folgender Begebenheit: Einer seiner moslemischen Freunde namens Ishmael war ziemlich verstimmt, als er erfuhr, dass sich einige gemeinsame Freunde bei Carlos zum Essen getroffen hatten – und er nicht eingeladen war! Was Ishmael nicht wusste, war, dass sich Carlos mit seinem Gemeindegründungsteam traf, um darüber zu reden und zu beten, wie man den Moslems Jesus nahebringen konnte – also vielleicht nicht gerade die Art von Treffen, zu dem man einen Moslem einladen würde …

Als Carlos den Ärger in Ishmaels Stimme bemerkte, beschloss er, ihn zu dem Treffen des Teams in der folgenden Woche hinzuzubitten. Er wusste, dass es unmöglich war, seine Teamkollegen auch weiterhin zu sich zum Essen einzuladen und Ishmael dabei zu übergehen.

Somit hatte Ishmael in der darauf folgenden Woche eine Superzeit mit allen anderen, ohne zu wissen, dass er ein Gemeindegründungstreffen gesprengt hatte! Sie machten so weiter, wie sie es gewohnt waren: Sie hatten Gemeinschaft beim Essen, segneten im Gebet die Menschen im Land, priesen Gott und studierten die Worte Jesu in der Bergpredigt.

Carlos beobachtete, wie Ishmael es augenscheinlich genoss, unter ihnen zu sein, und bat ihn, die Bergpredigt zu lesen und beim nächsten Mal die Gesprächsrunde zu leiten. Ishmael stand mit offenem Mund da: „Was soll ich ihnen denn sagen?" „Vielleicht können wir uns unter der Woche treffen und darüber reden?", fragte Carlos.

Zur verabredeten Zeit war es Ishmael, ein Moslem, der eine Gruppe von Gemeindegründern "durchs Bibelstudium führte"!

In der folgenden Woche trafen sie sich, um über die Lehren Jesu in Matthäus 6 und 7 zu reden. Einige Tage darauf, zur verabredeten Zeit, war es Ishmael, ein Moslem, der eine Gruppe von Gemeindegründern „durchs Bibelstudium führte"! Nicht nur einfach Christen, sondern Gemeindegründer! Es ging gut. Es bezog Ishmael enger in den Freundeskreis ein, ermöglichte anderen, etwas über die Wichtigkeit der Gastfreundschaft in ihrem Gastland zu erfahren, und allesamt konnten sie etwas darüber lernen, dass sich die Art und Weise, wie Jesus Jünger gewann, völlig von der unterschied, die wir es heute gelehrt bekommen.

Zentriertes oder geschlossenes Konzept?

Eine der großen Lehren, die wir aus dieser Geschichte ziehen können, ist ein verändertes Denken darüber, was Gemeinde ist und wie Menschen Teil von ihr werden. Es ist ebenso sehr die Zugehörigkeit zu einer Familie wie die Zustimmung zu einem Katalog von Glaubenswahrheiten. Wir neigen dazu anzunehmen, dass Menschen an einem ganz bestimmten Augenblick ihres Lebens zum Glauben an Jesus gelangen, indem sie bestimmte Glaubensüberzeugungen annehmen. Meine Beobachtungen haben jedoch gezeigt, dass die Errettung für viele Menschen mehr ein Prozess denn ein genau zu benennender Zeitpunkt ist. Und es hat ebenso viel mit Zugehörigkeit zu tun wie mit Glauben. Für diese Menschen geht es mehr darum, Jesus als Person kennen und ihm vertrauen zu lernen, als um ein großes „Wow!" Für manchen kommt es tatsächlich zu einem Höhepunkt, dem jedoch eine Reise mit vielen Stopps und Starts unterwegs vorausgeht.

Wenn das so ist, dann eignet sich die aus der Soziologie kommende Vorstellung des sogenannten *Bounded Set* (geschlossenes Konzept) nicht gut dazu, Menschen einzuladen, Jesus kennenzulernen. Dieser Begriff beschreibt, wie wir festlegen, wer „einer von uns" ist. Es gibt Situationen, in denen wir wissen, ob jemand „dazugehört" oder nicht. Wir entscheiden dies anhand seiner Hautfarbe, seiner Herkunft, der Sprache, die er spricht, wie er sich kleidet, was er isst oder aufgrund seiner Denk- und Handlungsweise. Jede Kultur und die meisten Subkulturen verfügen darum über Methoden, nach denen sie festlegen, wer jeweils zu ihnen gehört.

Dieses Schema eignet sich gut zur Entscheidung, ob jemand ein Koreaner ist oder ein Flugzeugpilot, nicht jedoch, ob jemand ein echter Nachfolger Christi ist. Mir ist schon daran gelegen zu wissen, dass derjenige, der das Flugzeug steuert, in dem ich sitze, mehr ist als nur jemand, der eine Pilotenuniform trägt; ich will sicher sein, dass er die Flugzeugführerschule besucht hat, viele Flugstunden Erfahrung hinter sich hat und im Blick auf den Pilotenjob sachkundig und kompetent ist. Es gibt durchaus Situationen, wo man wissen sollte, ob jemand zu einer Gruppe oder Untergruppe zu zählen ist.

Wenn es jedoch darum geht, ein Jünger Jesu zu sein, ist obige Methode nicht gut geeignet. Hier müssen wir eine andere Sichtweise haben. Der Augenschein kann täuschen. Mancher mag ganz nah an Jesus dran erscheinen, während sein Herz in Wirklichkeit weit von ihm weg ist. Andere hingegen können sehr hingegebene Nachfolger Jesu sein, von Herzen an ihn glauben, ohne „wie ein Christ auszusehen". Es kann sein, dass sie sich kleiden oder handeln oder Dinge tun, wie es anderen Christen nie in den Sinn kommen würde, doch heißt das nicht, dass sie nicht ernsthaft nachfolgen.

Diese andere Art von Gruppenzugehörigkeit wird *Centered Set* genannt (zentriertes Konzept). Sie ist auf ein Zentrum ausgerichtet – es geht darum, einem bestimmten Wertekatalog zuzustimmen oder einer Person, die im Mittelpunkt steht, hingegeben zu sein. Die Grenzen hinsichtlich des „Drinnen" und „Draußen" mögen unscharf sein, doch das Zentrum ist klar: Hingabe und Gehorsam an die Person Jesu Christi.

Wenn wir uns daranmachen, die Weise, wie wir Gemeinde leben, radikal zu verändern, dann heißt das, sich inmitten der Menschen zu bewegen, die ihr Vertrauen noch nicht auf Jesus gesetzt haben. Es wird sich ähnlich verhalten wie seinerzeit bei Jesus: Auch unter denen, die ihm nachfolgten, war nicht immer klar, wer schon ein Jünger war und wer noch nicht. Wenn wir in unserer Nachbarschaft und unter den nichtchristlichen Freunden effektiv Gemeinde leben wollen, werden auch wir mit derartigen, etwas „unordentlichen" Grenzziehungen leben müssen.

Ganz unterschiedliche Menschen befinden sich auf ihrem Weg auf der Suche nach Wahrheit an ganz unterschiedlichen Stellen. Doch wenn der Mittelpunkt – Jesus – klar ist, dann können wir uns darauf konzentrieren, Jünger zu machen, die Jesus lieben und ihm gehorchen.

Ein Jugendpastor, der diese Prinzipien aufgriff, sagte mir: „Floyd, in unserer Jugendgruppe gibt es manche, die anscheinend gläubig sind, jedoch jeglichen geistlichen Hunger vermissen lassen, während andere, die noch keine Christen sind, sehr auf der Suche sind. Wir haben Gläubige, die nicht suchen, und Suchende, die noch nicht glauben." Wenn wir damit leben können, einen eindeutigen Mittelpunkt bei unscharfen Grenzen zu haben, dann haben wir die Botschaft begriffen, die Jesus im Blick auf das Zu-Jüngern-Machen weitergeben wollte.

Es geht nicht darum, menschengemachte Grenzen von Regeln und Verhaltensweisen zu überschreiten, sondern darum, Menschen zu Jesus einzuladen. Jesus bietet nichts weniger an als sich selbst. Die ersten Jünger besaßen nicht die Sicherheit einer Religion, zu der sie sich halten konnten, oder eine Aufstellung von Regeln, die es zu befolgen galt. Sie hatten einfach nur Jesus.

> Die ersten Jünger besaßen nicht die Sicherheit einer Religion, zu der sie sich halten konnten, oder eine Aufstellung von Regeln, die es zu befolgen galt. Sie hatten einfach nur Jesus.

Bewegungen, nicht nur Versammlungen

Die radikalen Prinzipien lassen sich nicht nur auf Moslems oder Menschen in anderen Kulturen, die man erreichen will, anwenden. Sie werden auch im sogenannten „Westen" ausgelebt – in Südafrika, den Vereinigten Staaten und Großbritannien. Ich sah sie in einer Bar in Pretoria am Werk, in einem 24/7-„Kesselhaus" in Guildford, in einem Schuhgeschäft in San Francisco, bei einer Studentengruppe, die sich *The Underground* nennt, in Tampa und bei einer Gebetsgemeinschaft, die sich in einer Kunstgalerie in Kansas City trifft.

Neil Cole beschreibt seinen Weg von einem statischen Gemeindegründungsmodell hin zu einer dynamischen, schnell wachsenden, organischen Bewegung von über 800 einfachen Gemeinden in seinem Buch *Organic Church*.[1] Cole schildert seinen Verdruss über „Gemeindewachstums"-

Seminare, die einen in die Geheimnisse wachsender Gemeinden einweihten, indem sie um Fragen von sauberen Toiletten und ausreichend Parkfläche kreisten. Cole kommentiert dazu: „Augenscheinlich wird das Reich Gottes durch schmutzige Toiletten und zu wenig Parkplätze aufgehalten. Jesus wird warten müssen, bis wir mit dem Putzdienst fertig sind. In Indien und China jedoch, dort, wo die Gemeinden am schnellsten wachsen, gehören saubere Toiletten und Parkplätze sicher zu den Dingen, die am wenigsten vorhanden sind."[2]

Cole beschreibt, wie er zu der Erkenntnis gelangte, was Gott von ihm wollte: Er sollte eine Bewegung ins Leben rufen, die die Messlatte für „Gemeinde" radikal absenkt, aber die Messlatte für „Jünger in der Gemeinde" höher legt. Indem sie sehr offensiv Jesus bekannt machen und Jünger gewinnen, ist diese Bewegung, die *Church Multiplication Associates* (CMA) in wenigen Jahren auf über 800 Gemeinden in den USA und fünfundzwanzig weiteren Ländern angewachsen.

> Gott wollte von ihm, dass er eine Bewegung ins Leben ruft, die die Messlatte für "Gemeinde" radikal absenkt, aber die Messlatte für "Jünger in der Gemeinde" höher legt.

Wie kann es zu einer derartigen Bewegung kommen? Ganz sicher muss der Segen Gottes dabei sein. Doch außerdem werden solche Bewegungen kleiner Gemeinden in ihrem Wachstum befeuert, indem sie auf persönliche Jüngerschaft setzen. Menschen machen andere Menschen zu Jüngern. Programme können das nicht leisten, Gebäude schaffen das nicht … *Menschen machen Menschen zu Jüngern.*

Das ist das Herz dessen, worum es in unserer eigenen Bewegung geht. Daheim in Kapstadt treffe ich mich jede Woche mit Nelis, der wiederum Timothy in seinem Jüngersein anleitet. Der trifft sich mehrmals die Woche mit drei anderen jungen Männern. Wenn diese zum Glauben an Jesus gekommen sind, wird Timothy ihnen beibringen, wie sie weitere erreichen können. In Pretoria war es Gawie, der Cobus und Marlize anleitete, die wiederum Gustaf und Marina sowie Frans und Werner lehrten. Diese leiten mittlerweile selbst eine einfache Gemeinde. Cobus und Marlize arbeiten jetzt im Nahen Osten; ihr Traum ist, dort an einer Bewegung einfacher, sich vervielfältigender Gemeinden zu bauen, die sich durch jüngerschaftliche Beziehungen fortentwickeln.

Bob und Sonam investieren sich in Südasien in neue Leiter von einfachen Gemeinden, die aus hinduistischem oder buddhistischem Hintergrund kommen. Diese gewinnen ihrerseits Jünger unter ihren Familienmitgliedern und Nachbarn.

Ich könnte dieselbe Geschichte wieder und wieder erzählen: Danny machte Juka zum Jünger, der Raymond gewann, welcher wiederum die Leiter von fünfzehn Gemeinden anleitet und der davon träumt, dass sie sich über das ganze Ndebele-Volk in Limpopo ausbreiten – und darüber hinaus.

Das Herz all dessen, was wir tun

Jesus sagte, dass das Gleichnis vom Sämann am Herzen all dessen rührt, was wir tun. Beachten Sie, wie wichtig Jesus dieses Gleichnis unter allen seinen Lehren einschätzt:

> Aber wenn auch ihr dieses Gleichnis nicht versteht, wie wollt ihr dann die anderen Gleichnisse verstehen, die ich noch erzählen werde? (Mk. 4,13)

In dieser Geschichte geht es um den Kern dessen, was Jesus für seine Jünger vorbereitet hat und was er auch von uns heute erwartet. In den Städten und Dörfern Galiläas säte er den Samen unterschiedslos und überreichlich aus. Es sagte, dass darauf mit vier verschiedenen Reaktionen zu rechnen sei: *Unempfindlichkeit* – der harte Boden; *schnelle Annahme ohne Tiefgang* – die dünne, steinige Erdschicht; *Reaktion, die jedoch von den Sorgen der Welt eingeholt wird* – der dornenübersäte Boden; und schließlich *Reaktion mit Tiefgang und Offenheit* – der weiche, fruchtbare Boden.

Vor langer Zeit lernte ich etwas über das Jüngermachen: Halte nach denen Ausschau, die eine wirkliche Offenheit zeigen und wachsen wollen – und dann investiere viel Zeit und Kraft in sie. Mir wurde klar, dass ich nicht dafür verantwortlich bin, Menschen zum Wachsen zu bringen, die nicht wachsen wollen. Ich liebe sie und bete für sie, doch jage ich ihnen nicht hinterher. Ich höre nicht auf, sie zu lieben und ihnen zu dienen, suche aber weiter nach Menschen, die ernsthaft mehr von Jesus wissen und ihm gehorchen wollen.

Bei unseren Gemeindegründungen in Kapstadt betonen wir die liebevolle Einladung Jesu, die jedem gilt; die, die es ernst meinen, lehren wir dann die ebenso liebevollen Anweisungen Jesu. Für die Teilhabe an Gemeinde legen wir die Latte niedrig, während wir sie für Jüngerschaft höher legen, damit jedem klar ist, was es heißt, ein Jünger Jesu zu sein. Wir geben uns viel Mühe, so viele wie möglich mit Jesus bekannt zu machen, doch unser Hauptaugenmerk liegt auf denen, die bewusst darauf reagieren. Unter den verschiedenen Böden, die in dem Gleichnis vom Sämann den Samen empfingen, war nur einer, der Tiefe und Nachhaltigkeit aufwies. Danach schauen wir, wenn wir unsere Jünger und unsere zukünftigen Leiter für einfache Gemeinde machen. Bewusst und ohne Vorbedingungen lieben wir alle, denen wir dienen, doch erkennen wir auch, dass die einen hungrig danach sind, mehr von Jesus zu lernen, und die anderen nicht. Wir gehen zu den HIV-infizierten Kindern und kümmern uns um sie, machen die Armen für Leben und Beruf tüchtig, richten Sportveranstaltungen für alle Jugendlichen aus, die daran teilnehmen möchten. Aber die Menschen bedingungslos zu lieben ist etwas anderes als Jünger zu machen. Wenn wir das nicht unterscheiden, dann bringen wir das große Gebot, den Nächsten zu lieben wie uns selbst, und den Sendungsbefehl, alle Nationen zu Jüngern zu machen, durcheinander.

> Die Menschen bedingungslos zu lieben ist
> etwas anderes als Jünger zu machen.

Es geht um Formung, nicht nur um Wissen

In meinem Leben war es auch so. Wenn ich darüber nachdenke, welche Menschen mich am meisten beeinflusst haben, dann komme ich darauf, dass es die waren, die wesentlich in mich investiert haben. Das waren Männer und Frauen, die an mich glaubten und sich die Zeit nahmen, mir das weiterzugeben, was Gott in ihr Leben gelegt hatte. Gott gebrauchte sie, mein Leben zu formen. Das Ziel von Jüngerschaft besteht nicht in der Verbreitung von Wissen, sondern in der Formung eines Menschen durch einen anderen. Ich habe im Lauf der Jahre viele großartige Predigten gehört, eine Menge wertvoller Bücher gelesen und mit Weltklasse-Bibellehrern Austausch gepflegt. Nur – mein Leben wirklich verändert haben diejenigen, die sich die Zeit nahmen, mich kennenzulernen und mir ein Ratgeber zu sein. Diese sind es, die mich wirklich beeinflussten. Ich könnte sie an zwei Händen abzählen. Jedem von ihnen hat Gott etwas Einmaliges gegeben, das sie an mich weiterreichten. Was ich heute bin, bin ich wegen dieser Menschen.

Menschen wie Gordon Fee. Dr. Fee war einer meiner Professoren während des Studiums an der Vanguard-Universität. In Wirklichkeit war er viel mehr als ein Professor – er war mein Mentor. Er lehrte mich über die Gnade Gottes, sein Reich und die Inkarnation als Vorbild für Leben und Mission. Durch ihn wurde das Johannesevangelium für mich lebendig. Obwohl er knallhart in seinem akademischen Anspruch war, war ich immer ganz begierig auf die Vorlesungen bei Dr. Fee. Er hielt in der ersten Hälfte der Zeit immer eine klassische Vorlesung, um dann unweigerlich seine Aufzeichnungen zur Seite zu schieben und aufzustehen. Tränen stiegen ihm in die Augen, und er ließ den Bibeltext, den wir an dem Tag behandelten, sein Herz ergreifen, um dann zu uns zu predigen. Mit einer unerhörten Leidenschaft und Salbung konnte er die Bedeutung der Stelle, um die es ging, klarmachen. Obwohl wir in seiner Vorlesung zumeist nur zehn bis fünfzehn Studenten waren, predigte er, als ob wir Tausende wären. Häufig mündeten diese Vorlesungen in einer Gebetszeit, dann, wenn wir auf die Botschaft, die wir gerade vernommen hatten, reagierten.

Dr. Gordon Fee – Gelehrter, Professor, Autor und prophetischer Verkündiger – wurde mir zum Freund. Er nahm sich Zeit, meine Geschichte anzuhören. Er kam in mein Zimmer im Wohnheim, um mich und andere Studenten zu besuchen. Er machte am Sportplatz, wo wir für unser nächstes Spiel trainierten, Halt und warf mit uns ein paar Körbe. Er lud mich auf ein Schwätzchen in sein Büro ein. Er stocherte in meinem Herzen herum, wenn er den Eindruck hatte, dass es mir nicht gut ging. Es hat nie eine Zeit gegeben, in der ich Gottes Wort predige, wo ich nicht etwas von dem weitergegeben hätte, was mir dieser Mann Gottes hat zukommen lassen. Nach Abschluss meines Studiums haben Gordon und seine Frau Maudine Sally und mich noch über 25 Jahre lang finanziell unterstützt. Er besuchte uns in Afghanistan und Amsterdam; Zeit unseres Lebens blieb er unser Freund.

Und dann war da Pop Jenkins. Pop war Sonntagsschullehrer und stammte aus Fresno, Kalifornien. Er fuhr sechs bis sieben Stunden Richtung Süden, um auf den Campus der Universität in Südkalifornien zu gelangen, wo ich studierte – nur um die Studenten ausfindig zu machen, die er meinte zu Jüngern machen zu sollen. So streifte er über den Campus, immer auf der Suche nach jemandem, mit dem er Zeit verbringen konnte. Ich hatte schon von dem ein wenig kurz geratenen, pummeligen und etwas seltsamen Mann gehört, der dort auf dem Campus herumhing, war ihm jedoch selbst noch nicht begegnet. Doch eines Tages kam er auf mich zu, traf mich in einer der Lesenischen im hinteren Teil der Universitätsbibliothek. Wie er sich vorstellte, war schon etwas ungewöhnlich. Nachdem er mich gefragt hatte, ob ich Floyd sei, sagte er nur: „Gott hat mich geschickt. Ich soll in deinem Leben die Fußmatte sein. Gott will, dass ich dir diene."

In Pop Jenkins brannte die eine, alles verzehrende Leidenschaft: Er wollte junge Männer inspirieren, die Nationen zu lieben. Er hatte die eine Berufung, jeweils einen oder zwei Studenten zugleich dahin zu begleiten, Gottes Liebe für die zu erlangen, die noch nie den Namen Jesus gehört hatten. Stundenlang spazierten wir beide über den Campus und sprachen über Mission. Pop Jenkins war es, der mich zu meinem ersten Kurzzeit-Missionstrip brachte. Mit ihm und meinem jüngeren Bruder Alan machte ich meinen ersten Einsatz außerhalb der Vereinigten Staaten. In meinem 1947er Plymouth fuhren wir Richtung Süden bis nach San Felipe, einem kleinen Fischerdorf am Golf von Mexiko. Der Einsatz – wenn man das überhaupt so nennen konnte – dauerte nur ein paar Tage, doch wurde in dieser Zeit meine Welt auf den Kopf gestellt. Pop Jenkins vermittelte einen Grad von Leidenschaft, den ich niemals zuvor erlebt hatte. Die meiste Zeit beobachteten Alan und ich Pop, wie er für Menschen weinte. Ein alter Mann, zwei Jungs und ein paar Tage in Mexiko: aber meine Welt war nicht mehr dieselbe.

Sam Shellenhammer lehrte mich den Wert einer täglichen Zeit mit Jesus. Wir begegneten uns während meines ersten Jahres an der Uni. Ich hatte nur Sport und Mädchen im Sinn. Sam kam eines Morgens vorbei, stellte sich vor und fragte mich, ob ich mich jeden Tag mit ihm zur Andacht treffen wolle. Als ich ihn fragte, um welche Uhrzeit das sein solle, sagte er: „Halb sechs." Zu der Zeit ging ich noch davon aus, dass „halb sechs" nur einmal am Tag vorkam. Ich schaute Sam an, als ob er nicht ganz richtig im Kopf wäre, doch war er unwiderstehlich, wie er so dastand, mit einem breiten Grinsen im Gesicht. Bis heute weiß ich nicht, warum ich einwilligte. Das war der Beginn einer wunderbaren Freundschaft. Sam musste mich häufig aus dem Bett schmeißen, damit wir zusammen beten konnten, doch mit der Zeit erkannte ich den Segen, der darin lag, den Tag mit Jesus zu beginnen. Ich selbst war nicht diszipliniert genug, um aus eigenem Antrieb so früh aufzustehen, doch wollte ich mein Versprechen Sam gegenüber nicht brechen – und so wurde es Teil meines Lebensstils. Heute, vierzig Jahre später, kann es ich mir nicht mehr vorstellen, den Tag ohne eine Zeit mit Jesus zu verbringen.

Zu der Zeit ging ich noch davon aus, dass "halb sechs" nur einmal am Tag vorkam.

Loren Cunnigham hörte ich das erste Mal während meines zweiten Jahres an der Uni anlässlich eines der obligatorischen Gottesdienste. Meist waren die recht langweilig, an diesem Tag jedoch nicht. Fasziniert von seinen einführenden Worten saß ich da. Loren zitierte Matthäus 5,8 – nur die, welche ein reines Herz haben, würden Jesus sehen. Er erklärte uns, dass es menschlich gesehen unmöglich sei, die Welt zu evangelisieren, doch wenn wir Gott mit reinem Herzen lieben und das Mögliche tun würden, dann täte Gott das Unmögliche – durch uns. Ich war gepackt. Ich trug mich für einen Einsatz ein, den Loren für die Frühlingsferien in Las Vegas organisierte. Ich war neunzehn, gerade mit Pop Jenkins zurück aus Mexiko, wo ich nach einer Herausforderung gesucht hatte. Loren gab sie mir – und später noch etliche mehr.

Loren hatte von Gott eine Vision erhalten. Wellen von jungen Menschen wurden an die Strände dieser Welt gespült. Loren war daran beteiligt, das Konzept von Kurzzeit-Missionseinsätzen einzuführen, junge Menschen, die von Gott gebraucht wurden, während sie im Glauben voranschritten und ihm zutrauten, das Unmögliche wahr werden zu lassen. Gott benutzte Loren, um in mir die Sicht entstehen zu lassen, dass während einer Generation alle Menschen auf der Welt evangelisiert werden können. Unter seiner Führung lernte ich, die Stimme Gottes zu hören, und erhielt Gelegenheit, das zu tun, was Gott von mir wollte, wenn andere meinten, dass das unmöglich sei. Loren glaubt an die Menschen. Mittlerweile haben 14 000 Vollzeitler und mehr als eine Million Ehrenamtliche mit *Jugend mit einer Mission* den Beweis dafür erbracht, dass die Prinzipien, die Loren vertritt, richtig und heute noch umsetzbar sind.

Ich könnte noch andere nennen: Joy Dawson, Francis Schaeffer, Christy Wilson, Ken Wright, meinen Vater. Gott gebraucht Menschen, um unser Leben zu formen. Alles, was Gott tut, tut er durch Menschen. Ein Leben teilt sich dem anderen Leben mit, das ist das Prinzip. Er könnte sich der Engel bedienen, um sein Werk auf der Erde auszuführen, doch hat er sich für Menschen entschieden. Wenn wir das sein wollen, was Gott uns sein lassen möchte, dann müssen wir diese Mentoren finden, die Gott für uns bereithält, von ihnen empfangen und umgekehrt nach denen Ausschau halten, die Gott durch unser Leben beeinflussen will. Von David heißt es, dass er „alle besonders bewährten Männer Israels zusammenrief" (2. Sam. 6,1). Menschen zu Jüngern machen heißt, die erkennen, die Gott ausgewählt hat, damit wir sie lehren und ihnen das weiterreichen, was Gott in unser Leben gelegt hat. Das ist der Kern dessen, was wir tun, das zählt für Gott.

> Menschen zu Jüngern machen heißt, die zu erkennen, die Gott ausgewählt hat, damit wir sie lehren und ihnen das weiterreichen, was Gott in unser Leben gelegt hat.

So baute Jesus Gemeinde

Jesus erwählte sich ein paar Menschen und investierte sich in sie. Der Menge predigte er, doch die meiste Zeit verbrachte er mit seinen Jüngern. Wir sind gerufen, seinem Beispiel zu folgen, indem wir das, was uns anvertraut wurde, in anderen vervielfältigen, die dann ihrerseits das Empfangene weiter investieren (vergl. 2. Tim. 2,2). Eine zu Jüngern machende Kultur und eine zu Jüngern machende Bewegung entsteht nicht aus Zufall: Leidenschaftliche Leute werden vom Feuer angesteckt, das schon in anderen brennt, und geben es weiter. Jeder, der andere Menschen beeinflusst, kann von solchen erzählen, die auf ihn Einfluss genommen haben.

Manche heutige Gemeinden und Bewegungen zeitigen derartige Resultate, während andere weit davon entfernt sind. Der Grund? Die einen haben die Vision von beziehungsorientierter Gewinnung von Jüngern aufgegriffen, die anderen nicht. Wie könnten wir erwarten, dass sich unser Leben in anderen fortpflanzt, wenn wir nicht freigiebig das weiterreichen, was Gott uns gegeben hat?

Es gibt ein Tal voll vertrockneter Knochen, die Gott gebrauchen möchte, doch werden sich diese Knochen nicht eher zu einer Armee formieren, bis über ihnen geweissagt wird. Die trockenen Knochen, das sind die Armen, die Rebellischen, die an den Rand der Gesellschaft Gedrängten, die Zerbrochenen, die Jungen, und, wenn sie sich demütigen, auch die Reichen und Mächtigen. Um wieder Leben zu erlangen, muss in den trockenen Knochen der verzweifelte Wunsch nach Veränderung vorhanden sein. Diese Knochen, das sind Menschen, die sich danach sehnen, dass jemand an sie glaubt. Sie sind verwundet, wurden missbraucht, leiden unter Aids, sind verwitwet oder alleinerziehend, sie sehen ungepflegt aus und sind bisweilen so arm, dass sie die Hoffnung verloren haben, jemals Sinn für ihr Leben zu finden.

Um wieder Leben zu erlangen, muss in den trockenen Knochen der verzweifelte Wunsch nach Veränderung vorhanden sein.

Alles Gute in unserem Leben ist das Ergebnis des Einflusses von jemand anderem. Es nahm seinen Anfang vor 2000 Jahren bei Jesus und seinen Jüngern und hält bis heute bei uns an. Wenn Sie Hoffnung, Leidenschaft, ein Gefühl von Zweck und Bestimmung in sich spüren, dann deshalb, weil sie es von jemandem bekommen haben. Sie sind einer in einer langen Reihe von Menschen, die jeweils das Leben des anderen berührt haben. Und wenn andere durch Sie Veränderung erfahren, dann darum, weil Sie etwas weitergegeben haben, was Ihnen vermittelt wurde. Leidenschaft für Jesus und seine Ziele auf Erden wird empfangen, genährt und dann weitergegeben. So läuft das in der Gemeinde. Und so weckt Gott eine Armee aus vertrockneten Knochen auf.

In seinem Buch *Every Nation In Our Generation* meint Rice Broocks, dass wir heutzutage Männer und Frauen freisetzen könnten, die ein Potenzial für eine apostolische Salbung und Leidenschaft in sich haben, wie Paulus – und sogar mehr als Paulus.[3] Und zwar wie? Durch die Saat Jesu, die durch einen anderen Gläubigen in unser Herz gesät wurde. Jesus sagte, dass, wer an ihn und die Werke, die er tat, glaubt, dasselbe, selbst größere Dinge als er tun könne (Jh. 14,12).

Diese Verheißung ist kein Blankoscheck für jeden, der sich daran macht, die Welt zu verändern, vielmehr gibt es Bedingungen dafür, eine derartige Leidenschaft und Bestimmung zu erlangen. Nur Stunden, bevor er ans Kreuz ging, buchstabierte Jesus diese Bedingungen:

Ich sage euch: Wenn das Weizenkorn nicht in die Erde fällt und stirbt, bleibt es allein; wenn es aber stirbt, bringt es viel Frucht. Wer sein Leben liebt, verliert es; und wer sein Leben in dieser Welt hasst, wird es zum ewigen Leben bewahren. Wenn mir jemand dient, so folge er mir nach (Jh. 12,23–26).

Jesus ist dieses Weizenkorn, das in die Erde fiel und starb. Die, welche ihn durch die Jahrhunderte hindurch liebten und ihm gehorchten, sind die Jünger

Jesu, die neue Saat, die aus dem einen Weizenkorn hervorging. Aber achten Sie auf das entscheidende Kriterium: Die Jünger Jesu waren Menschen, die ihr Leben verloren haben. Sie sind den Sorgen der Welt gestorben. Sie haben ihr Kreuz auf sich genommen, sind Jesus nachgefolgt und haben entschieden, ihm ungeteilten Herzens zu gehorchen. Ihr altes Leben haben sie gegen ein neues, das Jesus ihnen gab, ausgetauscht. Die ganze Woche über lebten sie einfache Gemeinde. Mutig fassten sie den Entschluss, sich einigen anderen zuzuwenden und ihr Leben in sie zu investieren. Sie sind treu und eifrig darauf bedacht, den Befehl Jesu, Jünger zu machen, auszuführen.

An Leidenschaft und Bestimmung kommt man zu keinem geringeren Preis als dem, den auch Jesus und die Jünger bezahlten.

An Leidenschaft und Bestimmung kommt man zu keinem geringeren Preis als dem, den auch Jesus und die Jünger bezahlten. Wenn Jesus den Weg der Leiden gehen musste, um den Segen des Vaters zu erlangen, sollten wir dann meinen, ihn für weniger zu bekommen? Wenn wir willens sind, uns in ein Volk mit bewährter Leidenschaft einzureihen, dann wird das heißen, dass wir aus unserer Komfortzone herauskommen, unser Kreuz auf uns nehmen und dass wir uns selbst um des Evangeliums willen in Gefahr bringen. Wenn wir willig und gehorsam sind, werden wir dieselbe Frucht sehen wie die ersten Jünger.

Jesu vorrangige Methode, Gemeinde zu bauen und zu leben, war das persönliche Investieren in Menschen. Das auf den Sonntag zuge- schnittene Modell von Gemeinde wird die Welt nicht verändern. Einige sagen, der Anfang der Gemeinde wäre am ersten Pfingsttag zu suchen, doch stimme ich dem nicht zu. Jesus leitete die erste neutestamentliche Gemeinde. Durch die Weise, wie er Männer und Frauen sammelte und in sie investierte, gab er uns vor, wie wir Gemeinde zu bauen haben. Das war ein ganz neuer Weg. Er versammelte treue Männer und Frauen, rüstete sie aus und machte sie mobil und schuf damit eine Bewegung hingegebener Nachfolger (vergl. Mt. 28,19–20; 2. Tim. 2,2). Diese Art von bewusster Eins-zu-eins-Beziehung ist der Schlüssel, mit dem Men- schen aus ihrer Zerbrochenheit befreit werden und sich dem Dienst für Jesus zuwenden. Jüngerschaft ist keine Schule oder Programm, sondern ein Lebensstil von Leidenschaft und Bestimmung, der durch persönliche Investition und Anteilnahme am Leben des anderen weitergegeben wird (vergl. 1. Thes. 1,18–19; 3,10).

Vertrocknete Knochen werden zu einer Armee

Vor einigen Jahren begegnete ich Charles. Charles war ein junger Mann von vierundzwanzig, und er hatte einen Traum. Nach einem Besuch in der *Antioch Community Church* in Waco, Texas, fuhr er mich zum Flughafen. Ich fragte ihn nach seinem Traum, den er mir auch eifrig mitteilte: „Ich möchte acht Generationen von Jüngern haben. Ich bin ein Jünger in achter Generation, angefangen bei Jimmys Bruder" – womit er seinen Pastor meinte, Jimmy Seibert. „Ich habe das mal durch die Leute in unserer Gemeinde zurückverfolgt, der Anfang liegt 20 Jahre zurück. Seinerzeit führte Jimmys Bruder Jimmy zu Jesus, Jimmy machte Mark zum Jünger, der wiederum Robert, welcher dann ..." Namen für Namen reihte er zu einer langen Kette von Beziehungen aneinander und verdeutlichte so das Prinzip, welches es so wirkungsvoll machte.

„Ich träume davon, selbst acht Generationen meiner eigenen Jünger zu haben, vielleicht auch mehr. Eines Tages möchte ich eine Gemeindegründungsbewegung anfangen, doch weiß ich, dass das nur möglich sein wird, wenn ich mich mit meinem Leben in andere investiere." Charles hatte recht. Wenn man Gemeinde so leben will, wie Jesus es tat, gibt es keine Abkürzungen. Er baute ein Team auf, das zu einer Gemeinschaft wurde, die sich vermehrte und sich zu einer Bewegung entwickelte. Jimmy, Charles' Pastor, war es, der einst mir gegenüber bemerkte, dass es vier Generationen von Jüngern über einen Zeitraum von zwanzig Jahren bedarf, um eine Bewegung hervorzubringen. Innerhalb von zwei oder drei Generationen kann man eine Gemeinde aufbauen, die andere zu Jüngern macht, doch Charles träumte bereits von mehr als nur einer Gemeinde und von mehr als vier Jünger-Generationen. Er wollte eine Gemeindegründungsbewegung ins Leben rufen, und er wusste, dass es damit anfangen musste, dass er Menschen zu Christus führte und sich in sie investierte, einen nach dem anderen.

Ich glaube, dass Gott will, dass jeder Mensch eine Bewegung anstößt, die Menschen zu Jüngern macht. Abhängig davon, wie ein Mensch im Blick auf Gaben und Berufungen ausgestattet ist, wird das eine eher kleine oder eine große Bewegung sein. Alles, was es bedarf, ist, in ein paar Menschen zu investieren. Den *All Nations*-Gemeindegründern, die wir ausbilden, mache ich immer Mut, groß zu träumen und klein zu bauen. Ich frage mich, warum wir nicht groß davon träumen, das Leben von Tausenden so zu beeinflussen, dass sie große Dinge für Gott tun. Gott hat die Gemeinde nicht dazu vorgesehen, leidenschafts- und ziellos zu funktionieren. Er will, dass wir groß träumen, doch um etwas Großes zu bauen, muss man klein anfangen, mit einem Menschen nach dem anderen. Jeder kann mindestens zwei bis drei weitere Menschen zu Jüngern machen.

Jeder kann mindestens zwei bis drei weitere Menschen zu Jüngern machen.

Als ich Charles darüber ausfragte, welche Schritte er zu tun gedachte, um seinen Traum Wirklichkeit werden zu lassen, erzählte er mir von Mitbewohnern, um die er sich kümmerte, und frischgebackenen Gläubigen, mit denen er sich wöchentlich traf, um sie zu lehren und sich mit ihnen über den Glauben auszutauschen. Er tat einfache, praktische Schritte, um seinen Traum wahr werden zu lassen. Treu arbeitete er daran, und wissen Sie was? Ich glaube ihm. Ich glaube, dass sein Traum wahr werden wird.

Dasselbe Muster wiederholt sich durch die Kirchengeschichte. Ein erstaunliches Beispiel ist der Sonntagsschullehrer Edward Kimball, seinerzeit in den 1880-er Jahren. Kimball schloss Freundschaft mit einigen jungen Männern aus seiner Sonntagsschulklasse. (Anm. d. Üs.: Die „Sonntagsschule" richtet sich in den USA nicht nur an Kinder, sondern auch an Erwachsene und Jugendliche.) Besonders hatte es Kimball ein neuer Schüler angetan, der von einer der Farmen kam und einen Job in einem benachbarten Schuhgeschäft angetreten hatte. Eines Tages wollte Kimball seinen neuen Freund auf der Arbeit besuchen. Er betrat den Laden, fand ihn in einem der hinteren Räume und begann ein Gespräch mit ihm. Später brachte er seinen Freund in eine persönliche Beziehung mit Jesus.

Jahre später beschrieb Kimball diesen jungen Mann so: „Ich hatte nur wenige Freunde, deren Geist finsterer war oder bei denen es mir noch unwahrscheinlicher erschien, dass sie je Christen würden."[4] Doch der Glaube Kimballs an seinen neuen Freund und die Zeit und alles andere, was er in ihn investierte, hatten starken Einfluss. Dieser Freund hieß Dwight L. Moody, der dann ein Evangelist wurde, der Abertausende zu Jesus führte. Später investierte Moody in das Leben eines Mannes, den er in England getroffen hatte und der F. B. Meyer hieß. Meyer war Pastor, und er mochte Moodys evangelistischen Eifer und seine feurige Art zu predigen, nicht, doch als dieser ihn einlud, einige Zeit gemeinsam in den

Staaten zu verbringen, willigte er ein. Moodys persönliche Lebensweise hatte eine starke Wirkung auf Meyer, mehr als sein Predigen. (Anm. d. Üs.: Frederick Brotherton Meyer war englischer Pastor, Prediger und Autor zahlreicher Bücher; sein Name ist eng mit der *Keswick Convention* verbunden.)

Meyer wiederum nahm Einfluss auf einen Mann namens J. Wilber Chapman, der sich, als Ergebnis der Freundschaft mit Meyer, entschloss, in den vollzeitigen evangelistischen Dienst zu gehen. Einer derer, die Chapman zu Jüngern machte, war Billy Sunday. (Anm. d. Üs.: Billy Sunday war zunächst ein gefeierter Baseballstar und wurde nach seiner Bekehrung zu einem der einflussreichsten Evangelisten des ausgehenden 19. Jahrhunderts in den USA.) Sunday widmete einer Gruppe von Geschäftsleuten in North Carolina viel Zeit, um sie in der Nachfolge weiterzubringen. Nachdem sie jahrelang zusammen gebetet hatten, wies Gott sie an, einen Evangelisten namens Mordechai Ham einzuladen, bei einer großen Versammlung in Charlotte, North Carolina, zu sprechen. Während einer der Versammlungen, die von Ham durchgeführt wurden, kam ein junger Teenager nach vorn, um sein Leben Jesus zu geben. Dessen Name war Billy Graham.

Edward Kimball startete 1880 eine Kettenreaktion, die letztlich Billy Graham, den einflussreichsten Evangelisten der ganzen Welt, erreichte. Indem sie in das Leben einiger weniger Menschen investierten, gaben diese Männer der Reihe nach weiter, was ihnen gegeben worden war. Sie folgten damit dem Beispiel Jesu, wie er Zeit mit ein paar jungen Männern verbrachte und sein Leben in sie hineingab.

Eine Definition von Jüngerschaft

Bei Jüngerschaft geht es nicht darum, anderen zu erzählen, was sie zu tun haben, es ist kein starrer Katalog von Regeln und Anweisungen für geistliches Wachstum. Auch ist es keine Form der Beziehung für „Moderne", die sich auf „Postmoderne" nicht anwenden lässt. Eine einfache Definition von Jüngerschaft lautet: anderen Menschen helfen, Jesus zu kennen, zu lieben und ihm zu gehorchen.

> Jüngerschaft heißt, anderen Menschen zu helfen, Jesus zu kennen, zu lieben und ihm zu gehorchen.

Jünger zu machen ist eine vorsätzliche, willentliche Angelegenheit, mehr, als nur mit anderen „abhängen" in der Hoffnung, dass sie es kapieren. Persönliche Jüngerschaft ergibt sich als Resultat von Ermutigung und Ermahnung. Sie beinhaltet, dass Menschen zu ihrer göttlichen Bestimmung herausgefordert werden, und auch die Verantwortlichkeit und Rechenschaftspflicht anderen gegenüber.

Gott hat uns geschaffen, damit wir uns gemäß unserer Art fortpflanzen. Wenn wir stolz und arrogant sind, wird sich das als Frucht in anderen wiederfinden, Demut und Transparenz werden sich entsprechend fortpflanzen. Den Korinthern sagte Paulus:

Seid meine Nachahmer, wie auch ich Christi Nachahmer bin (1. Kor. 11,1).

Und den Thessalonichern schrieb er:

Ihr wisst ja, als was für Leute wir um euretwillen unter euch auftraten. Ihr seid unsere Nachahmer geworden und die des Herrn … so dass ihr allen Gläubigen in Mazedonien und in Achaja zu Vorbildern geworden seid (1. Thes. 1,5–7).

Um derartige Frucht in anderen hervorzubringen, ist es nötig klarzustellen, wofür wir verantwortlich sind und wofür nicht. Dazu bedarf es klarer Grenzen. Die werden in jüngerschaftlichen Gemeinschaften dadurch gewahrt, dass man nicht die Verantwortung für eine andere Person übernimmt oder sich in Gewissensfragen über einen Menschen hinwegsetzt. Auch wenn zur Jüngerschaft gehört, dass man sich gegenseitig hilft in Christus zu wachsen, so heißt das nicht, dass man die Verantwortung für die Entscheidungen eines anderen übernimmt.

Menschen wachsen am ehesten, wenn sie für sich selbst lernen, die Stimme Gottes zu hören. Ziel beim Jüngermachen ist es, Menschen auf Jesus zu weisen. Die Freude eines Menschen kann nicht größer sein, als wenn er den Willen Gottes für sich selbst entdeckt. So sehr wir auch versucht sein mögen, anderen Antworten zu geben und sie „auf Kurs" zu bringen – Gott alleine kann das menschliche Herz umgestalten. Er hat uns so geschaffen, dass wir die Wahrheit festhalten und sie dann auf die Bereiche unseres Seins anwenden, die der Veränderung bedürfen. Jedermann muss Gottes Wahrheit für sich ergreifen und nicht auf andere oder Regeln von außen schauen, denen man folgen könnte. Wenn wir jemanden hinsichtlich einer Sache in seinem Leben, die wir als falsch erachten, in Frage stellen und er unseren Rat nicht beachtet, dann kommen wir mit einer geduldigen, liebevollen Entgegnung allemal weiter als mit einer fordernden Haltung.

> Menschen wachsen am ehesten, wenn sie für sich selbst lernen, die Stimme Gottes zu hören.

Ernst machen mit der Armee vertrockneter Knochen

Während ich den Sendungsauftrag Jesu, wie er uns durch Matthäus übermittelt wurde, studierte, kam ich zu dem Schluss, dass Jesus eine sehr klare Vorstellung von den Folgegenerationen an Jüngern hatte, die ihm gehorchen würden. Jesus sagte: „Macht alle Nationen zu Jüngern … lehrt sie alles zu bewahren, was ich euch geboten habe" (Mt. 28,19–20). Die Jünger sollten gehen, andere in die Nachfolge rufen, sie taufen und lehren. Dann sagte er ihnen, dass sie diesen Auftrag an die folgenden Generationen von Jüngern weitergeben sollten: „Was ich euch gesagt habe, das lehrt auch andere." Eindeutiger könnte es nicht sein. Aus diesen Worten Jesu ziehe ich fünf Folgerungen:

Menschen zu Jüngern zu machen ist keine Option, sondern ein Befehl

Jesus sagte: „Lehrt sie alles zu bewahren, was ich euch geboten habe" (Mt. 28,20). Gehorsame Jünger machen selbst wiederum Jünger. Das ist Herz und Zentrum dessen, was wir tun. Es gibt nichts Wichtigeres, als dass wir uns in andere Menschen investieren. Die Leiter der Gemeinde haben keine wichtigere Rolle. Wenn sich Leiter in andere Leiter investieren, haben wir Jüngerschaft in Bestform vor uns. Warum? Weil nur solche, die mit apostolischer Zielsetzung leben, eine Leiterschaftskultur entwickeln können, die der Gewinnung und Freisetzung weiterer Leiter dienlich ist. Wenn ein Leiter anderen Leitern hilft sich zu entwickeln, wird der Einfluss eines einzigen Lebens vervielfacht, für das Reich Gottes wird mehr Frucht gebracht.

Menschen zu Jüngern zu machen hat persönlichen Charakter mit gleichzeitiger globaler Ausrichtung

Jesus sagte, dass wir „in allen Nationen" Jünger machen sollen. Auf diese Weise lässt Gott seine Herrlichkeit über die ganze Welt verteilt werden. Persönliche Jüngerschaft bringt uns in Kontakt mit den großen, weltweiten Absichten Gottes. Nikolaus Graf von Zinzendorf, Gründer der Herrnhuter Brüdergemeine, sagte:

> Ich habe nur eine Leidenschaft: Er, er alleine. Die Welt ist das Erntefeld und das Erntefeld ist die Welt. Darum soll das Land meine Heimat sein, wo ich am meisten dabei gebraucht werden kann, Seelen für Christus zu erretten.[5]

Ich möchte, dass dieselbe Leidenschaft auch in mir und in denen brennt, die ich zu Jüngern mache. Und wie ist es mit Ihnen? Für Leiter, die Leiter von Leitern sein wollen, ist es wichtig, eine Schau für die Welt zu haben. Vervielfältigung *an sich* ist nichts. Bei dieser weltweiten Sicht geht es darum, Gott in der ganzen Welt verherrlicht zu sehen. Das ist es, wonach es Gott verlangt.

Vor einiger Zeit fingen Sally und ich an, für die unerreichten Völker zu beten. Uns war klar geworden, dass wir, um eine Leidenschaft für die Nationen weiterzugeben, in Gebet und Fürbitte der apostolischen Leidenschaft Nahrung geben müssen. Wir würden das nicht an andere weiterreichen können, wenn wir diese Leidenschaft nicht tief in uns selbst trügen. Gemeindliche Probleme hatten uns derart in Beschlag genommen und bestimmt, dass unsere Leidenschaft dahinschwand. Also fingen wir an zu beten. Dadurch regte sich die Leidenschaft in uns wieder, oder besser: die Leidenschaft, die Gott schon früher in uns erregt hatte, wurde wieder wachgerüttelt. Sie war da, schlummerte jedoch unter der Decke aus Sorgen und Enttäuschungen. Jetzt haben wir sie wieder! Wir schlossen uns an Gottes Herz für die Verlorenen an und gewannen unsere Liebe für die Nationen zurück.

Menschen zu Jüngern zu machen beginnt mit dem Aufbau von Beziehungen zu Menschen, die Jesus nicht kennen

Seine Nachfolger wies Jesus an, „alle Nationen zu Jüngern zu machen". Dabei dachte er an Menschen, die noch nicht wiedergeboren waren. Er selbst fing damit bei Menschen an, die von der Liebe des Vaters noch nichts wussten. Das Wort „Nationen", das wir in Matthäus 28 finden, kommt von dem griechischen Wort *ethne*, noch zu finden in unserem Fremdwort „ethnisch". Jüngerschaft fängt mit der Zuwendung zu dem Einzelnen und den Völkern an, die Jesus nicht kennen, und der Einladung, ihm zu folgen. Das gilt insbesondere für die, welche noch nie evangelisiert wurden.

Menschen zu Jüngern zu machen ist ein anderer Ausdruck für Gemeindegründung[6]

Woher wissen wir das? Jesus befahl seinen Jüngern, diejenigen zu taufen, die seine Nachfolger geworden waren. Die Taufe ist nicht nur ein Akt persönlichen Gehorsams, der Vollzug stellt auch die Aufnahme in die weltweite Familie der Jesusnachfolger dar. Bei der Taufe soll klargemacht und verkündet werden, dass ein Mensch Jesus folgt und jetzt Teil der Gemeinschaft ist, die diese Verpflichtung eingegangen ist. Taufe verkündet, dass der Mensch jetzt Teil der Familie Gottes ist. In den meisten Ländern, in denen die Nachfolger Jesu die Minderheit stellen, setzt Verfolgung nicht vor der Taufe ein. Jünger zu machen erfordert nicht, dass wir neue Gemeinden gründen, doch ganz sicher gehört es dazu. Wenn wir die schlichte Beschreibung von Gemeinde, die Jesus uns vorgegeben hat, annehmen, und einige Menschen sammeln und sie anleiten, Jesus zu lieben und ihm zu gehorchen, dann entsprechen wir dieser Definition. Gemeinde zu Hause, in der Schule, im Büro oder wo immer wir Menschen versammeln können, ist Gemeinde in ihrer einfachsten und am leichtesten zu vervielfältigenden Form.

Menschen zu Jüngern zu machen ist Gottes Methode, Städte und Länder zu transformieren

Ich zitiere Landa Cope: „Eine Gemeinschaft, die [mit dem Evangelium] erreicht wurde, ist noch keine, die zu Jüngern gemacht wurde."[7] Wenn sich ein Mensch darauf einlässt, zum Jünger zu werden, nutzt Gott diesen Prozess, das Leben des Einzelnen geistlich zu transformieren, und in der Folge beeinflussen diese Menschen dann ihr Arbeitsumfeld, die Familie, Schule und mit der Zeit ganze Städte und Länder. Wie Landa bemerkte, ist es denkbar, dass man Menschen zu Tausenden und Millionen evangelisiert, was aber nicht heißt, dass man sie zu Jüngern gemacht hat.

Afrika, der Kontinent, auf dem wir leben, wurde wieder und wieder evangelisiert, doch wurden die Menschen nicht in gleichem Maße zu

Jüngern gemacht. Afrika braucht verzweifelt eine neue Sorte von Christen und eine neue Art von Gemeinde. Wenn wir Menschen in kleinen Gruppen zu Jüngern machen, dann leben wir Gemeinde so, wie Jesus es tat, indem er Menschen zusammenbrachte und sie lehrte, ihn zu lieben und ihm zu gehorchen. In diesem Sinne hat Bill Hybels recht: Die Gemeinde ist die Hoffnung der Welt. Er sagt:

> Die Gemeinde ist die einzige von Gott gesalbte Instanz in der Gesellschaft, welche die umgestaltende Botschaft von der Liebe Christi verwaltet ... die Ortsgemeinde ist die Hoffnung der Welt.[8]

Wenn die Gemeinde die Botschaft in derselben Weise wie Jesus verwalten will, dann müssen wir solche Jünger machen, die Jesus kennen, lieben und *ihm gehorchen*. Also muss jeder Aspekt ihres Lebens einen Unterschied machen: auf der Arbeit, wie sie ihre Familie lieben, die Wahrheit sagen, beim Umgang mit Geld und wie sie sich um die Armen kümmern. Eigenes Errettetsein langt nicht! Das ist der Anfang einer Gemeinschaft mit Jesus, doch wenn wir seinem Vorbild folgen wollen, muss der Ruf zum Gehorsam ihm gegenüber das Ziel sein. Jüngerschaft soll zur Umwandlung führen – auf beiden Ebenen, persönlich und für unsere Umgebung. Leider bringen viele Leiter Menschen dazu, sich für Jesus zu entscheiden, versäumen es aber, sie zu Jüngern zu machen.

Leider bringen viele Leiter Menschen dazu, sich für Jesus zu entscheiden, versäumen es aber, sie zu Jüngern zu machen.

Ein Jüngerschaftsnetz knüpfen

Als Jesus Petrus und Andreas aufforderte, seine Jünger zu werden, berief er sie zu Menschenfischern. Später vergleicht er das Reich Gottes einem Netz, das ausgeworfen wird, um Fische zu fangen (Mt. 13,47). Obwohl Jesus sich um den Einzelnen kümmerte, sehnte er sich nach *vielen* Einzelnen, die die Vergebung der Sünden erfahren sollten. Wenn wir ein Netz knüpfen sollen, mit dem wir den „Fang", die Ernte, die Gott durch unser Leben hervorbringen will, einholen, dann muss das ein Jüngerschaftsnetz sein. Das Bild vom Netzknüpfen drückt auf andere Weise das Anliegen Gottes aus, dass wir sehr zielgerichtet darauf aus sein sollen, umgestaltete Menschen für ihn zu gewinnen, zu sammeln und fortzupflanzen. Wir haben die Verpflichtung, in unserem Einflussbereich genauso zu handeln wie Jesus, der sehr gezielt Männer und Frauen aussuchte und ausrüstete, um eine große Ernte einzubringen. Jesus kam nicht, um eine Institution namens „Gemeinde" zu errichten, sondern um es Menschen zu ermöglichen, ganz bewusst Gemeinde zu *leben*. Gott brennt darauf, eine große Ernte zu seiner Ehre einzufahren – und wir sind von ihm eingeladen, als seine Mitarbeiter das Netz einziehen zu helfen.

Ein brauchbares Jüngerschaftsnetz zu knüpfen heißt, Menschen zusammenzubringen und sie auszurüsten, ihrerseits Jünger zu machen. Das spielt sich in kleinen Gruppen oder in Zweierbeziehungen mit Kollegen, Schulkameraden oder mit wem wir auch enger zu tun haben, ab. Wenn wir einige Menschen in unserem Einflussbereich sorgfältig auswählen und in die Nachfolge bringen, und diese dann wiederum den Staffelstab übernehmen, dann tun wir die ersten Schritte, ein Netz zum Einbringen des Fangs zu knüpfen.

Zunächst muss die Vision bekannt gemacht werden, dann werden die Menschen aufgefordert, darauf zu reagieren. Jesus fing das Training seiner Jünger damit an, indem er sie in seine Pläne für ihr Leben einweihte, ihnen sagte, dass er sie zu Menschenfischern machen wolle. „Ihr werdet den Himmel offen sehen", lautete die Verheißung. Wieder und wieder ermutigte er sie, große Träume für ihr Leben zu haben, half ihnen, gab ihnen immer wieder eine Ahnung, was für mutige Männern und Frauen sie sein würden. In die, welche bereit waren zu gehorchen, investierte er sein Leben – und dann sollten sie andere zu Jüngern machen.

Das können auch Sie. Halten Sie in Ihrem Umfeld Ausschau nach solchen, die geistlich offen sind. Fangen Sie auf der Arbeit oder in der Nachbarschaft einen Bibelkreis an, der für jeden offen ist. Oder rufen Sie eine Bibelstudiengruppe für Mütter ins Leben. Fangen Sie einen offenen Kreis an, in dem es um aktuelle Fragen von Erziehung oder Schule geht. Sie werden erstaunt sein, wer da alles aufkreuzt. Gehen Sie denen nach, die den Wunsch haben, mehr zu wissen. Und wenn Sie sie gefunden haben, verbringen Sie Zeit mit ihnen.

Jemanden zum Jünger zu machen bedeutet, sich vorsätzlich mit dem Interesse, das Gott an ihm hat, zu identifizieren.

Jemanden zum Jünger zu machen bedeutet, sich vorsätzlich mit dem Interesse, das Gott an ihm hat, zu identifizieren. Wenn jemand Ihre Einladung, Zeit mit ihm zu verbringen, annimmt, dann sehen Sie zu, dass Sie ihn kennenlernen: Stellen Sie Fragen, haken Sie nach, entwickeln Sie ein echtes Interesse am Leben dieses Menschen. Beten Sie für ihn, bestätigen Sie ihn, und er wird Leben finden. Sagen Sie ihm, dass Gott ihn liebt. Segnen Sie ihn, erzählen Sie ihm von den Dingen, die Gott Ihnen für ihn gibt, wenn Sie für ihn beten, aber vermeiden Sie dabei den frommen Jargon. Ihre Ermutigung und Ihr Glauben an diesen Menschen wird ihm helfen, zur Liebe Gottes Ja zu sagen. Helfen Sie ihm zu erkennen, wie wertgeschätzt er von Gott ist. Genau das tat Paulus, als er an seinen Jünger Timotheus schrieb:

Fache die Gnadengabe Gottes an, die in dir ist (2. Tim. 1,6).

Bewegungen, die Menschen zu Jüngern machen

Eines der Hauptziele, das Jesus mit dem Auftrag, Jünger zu machen, verfolgt, ist eine Bewegung, die die Welt auf den Kopf stellt; die Gemeinde soll Teil einer Revolution sein. Darum können wir Gemeinde nicht einfach so weiter betreiben wie gewohnt. Gott will, dass wir die Verlorenen erreichen und einander befähigen, für etwas zu leben, das größer ist als wir selbst. George Elton Ladd schrieb:

Die Gemeinde ist die Gemeinschaft der Jünger Jesu, die das Leben des Reiches empfangen hat, und die dem Auftrag, der Welt das Evangelium dieses Reiches zu verkündigen, verpflichtet ist.[9]

Darum geht es bei Gemeinde. Mir ist bewusst, dass es einfach ist, große Visionen zu haben, ohne sie auszuleben. Die Bibel sagt uns, warum Visionen nicht wahr werden: Das passiert dann, wenn wir keine Jünger machen. Nach meiner Beobachtung gehört zu Vision und Auftrag von nur ganz wenigen Welt-Evangelisationsprojekten auch das Jüngermachen in irgendeiner Form.

Wir sind schuldig geworden, einander zu wenig abzuverlangen. Wir wurden geschaffen, um Gott leidenschaftlich zu dienen, aber Leidenschaft ohne Opfer ist ein Unding. Kein Orchester würde es jemandem gestatten, ohne geprobt zu haben, an einer Aufführung teilzunehmen, und auch der örtliche Fußballverein ließe keinen Jungen mitspielen, der nicht zum Training kommt. Es ist schwerer, Mitglied in einem Sportverein oder irgendeinem Club zu werden als in den meisten Ortsgemeinden!

Wir sind schuldig geworden, einander zu wenig abzuverlangen.

Als Naaman zu Elisa kam und den Propheten bat, ein Wunder zu tun und ihn von seinem Aussatz zu heilen, trug Elisa ihm etwas auf, was ihn in seinem Stolz herausforderte. Er sollte sieben Mal im schlammigen Wasser des Jordan untertauchen. Naaman erwartete ein dramatisches, ganz persönliches Wunder, das ihm auf dem Tablett serviert werden sollte. Ärgerlich wandte er sich um und brummte irgendwas von der Qualität eines Dienstes, den er *nicht* empfangen hatte. Das ist ein Bild von Gemeinde, wie wir sie nicht sein wollen. Aber wir sollen handeln, wie es Elisa tat. Wir sollen voneinander erwarten, große Schritte zu tun. Und wir sollten uns nicht dabei zurückhalten, Opfer zu verlangen. Wenn wir Menschen auffordern, die Gebote Christi zu halten, dann bitten wir sie darum – wie Elisa – sich im Fluss unterzutauchen. Wir tun nichts weiter, als sie aufzufordern, gesund und von ihrem Stolz befreit zu werden.[10]

Wenn wir Menschen einladen, sich zum Dienst für Gott ausrüsten zu lassen, dann fordern wir sie auf, in Naamans Fluss einzutauchen. Dadurch werden sie von falschen Vorstellungen über Geistlichkeit befreit, sie erfahren dabei die Reinigung vom Aussatz emotionaler Zerbrochenheit und weltlicher Wertvorstellungen. Einige mögen maulen, wenn wir sie dazu auffordern, aber die, die Hunger haben, werden begeistert sein. Wenn Ihre Schlüsselpersonen eine Zeit der Schulung und der Zurüstung durchmachen, dann unternehmen sie Schritte, die wir allesamt tun müssen, um Teil eines Teams zu sein, um uns mit Menschen zu verbinden, die eines Geistes und eines Sinnes sind.

Wenn nicht wir die Herzen und Gesinnungen der Menschen in die Nachfolge bringen, dann wird es jemand anderes tun. Wir leben in einer pluralistischen Kultur, in der ein permanenter Kampf um die Leidenschaft der Menschen tobt. Jeder Jünger Jesu steht dabei an vorderster Front, zuweilen ganz alleine. Um in einem solchen Umfeld leben zu können, bedarf es eines klaren biblischen Denkens, und das wiederum erfordert Lehre und Ausbildung. Auswendig gelernte Antworten reichen da nicht. Wir dürfen den Menschen nicht den Eindruck verschaffen, als würde der wöchentliche Besuch einer Versammlung sie hinlänglich in die Lage versetzen, den Herausforderungen des Feindes zu trotzen. Jüngerschaft heißt, sich die ganze Woche über eins zu eins füreinander einzusetzen. Das braucht Kurse, Workshops und Gebetstreffen, die darauf abzielen, Menschen für die Mitarbeit beim Verbreiten der Guten Nachricht vom Reich Gottes ausrüsten zu helfen.

> **Wenn nicht wir die Herzen und Gesinnungen der Menschen in die Nachfolge bringen, dann wird es jemand anderes tun.**

Wir haben die ehrfurchtgebietende Verantwortung und Gelegenheit, die Weltsicht von Menschen mitzuformen und ihnen die Werte des Reiches Gottes zu vermitteln. Wir bereiten die Frontkämpfer dieses Reiches vor. Gott hat sie berufen, dahin gestellt, wo er sie haben möchte, und wir rüsten sie aus, „vollzeitig" für Jesus da zu sein.

Kürzlich sagte ich vor einer Gruppe junger Berufstätiger, ich würde von jedem von ihnen erwarten, dass er ein „Vollzeitlicher" werde. Damit hatte ich ihre Aufmerksamkeit. Dann fuhr ich fort, ich erwarte von ihnen eine Entscheidung, und zwar nicht, *ob* sie vollzeitig im Dienst sein würden, sondern vielmehr *wo*. Das könne in ihrem Beruf oder irgendwo in fremden Ländern sein. Darum geht es bei dieser Wahl: Gott möchte von uns allen, dass wir eine unsichtbare Linie überschreiten und uns entscheiden, ihm an erster Stelle zu dienen. Nicht unserem Job, der Firma, sondern Jesus. Dann werden wir in unserem Job und unserer Firma einen Unterschied machen können.

Der Preis der Nachfolge

Jesus sagte, dass die, welche an ihn glauben, größere Werke als er tun würden. Diese Verheißung stellt keinen Blankoscheck für jedermann dar, der ein Jünger sein möchte, vielmehr zeigt sie uns, wie sehr Gott durch uns wirken möchte. Die Kosten sind hoch, doch wenn wir willens sind, den Preis zu zahlen, werden wir die Belohnungen unseres Gehorsams gegenüber Jesus erlangen. Dieser Preis ist eine bewusste Entscheidung, vollzeitig für ihn zu leben – auf der Arbeit, im Studentenwohnheim, unter unseren Nachbarn und in der Familie. Das heißt, uns selbst zu sterben, unser Leben gegen seines auszutauschen, heißt, den Festungen in unserem Leben die Stirn zu bieten (vergl. 2. Kor. 10,4–6). Sieben Tage die Woche leben wir in Wahrheit, in Ehrlichkeit und Verantwortlichkeit gegenüber anderen. Gott beruft uns, dass wir wie Väter und Mütter einer Bewegung von Menschen vorstehen, die für ihn große Taten vollbringen – doch das wird nicht passieren, wenn wir ihn nicht eifrig suchen und ihm gehorchen.

Es gibt heutzutage Gemeinden und Bewegungen, die derartige Jünger hervorbringen, während andere da lange nicht heranreichen. Der Grund, warum manche Gemeinschaften solche Jünger hervorbringen, ist darin zu suchen, dass ihre Leiter von der Vision erfasst wurden, ihr Leben für die Ziele Gottes hinzugeben. Wenn die Menschen, die führen, diese Leidenschaft und Vision in sich haben, dann wird sie auch weitergereicht werden. Solange das Zu-Jüngern-Machen nicht der Hauptpunkt auf unserer Tagesordnung wird, sind alle unsere Visionen nur Hirngespinste. Es besteht ein Unterschied zwischen Träumen und Tun. Und wenn wir unseren Job gut machen wollen, dann muss unsere Hauptbeschäftigung darin liegen, Jünger zu machen, die selbst Jünger machen.

Jüngerschaft trägt dazu bei, eine Kultur zu schaffen

Wenn persönliche Jüngerschaft in einer Gemeinde oder Bewegung zum Lebensstil geworden ist, dann wird damit auch weitergegeben, wofür diese stehen. Jüngerschaft trägt zum Schaffen einer Kultur bei. Das vermag nicht einer alleine. Ein Einzelner kann unmöglich an genügend Orten sein, um ausreichend Menschen zu beeinflussen. Indem er uns berufen hat, eine Jüngerschaftsbewegung ins Leben zu rufen und zu fördern, hat Gott ein Verfahren vorgegeben, das den größtmöglichen Einfluss auf die höchstmögliche Anzahl von Menschen hat. So gewinnt eine Bewegung Einfluss auf Tausende, vielleicht Hunderttausende von Menschen, die dieselbe Leidenschaft und dieselben Träume teilen.

Persönliche Jüngerschaft hilft dabei, die wahrhaftigste Form von Vertrauen zwischen Menschen zu schaffen, nicht nur in der Art, dass wir wissen, jemand ist zuverlässig, sondern Vertrauen auf der Grundlage des Wissens, dass der andere unser Bestes im Sinn hat. Ein derartiges Vertrauen entsteht zwischen Menschen, die voreinander ihr Herz offenbaren. Solches Vertrauen ist das Resultat eines gesunden, liebevollen Umgangs mit Konflikten, es entsteht zwischen Menschen, die sagen: „Ich will deine Meinung dazu hören, selbst wenn das einschneidende Veränderungen an meinem Charakter oder meinen Plänen bedeuten könnte."

Vertrauen braucht Zeit, harte Arbeit, eine Verbindung von Herz zu Herz, Demut und viel Transparenz. Vertrauen heißt die Sicherheit, dass man sich auf einen Menschen verlassen kann, dass er einem die Wahrheit sagt, immer in dem Wissen, dass er an einen glaubt. Vertrauen schafft Sicherheit; man weiß, dass man sein Herz öffnen kann, ohne dass das ausgenutzt wird. Wenn sie nicht das starke Gefühl von Vertrauen spüren, umgeben sich Menschen mit Mauern, klappen die Zugbrücke zu ihrem Herzen hoch und verbergen sich hinter Wällen aus Argwohn und Zynismus. Erstaunlicherweise können wir Mauern des Misstrauens einreißen, indem wir uns gegenüber einer anderen Person angreifbar machen. In der Jüngerschaft gewinnt eine solche Form von Beziehung Gestalt.

> Wenn sie nicht das starke Gefühl von Vertrauen spüren, umgeben sich Menschen mit Mauern, klappen die Zugbrücke zu ihrem Herzen hoch und verbergen sich hinter Wällen aus Argwohn und Zynismus.

Jüngerschaft – der ganze Unterschied

Christliche Organisationen und Gemeinden haben ein ganzes Spektrum von Programmen und Strategien entwickelt, um die Welt zu evangelisieren: Großveranstaltungen, Gottesdienste für Distanzierte, Trainingsprogramme, kreative Ansätze, Fernseh- und Radioarbeit, Konferenzen, christliche Musik – und so weiter. Und alles das ist großartig. Doch Programme und Strategien machen Menschen nicht zu Jüngern. Großartige Ideen machen Menschen nicht zu Jüngern. *Jünger machen Jünger.* Um sich zu vermehren, gibt es für eine Gemeinde oder Bewegung keine Abkürzung und keinen anderen Weg.

> Jünger machen Jünger. Um sich zu vermehren, gibt es für eine Gemeinde oder Bewegung keine Abkürzung und keinen anderen Weg.

Sie werden die Vision und die Werte, die Gott in Sie gelegt hat, nicht vermehren können, wenn Sie keine Jünger machen. Auf keinem anderen Weg kann die geistliche DNA, die Sie von Gott bekommen haben, weitergegeben werden. Viele Methoden erscheinen glanzvoller, und manche Ansätze erlangen mehr Aufmerksamkeit. Doch wenn Sie eine Leiterschaftskultur begründen wollen, wenn Sie Ihrer Gemeinde oder Bewegung apostolische Leidenschaft vermitteln wollen, wenn Sie erleben wollen, wie das Evangelium den beabsichtigten Einfluss auf die Nationen ausübt, dann nur, weil Sie Jünger machen.

Wie können wir erwarten, die ganze Welt zu erreichen, wenn wir es nicht mal schaffen, bei uns selbst Menschen zu Jüngern zu machen? Wir wollen die Nationen berühren, ganze Volksgruppen erreichen, aber wie, wenn wir nicht die Menschen um uns herum in die Nachfolge rufen? Das Zu-Jüngern-Machen macht nicht nur einen Unterschied, *es ist der Unterschied*. Das ist des Meisters Plan für die Weltevangelisation. Auf diese Weise gestaltet Gott einzelne Leben, Familien, Dörfer, Städte und ganze Nationen um. Das ist Dienst, wie Jesus ihn tat. Wenn Sie große Menschenmassen haben, zu denen Sie predigen können, um so besser. Aber bedenken Sie: Es waren die Massen, die Jesus gekreuzigt sehen wollten. Hunderte und Tausende an Nachfolgern zu haben, ist nicht schlecht, doch denken Sie auch daran: Als Jesus die, welche ihm folgten, herausforderte, wandten sich viele ab. Darum verbrachte der Sohn Gottes den Großteil seiner Zeit mit ein paar Männern und Frauen, in die er sein Leben hineingab.

Wenn Sie wollen, nehmen Sie sich einen Augenblick Zeit und schreiben die Namen derer auf, die Sie mit Bedacht ausgewählt haben, um sie zu Jüngern zu machen. In wen investieren Sie sich, jetzt gerade? Und: Haben Sie es ihnen schon gesagt? Wenn nicht, lassen Sie keine Zeit mehr verstreichen. Führen Sie sie auf ein Essen oder eine Tasse Kaffee aus, und dann riskieren Sie es: Öffnen Sie Ihr Herz und laden Sie den anderen ein, sich regelmäßig mit Ihnen zu treffen. Skizzieren Sie, was Sie auf dem Herzen haben. Erklären Sie Ihre Vision. Bitten Sie darum, dass der andere Sie auf Ihrer Reise begleitet. Wer weiß? Vielleicht sitzt Ihnen gegenüber am Tisch der neue Billy Graham, William Carey oder die neue Mutter Teresa, die sich danach sehnen, dass jemand erkennt, was in ihnen steckt, und die auf die Einladung von Gott warten, ihren Traum zu leben.

Anmerkungen

1 Neil Cole, *Organic Church.*

2 a.a.O., S. 94.

3 Rice Broocks, *Every Nation in Our Generation*, Creation House 2002, S. 99.

4 Waylon Moore, *Multiplying Disciples: New Testament Method for Church Growth*, NavPress 1981, S. 16–17.

5 zitiert nach: *Evangelical Mission Quarterly*, Januar 2002, S. 371.

6 Äußere Form, Tage, Namen, alles das ist im Blick darauf, wie wir Gemeinde leben, unerheblich, wichtig ist, dass wir dem biblischen Entwurf folgen. „Gemeinde" bezeichnet nicht ein sonntägliches Treffen, sondern die Versammlung der Menschen Gottes, die sich zu seiner Ehre zusammenfinden. Gemeinde kann an jedem Tag der Woche stattfinden, solange sich nur Menschen in seinem Namen und zu dem von ihm vorgesehenen Zweck versammeln.

7 *Evangelical Mission Quarterly*, Januar 2002, S. 99.

8 Bill Hybels, *Mutig führen*, a.a.O., zitiert nach der amerikanischen Originalausgabe.

9 George Elton Ladd, *The Gospel of the Kingdom*, Eerdmans 1959, o. S.

10 in Anlehnung an Rice Broocks, *Every Nation in Our Generation*, a.a.O., S. 10

SIE MÖCHTEN MEHR ÜBER ALL NATIONS WISSEN?

Dann besuchen Sie

www.FloydandSally.org

oder direkt die *All Nations*-Website

www.all-nations.info

Sie können uns auch gerne schreiben:

All Nations
P.O. Box 1606
Sun Valley, Cape Town 7985
South Africa

Floyd und Sally leben in Kapstadt. Ihr Auftrag besteht darin, Jünger zu machen, Leiter zu schulen und in Afrika, Asien und darüber hinaus Gemeinden zu gründen.

Kurzzeitteams

Jedes Jahr kommen Teams nach Südafrika, um mit *All Nations* in Kapstadt zu arbeiten. Treten Sie mit *All Nations* in Kontakt um zu erfahren, wie Ihre Gemeinde oder Gruppe dabei mitwirken kann.

Praktikum

SERVE ist ein Programm, das Interessierten die Möglichkeit bietet, zusammen mit *All Nations* aus erster Hand Erfahrungen im Dienst zu sammeln. Die Praktika erstrecken sich über Zeiträume zwischen zwei Monaten und zwei Jahren und beginnen jeweils im Juni oder im Januar.

Jüngerschafts- und Leiterschaftstraining

Die sechs Monate dauernden *CPx*-Trainings starten jeweils am ersten Februarwochenende. Menschen aus aller Welt kommen zu uns, um ganz praktisch neue Wege des Gemeindelebens und des Jüngermachens zu lernen.

„Lehre des Monats"-Club

In Kürze wird Floyd den „Lehre des Monats"-Club beginnen. Wenn Sie Interesse daran haben, die jeweilige Botschaft auf CD oder zum MP3-Download zu erhalten, wenden Sie sich bitte an allnationssa@gmail.com.

Für diese und alle weiteren Informationen schreiben Sie bitte an allnationssa@gmail.com – oder besuchen Sie Floyds und Sallys Homepage.

ANHANG A

EINFACHE GEMEINDEN GRÜNDEN UND VERMEHREN. FÜNF PRAKTISCHE ÜBUNGEN

Ich halte die Leute dazu an, die folgenden fünf Übungen zu befolgen, um eine Bewegung, die einfache Gemeinden gründen will, voranzutreiben. Das sind keine komplizierten Sachen, was nicht heißt, dass sie leicht wären. Neue Gemeinden mittels ganzheitlicher Evangelisation ins Leben zu rufen, ist immer eine Angelegenheit von geistlicher Kampfführung. Wenn wir zerbrochenen und verlorenen Menschen die Gute Nachricht und echte Liebe vermitteln, nehmen wir Feindesland ein.

Beten

Beten Sie allein. Beten Sie als Team. Beten Sie morgens. Fasten und beten Sie. Beten Sie beim Spaziergang. Verbringen Sie halbe Nächte im Gebet. Beten Sie, um sich Gottes Herz für die Menschen schenken zu lassen. Beten Sie um Unterscheidungsvermögen. Beten Sie um Leidenschaft und Mut. Beten Sie um Kraft. Beten Sie darum, dass Menschen freigesetzt werden. Beten Sie unter Tränen. Beten Sie um Arbeiter. Beten Sie, dass der Himmel auf die Erde kommt. Beten Sie das Vaterunser, Vers für Vers, als Gebetsleitfaden. Gehen Sie, je nachdem, wie Sie geführt werden, auf jeden Vers weiter ein:

- *Anbetung* – Unser Vater im Himmel
- *Weihe und Hingabe* – Geheiligt werde dein Name
- *Fürbitte* – Dein Reich komme, dein Wille geschehe, im Himmel wie auf Erden. Gib uns heute unser tägliches Brot.

- *Bekenntnis und Vergebung* – Vergib uns unsere Schuld, wie auch wir unseren Schuldigern vergeben.
- *Kräftigung durch den Heiligen Geist* – Führe uns nicht in Versuchung.
- *Geistlicher Kampf* – Erlöse uns von dem Bösen.
- *Beauftragung und Lobpreis* – Denn dein ist das Reich und die Kraft und die Herrlichkeit in Ewigkeit.

Treffen

Treffen Sie sich mit Menschen und begegnen Sie ihren Nöten. Fragen Sie sie danach und fragen Sie, wie Sie ihnen helfen können. Kommen Sie nicht zunächst mit Ihren eigenen Ideen und handeln Sie nicht auf eigene Faust. Begegnen Sie verlorenen Menschen. Treffen Sie sich in den ersten zwei Wochen ausschließlich mit Menschen, die Jesus noch nicht folgen. Legen Sie fest, wie viele Menschen Sie in den ersten drei Monaten treffen wollen, und machen Sie dann den Aufbau von Beziehungen zum vorrangigen Ziel. Wenn Sie eine Fremdsprache erlernen, dann kommen Sie mit möglichst vielen Menschen zusammen, um sich darin zu üben.

Säen Sie die Gute Nachricht überreich in den Herzen der Menschen aus, indem Sie Bibelteile verschenken. Üben Sie sich in Gebetsevangelisation. Studieren Sie gründlich das Gleichnis vom Sämann und den verschiedenen Böden in Markus 4. Denken Sie darüber nach, wie die vier Arten von Böden zu erkennen sind.

Jünger machen

Achten Sie bei der Begegnung mit Menschen darauf, wer geistlich offen ist, und lernen Sie ihn besser kennen. Wählen Sie künftige Leiter aus und investieren Sie den Großteil Ihrer Zeit und Kraft in sie. Bauen Sie praktische Möglichkeiten ein, Menschen zu helfen, indem Sie ihnen Jesus mitteilen. Beginnen Sie Bibelkreise, die sich an den Worten Jesu ausrichten, an seinen Befehlen genauso wie an seinen Einladungen. Schauen Sie, wen Sie sich als Leiter in einer Bewegung einfacher Gemeinden vorstellen könnten, und bitten Sie denjenigen, Ihnen zu helfen. Teilen Sie diesen Menschen Ihre Vision mit und sprechen Sie über das, was sie tun können, um einen Unterschied mit ihrem Leben zu machen.

Nehmen Sie Ihre künftigen Leiter mit, wenn Sie andere Städte besuchen, um Jesus zu bezeugen. Heißen Sie Ihre Jünger bei sich zu Hause willkommen und schauen Sie mal bei ihnen herein.

Sammeln

Fangen Sie klein und einfach an, mit nur einer Handvoll Leuten. Zwei oder drei sind besser als zwei- oder dreitausend. Versammeln Sie sich um Mahlzeiten, Bibelstudium oder Diskussionen. Bringen Sie einige derer, die Sie zu Jüngern machen, zusammen, damit sie sich daran gewöhnen, Dinge mit anderen gleichen Interesses zu teilen. Wenn Menschen zum Glauben an Jesus kommen, beziehen Sie sie in diese Treffen ein.

Bauen Sie Gemeinschaft mit denen, mit denen Sie sich außerhalb der regelmäßigen Versammlungszeiten treffen. Halten Sie sich bei diesen Zusammenkünften im Hintergrund. Entwickeln Sie ein Dienstmodell, bei dem der Leiter hinter den Kulissen agiert. Wenn Sie das beachten, kommt es nicht zu einer Krise, wenn Sie Ihre Aufmerksamkeit anderen Gruppen, die im Entstehen sind, schenken müssen. Seien Sie lieber Coach eines Netzwerks einfacher Gemeinden als der, der in einer großen Gemeinschaft immer ganz vorne steht.

Vermehren

Planen Sie von Anfang an die Vermehrung und Vervielfältigung ein. Denken Sie darüber nach, wie die Saat zur Vermehrung gesät werden soll, dann wird es geschehen, noch während die erste Gruppe wächst. Sehen Sie zu, dass das natürlich geschieht, indem es zu einer Last wird, nicht dadurch, dass Sie einen blutleeren Plan vorgeben. Beten Sie in Ihrer Gruppe beständig dafür, dass die Gute Nachricht an andere weitergegeben wird. Tauschen Sie sich darüber aus, wie sie denen gebracht werden kann, die sie noch nicht gehört haben. Lassen Sie das zum Teil der DNA werden, die Sie Ihren Jüngern weitergeben. Machen Sie ihnen Mut, wenn sie anderen die Gute Nachricht weitergeben wollen, auch dann, wenn sie noch nicht genau wissen, was sie glauben. Vertrauen Sie dem Heiligen Geist, dass er sie leitet.

ANHANG B

EINANDER VERANTWORTLICH SEIN
TIPPS FÜR DREIERGRUPPEN

Persönliche Verantwortung und Rechenschaftslegung war für Jünger Jesu nie als Wahlmöglichkeit vorgesehen. Zur bewussten Förderung einer Jüngerschaftskultur ist es hilfreich, Menschen zu ermutigen, sich in Dreiergruppen zur Rechenschaft zu treffen. Wenn eine Bewegung wächst, werden ihre Kernwerte durch derartige Gruppen weitervermittelt. Man sagt, dass eine Gruppe, die es schafft, ihre Kernwerte an vier aufeinander folgende Generationen weiterzugeben, in einer nicht aufzuhaltenden Bewegung mündet!

Um die Weitergabe dieser Werte und die Sorge umeinander zu erleichtern, schlage ich die folgenden Leitlinien im Blick auf persönliche Verantwortlichkeit vor:

1. Männer und Frauen treffen sich getrennt.
2. Die Treffen sollten eine Stunde dauern, nicht länger.
3. Treffen Sie sich wöchentlich.
4. Lassen Sie sich nicht durch zu viel Seelsorge ablenken.
5. Erwarten Sie voneinander, im Blick auf persönliches Wachstum und Verantwortlichkeit voreinander seriös und gewissenhaft zu sein.
6. Setzen Sie sich Wachstumsziele und tauschen Sie sich im Blick auf die folgenden Bereiche miteinander aus:
   a) Gebet und Bibellese
   b) Christus vor anderen bezeugen

c) charakterliches Wachstum

d) persönliche Heiligung und sexuelle Reinheit

e) andere zu Jüngern machen

f) Grad der Leidenschaft

g) Finanzielles

7. Unterteilen Sie die Treffen in drei Einheiten:

a) Ankommen und Rückschau

b) Konzentration auf die drei Kernwerte des Reiches Gottes als Grundlage für gegenseitige Verantwortlichkeit (siehe auch Anhang C)

c) Gebet füreinander und für die, für die wir glauben, dass sie zum Glauben an Jesus kommen

8. Beschäftigen Sie sich mit den sieben Anweisungen Jesu:

a) Buße tun, glauben und getauft werden

b) Gott und andere lieben

c) Finanzen und Sonstiges teilen

d) einander vergeben

e) gemeinsam beten und anbeten

f) ein Leben in der Heiligung leben

g) hingehen und Jünger machen

Anhang C

Die drei Kernwerte des Reiches

Ich habe verschiedene Ansätze probiert, mit denen ich Menschen helfen wollte, sich auf unsere Kernwerte zu konzentrieren und sie nicht aus dem Auge zu verlieren. Eins ist klar: Niemand wird sich an eine lange Liste erinnern oder sie sich zu Herzen nehmen. Jimmy Seibert, Pastor der *Antioch Community*, Waco, Texas, brachte mich vor Jahren darauf, mich auf lediglich drei Kernwerte zu konzentrieren, sozusagen auf den „Kern des Kerns".

Als ich eines Tages Johannes 15 las, schien es mir, dass Jesus die Grundlagen des Reiches in vergleichbar kurzer Form vermittelte. Er hob drei Dinge hervor:

- in Christus bleiben
- einander lieben
- ihn bezeugen

Augenscheinlich gelten im Reich Gottes mehr als diese drei Werte, doch lassen sie sich allesamt auf diese zurückführen: Gott lieben, andere lieben, die lieben, die Jesus nicht kennen.

Ich lehre, diene, mache andere zu Jüngern, gebe Zeugnis – dabei kreist alles um diese Wahrheiten. Natürlich lassen sie sich erweitern, so wie es eben noch viele andere Werte gibt, die das Reich Gottes ausmachen, doch diese drei fassen das Wesentliche zusammen.

Gott kennen und lieben. Andere lieben und zu Jüngern Jesu machen. Zu denen gehen, die Jesus nicht kennen. Das macht die Sache einfach, aber wie gesagt: nicht leicht. Ich habe mein Leben damit zugebracht zu lernen, was diese Wahrheiten bedeuten und wie sie sich in meinem Leben und Charakter auswirken sollen. Oberflächlich betrachtet sind sie einfach, doch sie sind von großer Tiefe, die es zu entdecken und zu genießen gilt.

Die Familie Gottes bietet viel Raum zur Unterschiedlichkeit. Ohne Zweifel hat Gott Ihnen andere Werte gezeigt und andere Wege, sie auszudrücken; finden Sie die richtige Sprache, diese in Ihrer Gemeinde oder Bewegung zum Ausdruck zu bringen.

Ich bitte Gott, Sie mit einem Wertekanon zu segnen, der in Ihrem Herzen auf Widerhall stößt und der Ihre Gemeinde und Bewegung zum Handeln in Kraft verbindet, während Sie Jesus gehorsam sind und zu seiner Ehre leben.

Anhang D

Buchempfehlungen

Cole, Neil, *Organic Church*, Wiley (erscheint 2008 im Verlag Glory World auf deutsch)

Coleman, Robert, *Des Meisters Plan der Evangelisation*, Hänssler

Garrison, David, *Church Planting Movements*, WIGTake Resources

Greig, Pete, und Roberts, Dave, *Red Moon Rising*, Brockhaus

Hession, Roy, *Christus ist mein Leben*, Brockhaus

Hession, Roy, *Das neue Erwachen*, Brockhaus

Hirsch, Alan, *The Forgotten Ways*, Brazos

Kreider, Larry, *Sehnsucht nach geistlichen Vätern und Müttern*, Teamwork 17.12

Kreider, Larry, und McClung, Floyd, *Starting A House Church*, Regal Books

Kreider, Larry u. a., *The Biblical Role of Elders for Today's Church*, House to House Publications

Malphurs, Aubrey, *Values-Driven Leadership*, Baker Book House

McClung, Floyd, *Basic Discipleship*, InterVarsity

McClung, Floyd, *An vorderster Front*, JmeM

McClung, Floyd, *Das Vaterherz Gottes*, One Way

McClung, Floyd, *Freundschaft mit Gott*, JmeM

Murray, Andrew, *Demut*, Brunnen

Parrish, Ron, *From Duty to Delight*, Partnership Publications

Piper, John, *Let the Nations Be Glad*, Baker Book House

Simson, Wolfgang, *Häuser, die die Welt verändern*, C & P

„Wenn Gott keinen findet, der radikal genug ist, dann holt er David Pierce." (Floyd McClung)

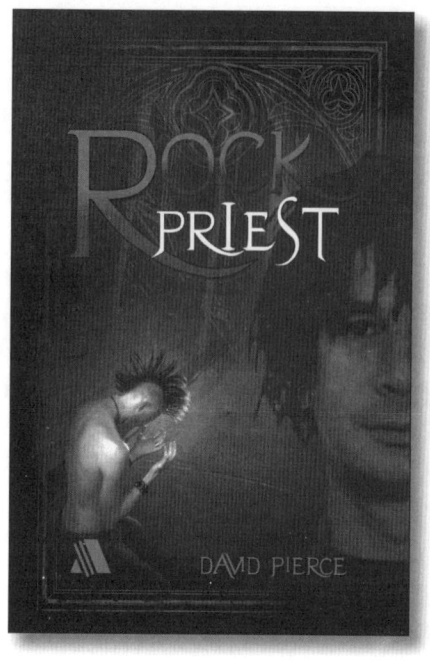

David Pierce

Rockpriest

240 Seiten, Paperback, Best.-Nr. 147400

In Ihrer Buchhandlung oder direkt beim Verlag

Dienst an den Ärmsten – Heidi und Rolland Baker

Heidi & Rolland Baker
Lieben – wir können nicht anders
Ein Jahr voller Wunder
200 Seiten, Paperback, Best.-Nr. 147399

In Ihrer Buchhandlung oder direkt beim Verlag

Hochsensibilität – ein aktuelles Thema

Christa & Dirk Lüling
Lastentragen – die verkannte Gabe
Hochsensible Menschen als emotionale Lastenträger
140 Seiten, Paperback, Best.-Nr. 147387

In Ihrer Buchhandlung oder direkt beim Verlag

Die Welt betrachten – aus christlicher Perspektive

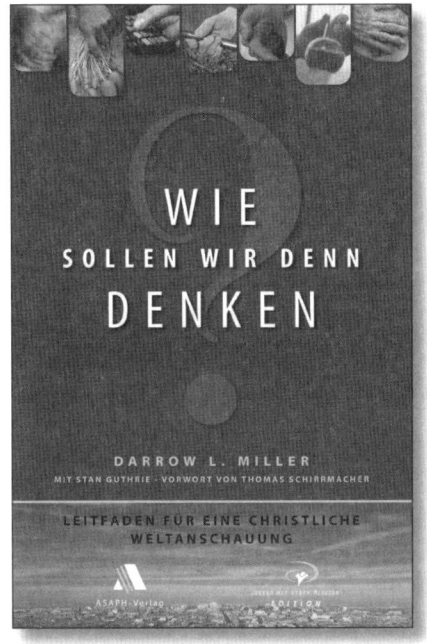

Darrow L. Miller
Wie sollen wir denn denken?
Leitfaden für eine christliche Weltanschauung
304 Seiten, Paperback, Best.-Nr. 147346

In Ihrer Buchhandlung oder direkt beim Verlag

Mehr christliche Bücher –
auch weitere Titel von Floyd McClung
und viele von den in diesem Buch erwähnten –
erhalten Sie in Ihrer Buchhandlung oder bei ASAPH.